徳は知なり

幸福に生きるための倫理学

Intelligent Virtue

ジュリア・アナス 著
Julia Annas

相澤康隆 訳
Yasutaka Aizawa

春秋社

序文

本書は、このテーマで書くことを二度試みてできあがったものである。一度目は徳倫理学の話が大半を占めていたが、結局のところ、出版社の定めた締め切りも私に原稿を完成させることはできなかった。そのとき初めて、筆が進まないのは見込み違いの本を書いているからだとわかった。私はもう徳倫理学については書きたくなかったのである。それよりもっと根本的なところから始めて、徳そのものを明らかにしたいと思った。そこで、最初の原稿をボツにして、もう一度初めから書くことにした。こうして、二度目の挑戦でようやく書き終えることができたのである。

徳の研究を長く続けるなかで、私は知的影響の点で恥ずかしくなるくらい多くの借りを作ってきた。特に感謝したいのは、親密な友情と知的な交流が絶えることのないロザリンド・ハーストハウス、何年ものあいだ議論を続けてきたダン・ラッセル、楽しい議論を通じて貴重な洞察や異論を示してくれるフランス・スヴェンソン、楽しく実り豊かな哲学談義を重ねてきた同僚のラチナ・カムテカーである。また、多くのことを考えさせるコメントを書いてくれたポール・ブルームフィールド、クリストファー・ギル、マーク・ルバーにも深く感謝している。ほかにもお礼を言いたい人はたくさんいる。リリー・アラネン、ジョン・アームストロング、ロバート・アウディ、ニーラ・バドワー、ヒュー・ベンソン、デイヴィッド・ブリンク、アンドリュー・コーエン、ジュリア・ドライバー、スティーブン・ガーディナー、アラスデア・マッキンタイア、クリスチャン・ミラー、アラン・シルバーマン、レベッカ・シュタングル、フレッド・スタウトランド、クリスティーン・スワントン、デイヴィッド・ソロモン、ショーン・パトリック・ウォルシュ、リンダ・ザグゼブスキ。私の著作を読み、コメントをくれたアリゾナ大学の同僚、トム・クリスチアーノ、テリー・ホーガン、ラチナ・カムテカー、ユリア・クリーゲル、クリス・マロニー、デーブ・シュミッツ、ヒューストン・シュミット、マーク・ティモンズにも感謝の意を表したい。客員研究員としてアリゾナ大学を訪れていたクラーク・ショーとレイチェル・シンプルウォラも、貴重な助力を与えてくれた。私の徳セミナーに参加した大学院生にも感謝する。特に名前を挙げるなら、マイケル・ブコスキ、ジンジャー・クラウゼン、ヤコブ・デイリー、クリス・フレイマン、ミシェル・ジェンキンス、エミール・サリム、ダニエル・サンダーマン、ロバート・ワゴナーである。そして、徳とエウダイモニア主義をめぐる古代と現代の研究に関して、途絶えることなく議論を続けてきたラチナ・カムテカーには特に深く感謝している。

　本書のテーマに関心をもち始めたのは一〇年以上前に遡る。二〇〇二年にスティーブン・ガーディナーがニュージーランドのクライストチャーチで開催した記念すべき徳倫理学研究集会に参加したことと、二〇〇三年にウプサラ大学でヘーゲルストレーム講演をする名誉に与ったことで、その関心はますます強くなった。本書の内容に関連する講義は以下の大学で行なった。ニュージーランドのカンタベリー大学とオタゴ大学とオークランド大学、そしてオーストラリア国立大学、アリゾナ大学、ネブラスカ大学リンカーン校、ジェームズ・マディソン大学、カリフォルニア大学バークレー校、オハイオ州立大学のマーションセンター、コロラド大学、ミネソタ大学、ノートルダム大学、プリンストン大学。講義の出席者全員に感謝する。加えて、招待講演の機会を与えてくれた以下の大学と学会の関係者に謝意を表したい。ダートマス大学（グラムリッヒ講演、二〇〇四年）、コネチカット大学（パーセルズ講演、二〇〇四年）、オクラホマ大学（デイヴィッド・ロス・ボイド講演、二〇〇四年）、アメリカ哲学会太平洋部会（会長講演、二〇〇四年）、ヘルシンキ高等研究院（コレギウム講演、二〇〇五年）、ハバフォード大学（アルテールシンポジウム、二〇〇六年）、セントオラフ大学（ベルガム講演、二〇〇七年）。私は二〇〇三年のアメリカ哲学会太平洋部会で、ジョン・ドリスの著書をめぐる書評会の特定質問者の一人を務めた。その会報は、二〇〇五年に出版された『哲学・現象学研究』で公表されている。また、同僚のテレンス・ホーガン、ユリア・クリーゲル、マーク・ティモンズらが二〇〇五年に企画した道徳現象学のワークショップに参加したおかげで、私は徳に関するいくつかの考えを予想外の方向に展開することができた。ニーチェと道徳哲学を対象としたUKプロジェクトからの依頼で、二〇〇八年のサウサンプトンのワークショップのためにニーチェと徳倫理学について書いたときもそうだった。

二度目の原稿を書いているときのさまざまな手助けに対しては特に感謝している。本書は学際的な「幸福の追求」プロジェクトに寄与するものである。このプロジェクトは、科学や神学の視点、また学際的な視点から神への愛と隣人愛と自己愛を研究するものであり、エモリー大学の法学・宗教学研究センターによって立ち上げられ、ジョン・テンプルトン財団から資金援助を受けている。

プロジェクトの参加者との討論、なかでも本書の第8章につながる題材に関する討論は非常に有益だった。参加者全員に感謝の意を表したい。とりわけ、心理学におけるエウダイモニア主義と、アリストテレスとエウダイモニア主義の関連について共同で研究したコーリー・キーズ、幸福とアガペー主義をめぐって議論したフィリップ・レイノルズとティモシー・ジャクソンに感謝する。「エウダイモニア主義とアガペー主義」というトピックについては、いずれもっと詳しく研究したいと思っている。ほかにも、オスロ大学の「古代における幸福」プロジェクトの関係者、特にエイヨルフル・チャラル・エミルソン、ハルヴァード・フォスハイム、オイヴィンド・ラッバス、スヴァヴァー・フラフン・スヴァヴァーソンには、（古代思想における徳に関する別の研究プロジェクトに加えて）私がこのテーマに取り組んでいる期間に手厚くもてなしてくれたことを感謝する。本書の最終草稿にコメントをくれたポール・ブルームフィールド、ダン・ラッセル、フランス・スヴェンソンに、そして有益なコメントをくれたオックスフォード大学出版局の二人の審査員には特に深く感謝している。

協力してくれた以上のすべての人たちに、心からありがとうと言いたい。本書で示している考えは、いまでこそ平易なものに見えるかもしれないが、そこに至るまで研究を続けることは容易なことではなかった。研究に対する受け止め方はどうあれ、この道のりの途上で支援してくれた人々にお礼申し上げる。最後に、一番お礼を言いたい相手は、いつものようにデイヴィッドとローラである。たゆまぬ愛情と支援で力を与え続けてくれて本当にありがとう。

徳は知なり――幸福に生きるための倫理学

目次

凡例

1 原註は（1）、訳註は〔1〕のように表記し、それぞれ章ごとの通し番号で示した。註は最終章のあとにまとめて挙げてある。

2 〔　〕は訳者が補足説明のために付け加えたものである。

3 「　」は原著の引用符 ‘ ’ に対応する。そのほかに、語句や文を括り出すために用いた箇所もある。

4 （　）は原則として原文での使用に合わせているが、読みやすさを考慮して、原文とは別に付加したところが一部ある。

5 ——は原則として原文での使用に合わせているが、読みやすさを考慮して、適宜削除や付加を行なった。

6 強調のためのイタリック体は傍点を付して示した。

7 ギリシア語はカタカナで表記した。例（*eudaimonia*）→（エウダイモニア）

8 引用文については、邦訳のあるものはすべて邦訳を使用した。ただし、表記を変更したり、文脈に応じて訳語や訳文を部分的に変更したものもある。使用した邦訳は参考文献（一部は訳註）に挙げてある。

9 原著に一部明らかな誤植があるが、その旨を明記することなく修正して訳出した。

徳は知なり

――幸福に生きるための倫理学

第1章　序論

本書の目的は徳について説明することである。その必要はあるのだろうか。ここ二〇年のあいだ、徳そのものと徳を中心に置く倫理学体系は、広範囲にわたって高い関心を再び集めている。いまや私たちのもとには、アリストテレス、ストア派、ヒューム、アダム・スミス、カント、ニーチェの、ひいては帰結主義の思想に見られる徳に光を当てた理論がある。そのため、ほかにもまだ徳の説明が必要なのだろうかと疑問に思うのも無理はない。私は二つの理由から、答えはイエスであると考えている。第一に、異なる徳理論のあいだには、そこで起こる論争が明らかにしているように、徳とは何かについての共通理解が存在しない。それゆえ、ある種の倫理学理論からではなく、徳そのものから出発して、徳についてどのような説明を与えることができるのかを見ることは無駄ではないと思われる。もちろん、意見の不一致はなくならないだろう。しかし、たとえそうだとしても、もし私たちが徳の説明に的を絞ることができれば、徳を中心に置く倫理学理論のあいだで起こる論争は、徳とは何かについての主張の違いにもとづくことがもっとはっきりとわかるようになり、それによって、このような倫理思想の伝統のうちにあるもろもろの選択肢をもっとよく見渡せるようになるだろう。

第二に、徳についての本書の説明は、次の二つの考えに注目することによって、これまでの説明とは明確に異なるものとなっている。一つは、徳を発揮するためには実践的推論（practical reasoning）[1]が不可欠であり、それがどのような推論であるのかは、実践的な技能を発揮する人のうちに見出される推論と比較することによって明らかにすることができる、という考えである。徳は規則や原則や〔効用の〕最大化や究極目的とどのような関係にあるのかという問いから始めるのではなく、農業や建築やピアノ演奏のようなありふれた活動を取り上げて、徳にはその習得と発揮に関してそのような技能との類似点が数多く見られるという点に注目すれば、私たちはそこから多くを得ることができる。もう一つは、徳は行為者の幸福（happiness）ないし隆盛（flourishing）の不可欠の要素であり、徳を実際に幸福（の全体か一部）を作り上げるものとみなすことは理にかなっている、という考えである。私はこれらの考えを順番に説明するが、両者が相互に関連していることは本書が終わるまでには明らかになっているはずである。

この二つの考えは、私が長年研究してきた古代の倫理学理論のなかではおなじみの主題として目にするものであるが、私は徳をめぐる現代の論争にも適用できると考えるようになった。もちろん、現代の理論は現代的な関心によって支えられていなければならず、またそれに関連していなければならない。そのため、技能からの類推（skill analogy）のなかで私が注目しようとしている特徴は、古代の人々が関心を寄せた特徴と部分的にしか重なっていない（このことは驚くにあたらない。文化が大きく異なる以上、どのような技能を重視するかという点でも、技能のどのような側面に関心を抱くかという点でも、両者のあいだには違いがあるからである）。その結果、徳の倫理に対する私のアプローチは類のないものとなっており、現代の倫理学において想定されている多くの事柄に反するばかりか、現代の一部の徳倫理学者が想定している事柄にも反している。私は本書のアプローチが、現代の倫理学理論としての魅力と見込みの点から評価しうるものであることを願っている。

有徳な人が行なう実践的推論は、実践的技能の熟練者が行なう実践的推論と重要な特徴を共有しているという考えを、本書では簡潔に「技能からの類推」と呼ぶことが多い。読者のなかには、徳それ自体を技能の一種と考えるようになっている人がいるほど両者は密接に関連しているのだから、徳と技能の関係にとって「類推」はぴったりの言葉ではないと考える人もいるかもしれない。しかし、何よりも重要なことは、両者にはどのような共通点があり、その共通点にはどのような意義があるのかを明らかにすることである。徳は有徳な人の幸福ないし隆盛（の全体か一部）を作り上げるという考えについては、本書の幸福論の部に進んだときに、エウダイモニア主義と呼ばれる思想の伝統を踏まえながら論ずる。エウダイモニア主義を考察する第8章では、私たちは行為者の幸福という観点から考えるべきか、それとも、近代の用法がその言葉に与えた影響によって、その観点から考えることは困難になっているので、むしろ「隆盛」という言葉を用いた方がよいのか、という問題を取り上げる。その章に入るまでは、「隆盛」という言葉を用いることにしよう。というのも、そこまでの議論では当の問題に関して特定の立場をとっていないので、より中立的な言葉を使う方が望ましいからである。

本書では、技能からの類推とエウダイモニア主義を初めに抽象的な仕方で擁護するということはせず、すぐに私の理論の詳しい説明に入る。これには二つの理由がある。第一に、これらの用語は、現代の倫理学のなかで論争の一部にはなっていないからである（実は理解が間違っていることもよくある）。定義や必要十分条件を与えてそれらの意味を定めようとするならば、倫理学の議論におけるおなじみの用語をうまく使うことができなくなるだけでなく、この二つの考えは一般に想定されているよりもはるかに直観に合致し、経験に根差しているという重要なポイントを見落とすことになりかねない。これを明らかにするためには、身近な事柄から考察を始めることが役に立つはずである。第二に、私は徳と隆盛を理論の一部として描き出すつもりだが、これらはどちらも、当の理論において現代の用語で言うところの「基礎づけ的な（foundational）」概念ではない（この点で私の理論はある種の古代の理論に近い）。徳と隆盛は私の理論の中心に位置するとはいえ、どちらの概念もそこから理論の他の部分を導き出すことができる土台や基礎ではなく、またそれらが一緒になることでそのような基礎ができあがるわけでもない。むしろ、私の理論の構造は全体論的であり、理論に含まれるさまざまな部分は相互に支え合っている。言うまでもなく、このことがはっきりと見えるようになるのは、本書の終わりに至ってからである。

有徳な人の実践的推論と実践的技能を発揮している人の実践的推論にはいくつかの重要な類似点があるという考えは、私がこれから展開する徳の説明の中核をなしている（その類似点についてはのちに一つずつ明らかにする）。このように考えることによって、徳の多様な側面がはっきりと見えるようになり、徳を倫理学理論の中心に据えようとする試みに向けられてきたさまざまな反論に対して、満足のいく答えを与えることができるようになる。それから、このように徳を理解する徳倫理学理論によって、私たちは徳がどのようにして行為者の隆盛（の全体か一部）を作り上げるのかがわかるということを示すことにしよう。現代の徳倫理学理論の多くは、徳にはそれ自体とは別のさらなる目的があるとみなしているが、しかしその目的を行為者の隆盛以外の何かとみなしている。本書ではそのような理論に対する反論を尽くすことはできない。しかし、徳をエウダイモニア主義者の考える隆盛に結びつけないならば、それらの理論にとって不都合な問題が生まれ、技能からの類推によって照らし出される徳の諸側面をうまく扱うこともできなくなるという、少なくともそのことだけは示すつもりである。本書は、徳の理論にともなうあらゆる争点を余すことなく論ずることを意図したものではないが、そのうちのいくつかには光を投げかけるものとなるだろう。たとえば、徳の統一性、理想としての徳と日常生活における徳の関係、有徳であることと正しいことをすることとの関係などがそうである。

ここで、本書の方法に関する重要な点を二つ挙げておこう。第一に、以下の説明では個人の徳に焦点を絞っている。私は徳の発達と発揮にとって社会的文脈が重要であることを大いに強調するものの、本書は社会や政治について考えることよりも、むしろ倫理について考えることに貢献するものである。したがって、私は正義を社会制度の徳としてではなく、個人にそなわる公平性の徳として論ずる。

第二に、私は本書の全体を通じて、「私たち」が考えることや言うことについて論じている。この「私たち」とは誰のことだろうか。私はこの言葉を、著者自身の見方や著者に近い見方を特別視する排他的な用法ではなく、広く読者を取り入れる包括的な用法として使っている。[1]つまり、「私たち」には著者だけでなく、本書の読者全体が含まれる。もし一読者であるあなたがある主張に同意しないとすれば、そのことはあなたが本書の説明全体を受け入れることができるかどうかにかかわってくる。とはいえ、本書の説明は、たった一つの反例によって論駁しうる理論として描かれているわけではなく、基礎が揺らげば上部構造が崩壊するような理論として描かれているわけでもない。本書の説明は、二つの点で全体論的な構造をもっている。すなわち、徳と幸福は説明の中心に置かれているが、それらは説明の基礎となるものではないという点と、当の説明は私たちの経験の全体に符合するという点である。したがって、本書の説明のいくつかの部分に関して意見が一致しないとしても、そのことは別の部分に関して意見が一致する可能性を奪いはしない。さらに、私は「理論」よりむしろ「説明（account）」という言葉を用いる。それは、「直観」を基礎にして「理論」を作り上げるという、哲学の分野ではよくあることを私もしようとしているという誤解を避けるためである。これが私のしようとしていることであると考えるなら、私が避けたいと思っているいくつかの想定を受け入れることになるだろう。特に、直観とは何かについての哲学的説明——私はそれを持ち合わせていない——を与えなくても、「直観」という概念を持ち込むことができるという想定がそうである。これから私が論ずるのは、徳に関して、また技能全般や専門的技能に関して私たちが考えていることや信じていることにすぎない[2]。方法論にかかわるこの問題については、最後の章で再び取り上げることにしたい。

以下では、徳に関する多くの異なるポイントを明らかにする。それらを積み重ねれば、まとまりのある一つの説明ができあがるだろう。

まず第2章では、準備作業として、徳は傾向性の一種であると主張する。徳は一定の行為が期待できる性格の傾向性であり、一時的な気分や態度ではない。また、徳はそれ自体で有徳な行為に分類される行為を遂行する特性や傾向性にすぎないものでもない。さらに、傾向性を身につけるためには習熟（habituation）が不可欠であるが、徳を身につけることは機械的に反応する習慣を身につけることとは異なる。徳が表すのは技能が表すのと同じ種類の習熟であり、習熟した行為者は機械的に反応するようになるのではなく、いっそう知的に行為するようになるのである。

第3章では、技能からの類推の助けを借りながら、徳はどのように学習され、どのように教授されうるのかを明らかにする。技能の学習と同じように、徳を学習するためには、まずもって教師を信頼し、学習がなされる文脈を信頼しなければならないが、それだけでなく、私たち自身の自立的な理解にもとづいて行為するようになることも必要である。ここから見えてくる重要なポイントは、本書の徳の説明には発達という観点が不可欠のものとして含まれていることである。つまり、私たちは常に、熟練者と学習者を区別しなければならないのである。さらに、実践的技能からの類推は、徳の視点に立った思考がどのようにして行為を導くことができるのかを理解することにも役立つ。この章では、有徳な行為は正しい行為とどのように関係しているのかという問題を取り上げる。ここまでの考察から、徳の習得にかかわる学習は、すでに与えられている社会的・文化的文脈のなかでしか行なわれないが、しかしそこには常に、もっとうまくやろうとする向上心も含まれているということを正しく理解することができる。

この見方にはある問題点が含まれているが、それは第4章で論ずる。すなわち、徳の学習は与えられた社会的・文化的文脈のなかでしか行なわれず、徳の学習を進めるためにはまずもって教師を信頼し、教授がなされる文脈を信頼しなければならないとすれば、結果として身につくのはどうみても保守的な考え方ではないだろうか。徳は向上心をともなっているが、しかしその向上心は、徳を学習してきた文脈や制度を批判するほど強力なものだろうか。答えはイエスである。この非難は、徳の力を、少なくともここで理解しているかぎりでの徳の力を過小評価するものにほかならない。

徳について説明する以上は、有徳な人と、有徳なことを行ないはするが、不本意ながらしぶしぶそれを行なう人の違いについて何らかのことが言えなければならない。第5章ではこの問題を取り上げる。徳は理由にもとづいて行為することだけでなく、適切な感情と態度をもちながら、葛藤することなくやすやすと行為することを要求し、その行為はよろこびをともなうことを特徴とする。徳と技能はこの点ではっきり区別されると一般に考えられている。なぜなら、技能は適切な感情をともなうことなく発揮することができ、たいていはよろこびと結びついていないからである。しかし、徳がどのようにして理性と感情の一致を要求するのかを理解するためには、ここでもまた、技能からの類推が正しい方向に進むための手助けになりうるということを私は論ずる。この章では、快楽に関する現代の一部の心理学研究を利用する（その研究は、現代の大部分の哲学者のアプローチには合致しないが、快楽に対するアリストテレスのアプローチに合致する）。もちろん、徳と技能にはいくつかの重要な相違点が残る。とはいえ、それらは技能からの類推を損なうものではなく、むしろそれを支えるものにほかならない。

第6章では、ここまでの説明に含まれる重要な含意、そのなかでも特に、徳のなかで実践的推論が果たす役割に目を向ける。そこで論ずるように、そうすることで私たちは、徳が発達することは性格が統一性をもって全体的に発達することの一側面であり、それゆえ、ある種の解釈にもとづいた「徳の統一性」という見解には多くの利点があるということがわかるようになる。そして、以上の考察から、本書の理論のなかで徳はどのようにして理想としての役割を果たすのか、またその理想は日常的な文脈での徳とどのように関連しているのか、ということも明らかになる。

ここまでの徳の説明は累積的である。つまり、それぞれの章で徳の一面を考察し、技能からの類推を批判的に考察することによって、徳の説明を作り上げている。第7章では、技能からの類推とは関係のない二つの重要なポイントを取り上げる。徳は二つの点で、機知に富むこと、片づけ上手であること、時間を守ることといった他の傾向性とは異なっている。第一に、徳はそれ自体で賞讃に価する。すぐれたものと評価される傾向性が、単に手段としてそのように評価されるのであれば、それは徳ではない。徳は特別な種類の賞讃に値する傾向性であり、それを理想として志向するように私たちを駆り立てるものである。私はこのことから徳とその他の傾向性がどのようにして区別されるのかを論ずる。

第二に、徳は価値に肩入れすることを要求する。ある傾向性が徳であるならば、それをもっている人は、価値があると自分が考えている何かを必ず志向することになる。「多元主義者」の理論のなかには、それぞれ異なる徳が目指しているそれぞれ異なる価値を見つけ出す段階で終わるものもある。他方、これらの価値を唯一の善に含まれる異なる側面として統一するものもある。徳が肩入れする善とは何かについての理解の違いに応じて、ここには多くの選択肢がある。

第8章では、徳と隆盛にはどのような関係があるのか、またエウダイモニア主義者の考える隆盛を理にかなった仕方で幸福とみなすことはできるのか、これらを明らかにする作業に取り組む。ここでは、最初にさまざまな幸福理解を区別しなければならない。幸福は一時的な感覚ではなく、単に欲しいものを手に入れることでもなく、人生の全体にわたって達成される何かである。私はエウダイモニア主義の伝統にある幸福概念を取り入れ、そのように幸福を理解すれば、幸福に関する現代のいくつかの説明が抱えているジレンマに陥らないこと、またそれらの説明とは違って、倫理的思考に対して満足のいく枠組みを与えることができることを明らかにする。

第9章では、徳は行為者の幸福ないし隆盛（の全体か一部）を作り上げるという見解を取り上げ、それが信じるに足る見解でありうることを示すという課題に取り組む。これを妨げるいくつかの主要な障害は、第7章で明らかにした徳の側面から生まれる。しかし、私はそれらの問題が解決できることを示し、価値への肩入れという徳の側面はエウダイモニア主義と調和しないとみなす理論は難問を抱えることになり、それによってその理論は魅力を失うということを明らかにする。そのうえで、これより前の章で展開してきた徳のポイントを正当に取り扱うことになるのは、行為者の幸福ないし隆盛（の全体か一部）を作り上げるものとして徳を考える場合だけであるということを示すつもりである。

以上の議論を踏まえれば、徳は行為者の隆盛にとっての必要条件か、あるいは必要十分条件であるという主張は、こじつけでも信じがたいものでもなく、私たちの日常的な考え方の多くに訴えるものであることがわかる。また、しかるべき注意を払ったうえで隆盛を幸福とみなすことは、理に合わない考えではないということもわかる。

第10章では、方法論にかかわる問題に戻り、本書は「直観」と対比される「理論」を作り出すという哲学上の試みから距離を置いているということを改めて論ずる。むしろ、私が描いているのは全体論的な説明である。その説明が受け入れられるための資格は、一つには全体として整合性があること、一つには徳と幸福に対する私たちの経験上の見方に合致することから得られる。また、私の主張は心理学における哲学的研究からも支持される見込みが大きいということを手短に示唆するつもりである。徳についての「状況主義者」の疑念を批判する人々は、徳とは何かを明らかにするためには、これまでよりも手の込んだ研究が必要になるということを証明した。この点で、さまざまな実践的技能についての、そして徳と実践的技能の類似性についての実証的研究は、明らかに私たちの助けになると私は考える。

このような議論の進め方には、いやおうなくデメリットがつきまとう。私が提案しているような直線的な説明は、最初は退屈な印象を与えるかもしれないし、前半の章で論じている内容は首尾一貫したまとまりをなしており、そこには別の考え方に反論を加えるための手立てが含まれているのだが、そのことがわかるまでには時間がかかるかもしれない。本書では、現代のさまざまな議論に対して最初から手の込んだ反論を加えるのではなく、アリストテレスの言う「私たちにとって身近なこと」から始めている。私は辛抱強い読者が報われることを願っている。

第2章 徳、性格、傾向性

普段、私たちは「徳」という言葉をあまり使わないかもしれないが、徳の視点から考えたり、話したりすることはしょっちゅうある。私たちは他者のことや自分自身のことを、気前のよい人やけちくさい人、親切な人や意地の悪い人、人助けをする人や自分本位な人と考える（口に出すことも少なくない）。このとき、私たちは何について話しているのか。もちろん、人について話しているのである。しかし、そのときに注目しているのは、人の行為なのか、人の感情なのか、それとも何か別のものなのか。

たとえば、「ジェーンは気前がよい」とはどういうことなのか。それは、単に気前のよい行為をすることでも、気前のよい感情をもつことでもない。これらの一方もしくは両方は、ジェーンが気前のよい人でないとしても真になりうる。ジェーンは友人によい印象を与えるために――その友人は本当に気前のよい人であり、ジェーンのその行為に好意的に反応するはずである――いつものけちけちした態度を抑え込んで、気前のよい行為をしたのかもしれない。あるいは、ちょうど感傷的な歌を聴いたことがきっかけとなって、気前のよい感情をもったのかもしれない。どちらにしても、ジェーン自身が気前のよい人であることにはならない。なぜなら、当の行為と感情は、何か持続的なものに由来するわけでも、それに通じるわけでもないからである。ジェーンが気前のよい人であるためには、気前のよさはジェーン自身の特性でなければならない。つまり、気前のよさはジェーンという人物そのものにそなわる特性でなければならず、しかもそれは、単に昔からある特性であればよいわけではなく、一貫して存続し（persisting）、当てにすることができ（reliable）、性格を表す（characteristic）ような特性でなければならないのである。

徳は人の持続的な特性であり、人が一定のあり方をする傾向性である。しかし、徳は妨げられずにその場でじっとしているような持続的特性ではない。徳は活動にかかわる。つまり、徳を身につけているということは、ある一定の仕方で行為する傾向があるということなのである。そして、徳は状況に対する選択的な反応を通じて発達する。以上の点を踏まえて、私は単に「持続する」と言うのではなく、「一貫して存続する」という言葉を用いることにする。ジェーンは気前のよい人であると仮定するなら、彼女の気前のよさは、試練や困難があっても一貫して存続し、気前のよい反応によって強まり、けちけちした反応によって弱まる。したがって、徳を傾向性と考えるのは私たちにとって自然なことだが、それを科学上の概念としての傾向性、すなわち変動しない持続的な傾向性と混同しないように注意しなければならない。典型的な例を挙げれば、ガラスはある一定の状況のもとで割れる傾向性をもっている。これは私たちがいま必要としている概念ではない。なぜなら、ガラスは何かを行なうという仕方で傾向性をもっているわけではなく、さまざまな状況に直面して選択に応じた発達を遂げることができるわけでもないからである。徳はこのような変動のない状態とは異なる。徳は、それをもっているためにジェーンが一定の仕方で行為し、考えることになる傾向性であり、気前のよい反応をすることによっていつでも強まり、そのような反応をしそこなうことによっていつでも弱まる傾向性である。もし彼女が気前のよい人であるなら、彼女の気前のよい行為と感情は、徳に由来するものであると同時に、徳を強化するものでもある。

また、徳は当てにできる傾向性である。もしジェーンが気前のよい人であるなら、彼女が気前のよい行為をし、気前のよい感情をもつことは偶然の出来事ではない。もし彼女が気前のよい行為をしなかったとすれば、私たちは驚き、ショックを受けて、何らかの説明を探し求めたことだろう。私たちは、友人の徳や悪徳のおかげで、その人の反応や振る舞いを当てにすることができる。もちろん、ある程度までである。なぜなら、私たちの誰一人として、有徳な反応や行為を完全に当てにできるほどには有徳ではないのだから。徳のこの側面に私たちがよく気づくのは、自分自身よりも他者の場合である。私たちは、被災者支援や結婚祝いの資金を集めるときに、進んで金を出す自分や出し惜しみする自分を意外に思うことがある一方で、気前のよさを期待できる人は誰か、けちけちすることが予想できる人は誰かについて、ある程度はわかっているものである。

さらに、徳は持ち主の性格を表す傾向性である。つまり、徳のある（あるいは悪徳のある）人は、たとえば親切な行為や勇敢な行為や節度のある行為をするときに、その人の性格から生まれるその人らしい行為をしているのである。これは、徳はその持ち主の根深い特性であるということの言い換えにほかならない。徳はその持ち主の、つまりその人がどのような人であるかの中核をなす傾向性であり、私たちは一般に徳の面から人の性格を考える。私は自分に数独の思わぬ才能があることに気づくかもしれない。しかし、それは私の才能の幅を広げるものではあるが、私の性格を変えるものではない。これに対して、思いやりを感じ、思いやりから行為する思わぬ能力が自分にはあると気づいた人が、その能力を発達させるならば、その人は何か単独の特性の点で変わるのではなく、人として変わることになる。つまり、以前とは違った性格をもつようになるのである。[1]

　徳は人が一定のあり方をする傾向性であり、一定の仕方の行為と推論と感情のうちに現れる傾向性である。ここには一つの重要なポイントが最初からすでに含まれている。すなわち、あるいくつかの種類の理論とは異なり、ここで私たちは、「有徳な判断を下すとはどういうことか」を初めに説明してから、それとは別に、「有徳な判断を下した人は、どのようにしてその判断に従って行為するように動機づけられうるのか」を説明するという進み方はしないのである。公平であることや勇敢であること等々の動機づけは、有徳な判断についての説明を展開したあとに探し求めなければならない追加要素ではない。私たちは初めからすでに動機づけをもっているのであり、私たちの傾向性は、それらの動機づけが教育を通じて発達したことによって、いまあるようなものになっているのである。「勇敢に行為すべきであると考える人は、そのあとどのようにして、勇敢であるように動機づけられうるのか」という問いは的を外している。この問いのなかで見落とされているのは、勇敢な人とは、勇敢さについて学習し、勇敢に行為しようと決心し、それからその決心に従う動機づけをどうにか見つける人ではないという点である。勇敢な人とは、何か別の仕方ではなく、まさに勇敢な仕方で行為し、推論し、反応するように性格の傾向性が形作られている人にほかならない。徳が初めから活動にかかわり、発達をともなう傾向性であるのはこのためである。それは、外からの度重なる影響によって受動的に生み出されるものではない。徳は、活動する生き物としての私（やあなた）が、育成と教育を通じて性格を一定のあり方へと発達させる、まさにそのあり方にほかならない。

本書で何度か見るように、私たちは、徳について深く考えるようになるときには、すでにいくつかの徳（と悪徳とそのどちらでもない多くの特性）をもっている。このことを覚えておくことはきわめて重要である。私たちは、しつけと教育を受け、そしてそれから、ある一定のかたちに性格を発達させ、作り上げるような仕方で生活したり内省したりすることによって、現在の性格をもつようになったのである。この過程に含まれるのは、新たな動機づけを植えつけることではなく、初めからもっている未発達の動機づけを一定のかたちのものに作り上げることである。アリストテレスは、彼が「自然的な徳（natural virtue）」と呼ぶもの、つまり私たちが徳と悪徳について学習する前からもっている性格の傾向性について論じている。これらの傾向性のなかにはすでに徳を匂わせるものもあるが、幼い子どもを研究すれば容易にわかるように、多くのものはそうではない。親と教師がよく知っているように、公平で正直な人になるように子どもを教育するときに、私たちは子どもに何をなすべきかを初めに教え、それから彼らの関心を導いて、それをする動機づけを新たにもたせようとするという方法はとらない。むしろ、すでにそなわっている動機づけを教育し、一定のかたちのものに作り上げようとするのである。

近年では、徳が当てにできる傾向性であるという点にも、性格を表すものであるという点にも異論がある。一部の哲学者は、社会心理学の研究成果にもとづいて、二つのことを主張している。第一に、私たちの行為は、自分が置かれている状況の影響によって生まれることが思っているよりもはるかに多く、性格特性の影響によって生まれることは思っているよりもはるかに少ない[2]。仮にこれが真実であるとすれば、徳を倫理学の中心概念とみなすことの妥当性が疑われることになるだろう。そうなれば、私がいま述べたばかりの説明、つまり徳は未発達の動機づけが教育を通じて発達したものであるという説明がまずは疑われることになるだろう。第二に、私たちの行為の基礎となる実践的推論は、私たちが意識していない欠陥を含んでいる。私たちは誤った推論にもとづいて行為するのであり、ときには理性を介することなく行為するのである。これらの問題は、もっと詳細な徳の説明を手に入れてから、第10章で改めて取り上げることにしたい。というのも、現時点では実りある議論をするための材料が明らかに不足しているからである。

とはいえ、現時点でも次のように問うことができる。どうして私たちは、気前のよさについて説明するときに、気前のよい人の傾向性を説明の中心に置くのだろうか。「気前がよい」という言葉は、人に対してだけでなく、行為と感情に対しても同じくらい適切に用いられる。ひょっとすると、気前のよい人とは、気前のよい行為をし、気前のよい感情を抱く傾向がある人にすぎないのではないか[3]。もしそうだとすれば、私たちは傾向性よりも行為と感情をいっそう基礎的なものと考えていることになる。なぜなら、その場合、ジェーンは気前のよい人であり、気前のよい行為をし、気前のよい感情を抱く傾向にあるということを理解するためには、気前のよい行為と感情をその傾向性とは独立に特定できなければならないからである。というのも、気前のよい行為とは気前のよい人がする行為であるとしか言えないとすれば、「ジェーンは気前のよい行為をするから、気前のよい人である」という言い方は、明らかに循環した説明になってしまうからである。

私たちは次の章で、有徳な傾向性と有徳な行為の関係をこのような仕方で考えることがなぜ正しくないのかを知ることになる。そこで見るように、たしかに私たちは、気前のよい傾向性を十分に理解する前から、気前のよい行為と感情を実際に特定することができるのだが、その事実は、有徳な傾向性を徳の倫理の中心に置くことに反対する理由にはならない。

現段階で言えることがもう一つある。もし気前のよさが、気前のよい行為をし、気前のよい感情を抱く傾向性にすぎないとすれば、そのように行為し、感じる傾向性をもっていることに私たちが価値を認めるのはどうしてなのか。そもそもどうして私たちは、このような行為と感情に関して、一貫して存続し、当てにすることができ、持ち主の性格を表すような傾向性をもっていることに価値を認めるのか。この疑問に対して、次のような答えが返ってくるかもしれない。私たちが気前のよい行為をする傾向性に価値を認めるのは、気前のよい行為をすることに価値を認めているからであり、気前のよい傾向性をもっていない人よりもそれをもっている人の方が、おそらくいっそう多くそのような行為をするからである[4]。この見方によれば、傾向性の価値をどう考えるかは、行為や感情の価値をどう考えるかに常にもとづいていることになる。しかし、この見方は、徳に関する私たちのありふれた考え方と明らかに矛盾する。私たちが誰かを忠実であるという理由で賞讃するとき、私たちはその人自身を賞讃しているのである。この賞讃は、その人が忠実な行為をどれだけ行ない、忠実な感情をどれだけ抱くのかについての（潜在意識のなかでの？）計算に実はもとづいていると示唆することはばかげている。

徳は以上で述べたような傾向性であるため、当然ながら、徳を身につけることは時間を要する。たしかに、スクルージ[1]はクリスマスの前夜にたちまち改心し、思いやりと親切さの価値を信ずるようになったのかもしれない。しかし、周到にもその物語は、思いやりのある人になるまでの道のりをスクルージが時間をかけて歩んだことを伝えている。忠実であることや勇敢であることが価値のある生き方であるとわかるようになることは、最初の一歩にすぎない。徳を身につけるためには習熟と経験が必要である。私たちは、学校と家庭での教育を通じて、習熟の最初の機会を得る。そこでは、しなければならないことをするよう命じられるだけでなく、手本を見せられたうえで、忠実さや勇敢さの価値についての理解を深め、またその理解を表すような仕方で行為することが奨励されるのである。私たちは現実生活のなかで、あるいは本や映画を通して、人々が忠実に振る舞う場面や不実に振る舞う場面を（実際に、あるいは他者の経験を通じて）経験する。そのとき私たちは、一方の人々が賞讃に値し、他方の人々が非難に値するのはなぜかを見出すよう促される。忠実であるとはどういうことか、また勇敢であるとはどういうことかを理解するためには、経験が必要である。私たちの経験は、親と教師の働きかけや文化の影響を受けることによって、習熟を通じて一定の方向に導かれる。[5]忠実な行為や勇敢な行為をし、忠実さと勇敢さを目にしたときに好意的な反応をするように習熟することを通じて、私たちはしつけられ、私たちの性格が作り上げられるのである。たとえば、幼い子どもは、動物を残酷に扱うことをやめるように言われ、残酷な子どもが否定的に描かれている物語を読んだり、見たりする。また、ものをみんなで分け合うことが奨励され、気前がよいことは報われるのに対して、自分本位であることは不快なこととして描かれる物語を聞かされるのである。

この時点で、習熟とは習慣化にすぎず、有徳な傾向性は習慣の力によって作られるものにすぎないのではないかと思うのも無理はない。私たちは経験を通じて、生活のさまざまな領域で、時間と手間を省くのに役立つ習慣を身につける。徳を身につけることもこれと似たようなことであるとすれば、なぜ私たちは、徳を習慣にすぎないもの、ひいては単なる機械的反応（routine）にすぎないものと考えてはいけないのか。

習慣が機械的反応に変わる例を挙げよう。私はいつも自動車で職場の大学に行くときに、駐車場に着くまで同じ道を通っている。初めのうちは、渋滞を避けつつも最短ルートから外れすぎないようにしたり、時間帯に応じて道を変えたりするなど、目的地に至る最良の方法を意識的に考えなければならなかった。そうするうちに、だんだんと現在の道順を選ぶことが多くなり、やがてそれが習慣となった。それぞれの曲がり角でどちらに曲がればよいのか、どこで速度を落とせばよいのかというようなことについて、もはや考える必要はない。私の運転は機械的反応になっているのである。これは、運転のことをまったく気にかけなくなったということではない。私はいまでも、自分がどこに行こうとしているのかにある程度は注意を払っている。というのも、赤信号のときには車を止め、適正な速度で運転し、危険な運転をする人が近くにいるときには用心深く振る舞うからである。しかし、運転することは、私が意識的に考えていることからは切り離されている。そのため、私の意識的で計画的な思考は、運転にうまく結びつかないこともある。たとえば、途中でどこかに立ち寄るつもりで出発したのに、気づけば駐車場に着いていることや、工事中で入れないとわかっているのに、いつもの駐車場の入り口に来ていることがある。普段とは違うことをしようとしたが、その決心は機械的反応のパターンに組み込まれることなく、いつもの反応が変わらずに続いたのである。機械的反応の変更が適切な影響を生むためには、その変更をはっきりとしたかたちで意識しなければならず、ときには繰り返し行なわなければならない。

徳は多くの点で機械的反応とは異なる。しかし、ただそのように主張するだけでなく、習熟が機械的反応につながらない事例、すなわち実践的技能にまずは目を向けることにしよう。たとえば、私がピアノを習っているとする。自動車の運転と同様に、初めのうちは、どのようにするのが正しいのかを意識的に考え、何度も繰り返してそのやり方に慣れなければならない。このことは、音符を学ぶところから始まり、音階とアルペジオ[2]、それからソナタの弾き方を学ぶところまで続く。こうして私が熟練したピアニストになると（ここで「私」は架空の人物となる）、運転の場合と同じように、意識的に考えることなくソナタや他の楽曲を演奏することができるようになる。鍵盤を弾くその都度の行為に先立って、何かを決めたり意識的に考えたりしなくても、私の指は適切な速度で、他の音と適切に関連づけながら、適切な音を選び出すのである。

私たちは、熟練したピアニストが音を出すときのスピードを目にするとき、意識的な思考を必要とした当初の経験が、不断の反復と習慣によって単なる機械的反応に変わったと考えたくなるかもしれない。しかし、それは完全に間違っている。プロのピアニストは、たしかに意識的な入力にもとづいて演奏するのではない。しかし、そこで生まれるのは、頭を使わない機械的反応ではなく、むしろ楽曲に対するピアニストの考えが吹き込まれた演奏であり、その考えが表現される演奏である。そのうえ、プロのピアニストは自分の演奏を改善し続ける。その演奏は、技術的熟達の面での向上だけでなく、知性の面での向上——音の強弱の移行に対する扱いがうまくなること、楽曲の解釈がより繊細になることなど——も示す。演奏の際、頭のなかの残りの部分は、一連の決まった動作から切り離され、それとは無関係に進行するのではない。演奏の能力は、習熟したものであるにもかかわらず、その人が考えていることからたえず情報を受け取るのである。もしその人がいつもとは違った仕方で第一楽章を演奏しようと決めるなら、演奏全体はそれを微妙なかたちで反映することになる。別のところに行くつもりだったのに、気づけば駐車場に着いているという私の例とは違って、ピアニストが最後になって「目を覚まし」、以前と同じ仕方で演奏したことに気づくというようなことはない。実践的技能の熟達は、意識的な思考と相容れないものではなく、むしろそれに役立つものなのである。

もちろん、以上は理想化された描写である。ピアニストが現に「目を覚まし」、いつものように楽曲を演奏したことに気づくということもあるにちがいない。しかし、もしそうなら、欠陥はその人の技能にある。実践的技能が機械的反応に変わるならば、それは硬直し、衰退する。どのピアニストに聞いてもわかるように、現実のピアニストは、技能の点でうまくなることもあれば、下手になることもある。ここからはっきりとわかるのは、習熟した活動は、ひとたび確立すればもはや変化することはなく、放っておいてもかまわないような、安定した機械的反応の状態にはならないという点である。習熟した活動は、うまくなっているのか下手になっているのかをたえずチェックする必要がある。熟練を要する傾向性は静止した状態ではない。それは常に発達の過程にあり、維持されることもあれば、弱まることもある。

本書の主要な提言の一つは、徳は（他のいくつかの点に加えて）まさにこの点で実践的技能に似ているということである。徳は傾向性である以上、それを身につけるためには時間と経験と習熟が必要とされる。しかし、その結果として生まれるのは、決まりきった機械的反応ではなく、ピアニストやアスリートといった実践的技能の熟練者に見られるような、能動的で知的な取り組みをともなう実践面での熟達なのである。

たとえば、プロのテニス選手の戦略に表れる知性のひらめきは、練習と習熟から生まれてくるものだが、頭を使うことなく繰り返されるものではない。同じことは勇敢な人にも当てはまる（勇敢な人とは、勇敢であろうと決意しただけの人でも、勇敢さについての本を読んだ人でもなく、習熟の結果として勇敢になった人のことである）。勇敢な人は、一貫して存続し、当てにでき、性格を表すようなかたちで勇敢である傾向性をいまやもっている。しかし、何か価値のあるもののためにリスクや危険に立ち向かわなければならないとき、勇敢な人は習慣にもとづいた機械的な反応はしない。プロのテニス選手のように、彼は知性を用いて、つまり関連するあらゆる要因を考慮に入れて、直接その状況に反応する。その反応は習熟によって鈍くなるのではなく、むしろ鋭さを増すようになっている。勇敢さは、すぐに救助にかけつけることによって示されることもあれば、最初に注意深く状況を評価することによって示されることもある。また、忠実さは、たゆまぬ支援によって示されることもあれば、たゆまぬ支援を要求する人の話を真剣に聞くことによって示されることもあるだろう。

機械的反応の中心的な特徴は、関連する状況に対していつでも同じ反応をするところにある。だからこそ、機械的反応は当てにすることや予測することができるのである。これに対して、実践的技能と徳は、予想どおりの似通った反応以上のものを要求する。それらはどちらも、他の状況に対応するときと同じような反応をするだけでなく、当該の状況にふさわしい反応をすることを要求するのである。このふさわしさは、徳がその一つである習熟した傾向性に由来する。アリストテレスはこう言っている。「同じ恐ろしい出来事でも、予期せぬ突然の場合に恐れを見せず平静であることの方が、あらかじめ明白な場合にそうであるよりも、いっそう勇者の証であるように思われる。なぜなら、そうした行為は、事前の準備によるところがむしろより少ないがゆえに、よりすぐれて性向から発するのである。というのも、あらかじめはっきりしたものならば、算段したりことわりを働かせたりして選択することができる人がいるかもしれないが、突然の出来事に対処するには、性向によるしかないからである」[6]（「性向」の原語は「ヘクシス」。「傾向性」と訳されることも多い）。性向としての徳のおかげで、私たちは新たな難題に直面しても、創意と想像力に富む反応をすることができる。機械的反応によってはこのことはできないだろう。

このように、実践的技能からの類推によって、徳は習熟を要する傾向性であるが、単なる機械的反応にはならない傾向性であることがわかる[7]。ここまで、徳を理解するためにどれほど重要であるのかが明らかになることを願いながら、技能からの類推を紹介してきた。技能からの類推については、それが徳に関して何を明らかにするのか、またその類推の限界はどこにあるのかについて、まだまだ多くのことを言わなければならない。

第3章　技能を要する行為と有徳な行為

技能と徳——学習の必要性と駆り立てる向上心

　ピアノやテニスのような実践的技能と同様に、徳も単なる機械的反応とは異なることを私たちは見て取ることができる。この類似性の基礎にあるものは何だろうか。

　それは、技能と呼んで構わないあらゆるもののあらゆる事例のうちに見出すことのできる何かではない。実践的技能のなかには、単なる機械的反応をともなうように見えるものがたしかにある。職場に行くというような日々の活動がそうである。私たちはそのような活動を技能と呼んで構わないと思うこともあれば、機械的反応や習慣的行為と呼ぶこともある[1]。また、その類似性の基礎にあるものは、生まれもった才能が大きく貢献する技能にも当てはまらない。この場合、私たちが関心をもっている類似性は、才能が貢献する部分には適用できないのである（現代の世界では、運動技能は競技を背景として育成されるのが普通であり、ある特定の技能のなかには、競技で勝利できる生まれもった才能がある場合にしか育成されないものもある。しかしそれでも、私たちはそのことは別にして、技能の発揮そのものを評価することができる）。私たちが徳と技能の重要な類似性を見出すのは、二つのものが結びついている技能にかぎられる。すなわち、学習の必要性と駆り立てる向上心（drive to aspire）である。

よく知られているように、アリストテレスは徳と技能の重要な類似点を指摘している。第一に、それらはどちらも実践にかかわるものであり、それゆえ実践によって、つまりする必要のあることを実際にすることによってのみ習得することができる。さらに、それらはどちらも、学習を必要不可欠なものとして含んでいる。アリストテレスはこう言っている。「われわれは学び知ったうえで作るべき事柄を、作ることによって学び知る。たとえば、家を建てることによって大工となり、竪琴を弾くことによって竪琴弾きになるのである。これと同様に、正しいことを行なうことによって正義の人となり、節度あることを行なうことによって節度ある人となり、また勇気あることを行なうことによって勇気ある人となるのである[2]」。

建築は私たちが取り立てて知的な技能と考えるものではないが、それでもやはり、頭を使わずに手本を猿真似するだけで大工になるということはありえない。単純な建築技能でさえ、容易に習得できるものでも、努力せずに習得できるものでもない。そこには、手本を真似て、それから反復を通じて機械的にできるようになることよりも多くのことが含まれている。技能の習得には経験と実践が必要であり、教えることのできる人から学習することが必要である。しかし、教授の過程で伝えられることのなかには、教師がすることをそのまましようとするだけの人には把握されないことが最初から含まれている。学習者は、教師が手本として真似るべき正しいことを行ない、正しい情報とやり方を伝えているということを信じなければならないのである。それに加えて、技能の学習者には、私が「駆り立てる向上心」と呼んでいるものも最初から必要となる。正しく学習するためには、学習者は自分が行なっていることを理解しなければならないが、駆り立てる向上心が最初にはっきりと現れるのは、その理解が必要とされるときである。

学習者は、手本のどの部分に従えばよいのか、別のやり方ではなくこのやり方で行なうことにはどのような意味があるのか、教師が行なっている一定のやり方にとって何が重要であり何がそうではないのかということを理解する必要がある。これらのことを理解しない学習者は、教師のやり方をそっくりそのまま真似るとともに、教師の癖や流儀を真似るにすぎない。しかし、技能の習得という点から見て、これは明らかに成功ではなく失敗である。たとえば、アルフレッド・ブレンデルのように演奏することを目指しているピアニストがいるとしよう。そのピアニストは、ブレンデルのあらゆる癖と細々とした流儀を模倣し、ブレンデルが演奏する楽曲だけを取り上げて、まったく同じやり方で演奏すれば、その目標は達成されると誤って信じている。しかし、そのようなことをしても、ブレンデルのものまねに終わるのがおちであり、彼の技能を習得することにはならないだろう。「ブレンデルのような演奏」と呼ぶことができる演奏法を本当に習得する人は、まったく異なる楽曲を異なるやり方で演奏しながらも、ブレンデルから演奏について何かを学び取ったということを、そしてブレンデルの流儀の核心をつかんでいるということを表すような演奏をすることによって、そのような演奏法を習得するだろう。

学習者にとって必要なことは、何をどのように行なえばよいかについての理解の仕方を教師や手本から学習することだけではない。それに加えて、教師がもっている技能を型にはまった機械的反応として、つまりクローンのようなものまねに終わるものとして習得するのではなく、それを自分のものとして習得できるようになることが必要である。技能を習得するためには、自分の力でそれができるのでなければならず、さらなる上達について考えなくてよい型にはまった機械的反応の状態で止まってはならない。これは技能の全般においてよく知られているポイントである。楽器の演奏にせよ、スケートやダンスにせよ、イタリア語会話にせよ、単に教師の真似をすることをやめて、自分の力でそれをしなければならない時期がやがて訪れる。そして、これこそが指導の眼目であることも明らかである。教師が行なうことをただオウムのように繰り返すのではなく、自分の力で行なうことができるのでなければ、まだ技能を習得したことにはならない。学習者の自立（self-direction）に関するこのポイントは、先に述べた第一のポイントと自然なかたちで結びついている。つまり、教師から教わったことを理解しようと努め、その核心を自分でつかまなければならないのは、その地点に至ったときに初めて、自立的な仕方で技能を発揮することができるからである。

　最後に、学習者の向上心は、上達するために努力すること、つまり教師のやり方を機械的に引き継ぐのではなく、自分がしていることをもっとうまく行なうために努力することにつながる。練習の大部分はこのことを、つまり型にはまった機械的な動きを完成させることではなく、自分がしていることをもっとうまくできるようになることを目的としている。これは、自動車の運転にも、スケートのダブルアクセルにも、ホメロスの翻訳にも、ハードルを跳び越えることにも当てはまる。

もちろん、このような上達への志向の存在が疑われることもあるかもしれない。実際、失望した教師は、学習者のなかにはそれをもたない者もいるので、こちらから促して一連の動作をやらせなければならないと思うことがたびたびある。しかし、このような人たちは学習しているとは言えない。失望した教師は、試験のときに、彼らが教わったことをただオウムのように繰り返すだけで、実際にはそれを習得していないことに気づく。身体的な技能の場合、そのような人たちは一段階上のレベルには決して到達しない。上達への志向がなければ、私たちの技能はやがて単純な繰り返しや機械的反応になる。技能にはこのような高い要求が特徴としてそなわっているのである(3)。

上達の必要性はいつかはなくなるのか、それとも常に残るのか。もし常に残るとすれば、そのことは、誰一人として完全には技能を習得できないということを含意するように見える。実際、上達の必要性が完全に消えることは決してない。しかし、そのことが含意するのは、技能の熟達はそれが単なる機械的反応になることとは両立しないという点にすぎない。技能の熟練者は、それを単なる機械的反応としてではなく、技能として維持する必要がある。ピアニストもゴルファーも登山家も、熟練者はみなこの問題に直面する。つまり、技能を使用しなければ、技能を発揮するために必要とされる技術的事項（technical matters）の知識は失わないかもしれないが、技能そのものは失うことになる。したがって、熟練者も学習者と同様の問題に直面する。もっとも、熟練者が抱える問題の方がいくらかましである。なぜなら、彼らは自立的に活動するために頼ることのできる手立てをより多くもっているからである。

このような仕方で、つまり駆り立てる向上心が学習の不可欠の一部になる仕方で技能をもつようになることには、何が含まれるのだろうか。技能の熟練者は、反復すべき事柄を示すことには還元しえない何かを学習者に伝えている。ここまで私はこの営みのポイントについて話してきた。その何かは、容易に理解できる単純な目標かもしれないし、もっと複雑で、一つないし一組の原理の把握をともなうものかもしれない。コンピューターの修理の仕方を習得することは、自転車に乗れるようになることよりも複雑なことを多く含んでいる。複雑さが増せば増すほど、技能を自分の力で発揮できるようになることには、それだけいっそう多くのことが要求される。

　何らかの複雑さをともなう技能の場合、熟練者が学習者に伝えることのなかには、理由を与えることが含まれていなければならない。電気工や配管工の見習いは、電線や導管をある仕方で配置するという事実だけでなく、そのように配置する理由も知る必要がある。電気工は、さまざまな異なる状況に直面し、習得したことをそれらの状況に合わせることが必要になる以上、まる暗記によって習得できることよりも多くのことを知っていなければならない。まる暗記で身につけた知識は、致命的な誤りを生みかねないからである。ここで、理由が説明を媒介するものとして登場する。つまり、電気工や配管工の教師は、このようにやるということをただ示すこととは対照的に、自分がすることの理由を与えることによって、どうしてそのような仕方で電線や導管を配置しなければならないのかを学習者に説明することができるのである。その説明のおかげで、学習者は教師がしたことを単にそっくりそのまま繰り返すのではなく、さまざまな状況や場面でうまくやることができるようになる。したがって、技能を教えることと習得することができるかどうかは、一方が理由を与え、他方がそれを受け取ることによって、説明を伝達することができるかどうかにかかっている。

このように、技能の教授と習得には、言葉で説明することが何らかの程度まで必要とされるのである。

この考え、つまり技能の伝達と習得には言葉で説明することが必要であるという考えは、反対意見に遭うことが少なくない。その反対意見は、言葉で説明することを必要としないように見える技能を指摘するというかたちをとるかもしれない。その一例として、ガーデニングが挙げられることもある。また、身体的技能のようなある種のケースでは、(アスリートとコーチの場合のように、)技能に長けた人が技能の伝達に誰よりも長けているとはかぎらないかもしれない。これらの多くは、技能の発揮に必要とされる技術的事項の知識か、生まれもった才能のどちらかが実は何よりも重要であるようなケースである。いずれにせよ、そのような例があるとしても、ここでの説明にとって問題にはならない。なぜなら、私は学習の必要性と駆り立てる向上心という特徴が実際に表れている技能の例に注目し、徳はそこに見出すことのできる構造をもっていると主張しているだけだからである。技能という概念はこれよりも広い意味で用いられることもあるが、そのことはここでの説明に影響を与えはしない。

まさにこの点で、私たちの理解は古代の人々の理解と重なっているだけでなく、異なってもいる。古代の倫理学理論では、技能からの類推は躊躇なく持ち込まれ、それを使用することが論争の対象になることはなかった。その主な理由は、多くの現代人にとっては理解しがたいように見えるある特徴に対して、古代の人々は疑問を抱かなかったというところにある。その特徴とは、技能は言葉で説明すること、つまりなぜそのようにするのかを伝えることができることを必要とするというものである。実際、まさにこれが、言葉で説明することのできない「コツ」（エンペイリア）と技能（テクネー）を区別する役目を果たすのである。技能をもっている人は、自分がすることに「説明を与える（give an account）」ことができるのであり、そこにはなぜそのようにしているのかを説明できるということも含まれている。そのような人は自分が何をしているのかを理解している。その点で、自分が何をしているのか、またなぜそのようにしているのかを理解することなく、まったく知性を用いずにコツを身につけることができる人とは異なっている(4)。現代の世界では「技能」という言葉は幅広く用いられるため、この区別はそれほど明白なものではないように見える。しかし、重要なことは、少なくともある種の技能に関して、私たちは学習の必要性と駆り立てる向上心――すなわち、理解と自立と上達に対する向上心――という二つの重要な特徴を見出すことができるという点である。理由と言葉による説明とに対する要求は、このような向上心から生まれる。したがって、そうした向上心が表れない技能の例には、現在の私たちにそれを技能と呼ぶ気があろうがなかろうが、当の要求を見出すことはできない。

徳を明らかにするもっともよい方法は、それをこの種の技能に類似したものとみなすことである。徳は技能にそなわる知的な構造を共有している。そこには、学習の必要性だけでなく、駆り立てる向上心が見出され、それゆえ「説明を与える」ことに対する要求が、つまりなぜそうしているのかを言葉で伝えることに対する要求が見出される。実践的技能の学習者と同様に、徳の学習者は、自分がしていることを理解し、自分の力でそれをすることができるようになる必要があり、難題に立ち向かうときに、いつもと同じことを繰り返すのではなく、改善しながらそれをしなければならない。このことは、理性にもとづかないコツの習得とは対照的に、一方が理由を与え、他方が理由を受け取ることによって徳が伝達されるときに実現するのである(5)。

徳には以上の特徴があり、徳とは何かにとってそれらは何よりも重要な特徴であるということが、本書の主要な主張の一つである。さらに、その点にもとづいた徳の説明は、直観に合うと同時に容易に理解できるものであり、現代の多くの批判に対して理論的に十分に擁護できるものであるということも、本書の主要な主張に含まれる。古代の倫理学者は、実践的技能が徳の適切な類例であることを信じて疑わなかった。しかし、現代の人々に対しては、その考えの正しさを証明しなければならない。というのも、現代の人々は技能を現代の視点から理解し、古代の人々の目にとまらなかったいくつかの特徴を重視するからである。

ここで大切なことは、出発点を間違えないことである。この種の徳を見出すために、十分に発達した大人を調べても、正しいところから出発することにはならない。いま論じている技能に関する重要なポイントは、それがどのように教えられ、学習されるのかにかかわるポイントである。したがって、徳の場合に考察しなければならない文脈は、これに対応するもの、つまり教授と学習の文脈である。それを考察することは、他の種類の倫理学理論とは異なる徳倫理学の重要なポイントを正当に評価することにもなる。倫理教育がどのように行なわれるのかを理解することは、徳倫理学の一部をなしている。倫理教育は、「もっぱら実践にかかわる」もの、それゆえ理論とは無関係なものではない。どのようにして徳を習得するのかを理解するようにならなければ、私たちは徳とは何かを理解することができない。したがって、徳倫理学理論は、実用性とは別の理由――基礎的な専門用語の少なさや、理論構造の単純さ等々——によって推奨され、そのような理論が実践可能かどうかを調べるのは私たちに委ねられている、といった理論ではないのである(6)。

私たちはみな、徳について考えるようになるときには、すでにいくつかの徳をもっている（悪徳についても同様である。ただし、以下では徳に言及するたびに悪徳にも言及するということはしない）。というのも、私たちはみな教育を受けた経験があり、そのなかで徳を身につけてきたからである（もちろん、身につけてこなかった場合も、十分には身につけてこなかった場合もある）。私たちの親と教師、そして私たちと同じ文化に属する多くの人々は、数学、礼儀作法、読み書き、動物との接し方など、多くのことを教えてくれる。それに加えて、正直であることや忠実であることや気前がよいことについても、特別の科目としてではなく、前記の事柄を教える過程で同時に教え、見習うべき（そして避けるべき）例や見本を示しながら、彼ら自身の行為を通じて教えてくれる。以下では、倫理教育の典型例であるという理由から、親が子に教える場面をたびたび取り上げるが、その他の場面も重要であることに変わりはない。

私たちはいつでも、一定の文脈のなかで徳を学習する。気前のよいことや忠実であることをただ抽象的に学習するなどということはありえない。友人に贈り物を買うという文脈で気前のよさを学習する子どももいれば、ホームレスのための家を建てることに時間を割くという文脈でそれを学習する子どももいる。このポイントは、徳は常に組み込まれた文脈のなかで学習されるという言い方によって要約することができる。私たちがそこで学習する組み込まれた文脈には多くの種類があり、それらは重複から矛盾に至るまで、互いに対してさまざまな関係に立ちうる。たとえば、家族、学校、教会、仕事、兄弟、友人、隣人、インターネットといった文脈がそうである。徳を学習するときには、学習の必要性は技能を学習するときほど明白ではない。なぜなら、私たちの周囲は教える人であふれかえっているからであり、そしてまた、私たちが何かのやり方を学んでいるときに、それを通じて気前のよさや勇敢さを学んでいるということは、その時点では明白でないことがよくあるからである。たいていの人は、ずっとあとになってからそのことがわかる。さらに、私たちの教師が徳の教師として信用できるかどうかを問うことができるようになったり、教師の誤りを正すことができると思うようになるのも、ずっとあとになってからのことである。

徳の説明の多くは、駆り立てる向上心を十分に重視していない。そこでは、勇敢であることや忠実であることや気前がよいことを私たちは家族や学校や友人を通じて学習するが、その学習の過程は知性をともなわない吸収のようなものと想定されている。つまり、私たちは家族と社会が徳と呼んでいる傾向性をそのまま取り入れるだけで、一定の距離を置いて批判的に考えることはしないというのである。しかし、仮にそのとおりだとすれば、それぞれの世代は、どの傾向性を推奨し、どの傾向性を嫌悪するかに関して、過去の世代のやり方をただ踏襲するだけであろう。ところが、私たちが見出すのは、ある種の徳については先人たちの考えに修正が加えられ、ある種の徳は完全に支持を失うということなのである。アリストテレスが言うように、人はみな父祖伝来のものを求めているのではなく、よいものを求めている。(7) これに対する反論として、そのことが当てはまるのは近代以降の自由主義社会だけであり、近代以前の社会や伝統を重んずる社会には当てはまらないと言われることもある。しかし、徳の見方が一様であるように見える極端に伝統的な社会であっても、その内部には異なる視点をもったさまざまな集団がある。そのなかには、公然と無視されている集団もあれば、抑圧を受けてさえいる集団もあるかもしれない。このような社会の場合には、これが私たちの社会の考え方であると主張する人がいても、その言葉を額面通りに受け取るべきではない(8)。

こうして、私たちは勇敢であることや忠実であることを組み込まれた文脈のなかで学習する。このとき何が起こっているのだろうか。技能の場合と同様に、私たちは教師や手本となる人物からどのようにすればよいのかを示してもらい、それからそれと同じことを自分でしようとする。本を読むことは徳の理解に役立つとはいえ、私たちは本を読むことによって有徳になるのではない。徳を主題とする本であっても同じことである。この点に関して、アリストテレスは正しいことを言っている。アリストテレスによれば、徳は次の点で建築に似ている。すなわち、勇敢さを学習することは、何かをすること、つまりある一定の仕方で行為することを学習することなのであり、何かをすることを学習する必要がある場合には、私たちは（単にそれについての本を読むことによってではなく、）実際にそれをすることによって学習するのである。男の子が勇敢さを学習する場合、その学習は、たとえば親が犬を追い払うのを見て、それを勇敢なこととして覚えるところから始まる。しかし、その子どもは最初の段階で、勇敢な人になることの核心は犬を追い払うことにあるのではないということを理解する。このことは、初めは親から教わらなければならない。たとえば、犬のなかには危険がないものもいること、立ち向かうとけがをしかねない大型の犬もいることなどがそうである。そうすることで、やがてその子どもは、勇敢さとはあらゆる危険にただちに立ち向かうことではなく、勇敢であるためには、何が危険であるのか、どのように反応するのが適切であるのかを考えなければならないということを理解するのである。

初めのうちは、子どもは手本となる人物を見習うことによって学習する（あるいは、本や映画に出てくる英雄のように行為しようとするというような、もっと凝ったやり方もある）。しかし、そいい、れと同時に、すでに示した三つの点で向上心を抱くようにならないかぎり、そこから勇敢さ――これは分別を欠いた反復とは異なる――が生まれることはない。第一に、その子どもは、親が犬を追い払ったという事実だけでなく、どうしてそうしたのかを理解し、その犬は危険であるというようなな、当の行為に関連のある要因を理解しなければならない。第二に、似たような状況に置かれたときに、その子どもは自分だけで勇敢に行為することができなければならない。このことがどれほど深い理解を要求するのかを私たちは知っている。つまり、それができるようになるためには、勇敢さと向こう見ずの違い、自分の能力とその限界を自覚することの重要性、身構えるべき対象とそうでない対象を見抜くことの重要性に気づかなくてはならないのである。第三に、その子どもは、自分にはへまをしでかす可能性があり、まだまだ大人のようにうまくやれないということを正しく認識しなければならない。このように、実践的技能のうちに私たちが見出した、駆り立てる向上心の三つの側面はすべて、徳の習得にとっても決定的に重要であることがわかる。

このように入り組んだ学習をするときには、親が説明を伝え、子がそれを受け取ることが必要となる。多くの人々は、特に幼い子どもの場合、学習の大部分には言葉ではっきり説明することは含まれないということを強調している。もちろん、勇敢な行為にせよ、気前のよい行為にせよ、その他の有徳な行為にせよ、どのように行為すればそのような行為をすることになるのかについて、親がいつでもこと細かに説明している姿を想像する必要はない。学習の大部分は、単に子どもの試みに対して報いるか、あるいはそれを思いとどまらせるという仕方で行なわれる。とはいえ、親は自分が行なう多くのことのなかで、犬を追い払うことの何が勇敢なことなのか、あるいは人のために時間を割くことの何が気前のよいことなのかを子どもに説明しようとし、ある特定の仕方で行為することにはどのような意義があるのか、もとの行為を機械的に繰り返すのではなく、異なる文脈のなかで異なる仕方でそれを達成することにはどのような重要性があるのかを子どもに理解させようとする。勇敢さや気前のよさを習得しようとしていることを理解させるときに、このようにすることの重要な点は、数学や書き方の場合と同様に、まだ道のりは長いということを伝えるところにある。手本となる人物がすることをあなたがすることは、単にその行為を繰り返すことではなく、その行為をすることでその人は何をしたことになるのかを理解し、それをあなた自身の力で、ことによるとまったく異なる仕方ですることができるようになることなのである。

　ここでは親と幼い子どもの例から議論を始めたが、徳の学習の例は私たちの生活全般にわたって見出すことができる。非常に幼い子どもの場合には、見本の猿真似をすることだけでなく、見本のどの部分に従って行為すればよいのかを考えることも教わらなければならない。しかしその一方で、彼らは非常に幼いうちから、私が駆り立てる向上心と呼んでいるものを身につける。つまり、手本のどの部分を見習えばよいのかということや、新たな状況のなかで、勇敢であったり気前よくあったりするためには何をすればよいのかということを、子どもはみずから考え始めるのである。この点については心理学者による膨大な数の研究があるが、残念なことに、心理学者はこれまで規則に関する子どもの思考について尋ねるのが常であった。コールバーグは、研究によって次のことが明らかになったと主張した。すなわち、子どもたちは自分の周囲の状況から規則を取り入れるのだが、さまざまな発達段階を経たあとでなければ、規則に従うべき倫理的な理由と単なる慣習的な理由を区別することができないのである。テュリエルとスメタナが行なったこれより新しい研究は、この見方に修正が必要であることを示している。つまり、四歳くらいの子どもであれば、単なる慣習的な規則を倫理的な規則から区別することができ、単なる慣習的な規則は関連する慣習がないところでは通用しないのに対して、倫理的な規則はここで通用するならどこでも通用するということがわかるのである。(9) 残念なことに、この研究は、当面の問題にかかわる倫理の道具立てとして無批判に規則だけを取り上げ、研究の範囲を徳にまで広げてはいない。しかし、いずれにしても、私たちは広く当てはまるポイントとして、次のことを信じることができる。すなわち、子どもは幼少の頃から、権威のある人物がすることをただ真似ることと、その行為にどのような意味があるのかを自分自身で考えることを区別することができるのである。つまり、子どもは早い段階から、単に受動的に真似をして機械的反応を身につけるのではなく、理解と自立と上達を積極的に志向するようになるのである。

これはあまりに楽観的な見方であると感じる人もいるかもしれない。倫理に関して駆り立てる向上心をほとんど、あるいはまったくもたない怠惰な人もいるように見える。しかし、これは私の説明を脅かすものではない。倫理面で怠惰な人は、親や他の手本の行為様式をそのまま取り入れるだけで、そのように行為する根拠は何かを理解しようとせず、それについて自分自身で考えようともしない。このような人は、世を渡るのに向いていない融通のきかない傾向性を身につけがちである（というのも、伝統を重んじる社会でさえ、ある世代を取り巻く状況は前の世代のそれとは多くの点で異なるからである）。倫理面で怠惰な人は、世間と向き合うなかで、自分の反応があまりに不適切であることにやがては気づき、手本を機械的に真似ることから生まれる倫理面での災難を避けるためだけにせよ、結局は向上心をもつように駆り立てられるだろう。

私たちは、ここまで強調してきた技能からの類推の二つの側面、つまり学習の必要性と駆り立てる向上心がいかに重要であるのかを見ることができる。学習の必要性は、徳が常に一定の組み込まれた文脈のなかで学習されるという事実を、そして、私たちが十分に発達して理性的になり、徳について深く考えることができるようになるまでには、私たちはすでに学習者の立場で人格教育の過程を経ているという事実を正当に扱うものである。つまり、私たちは白紙の状態で倫理について深く考え始めるわけではないのである。[10] 次に、駆り立てる向上心は、これに劣らず重要な側面、つまり学習していることを理解するようになるという側面を強調するものであり、また自立の段階に移行するという点と、常に徳を高めようとする（少なくとも維持しようとする）という点を強調するものである。徳は、習得したあとは何もせずに傍観することができるある種の状態ではない。学習者は駆り立てる向上心によって、教わったことを評価したり批判したりすることができるようになり、教師の誤りを正したり、教育の背景となる文脈と文化に含まれる欠陥を指摘することができるようになる。[11] ここから、すでに私たちは、徳が静止した傾向性ではなく、力動的な傾向性である理由がわかるのである。[12]

実践的技能にそなわる理由を与える働きは、徳にそなわるその働きを明らかにする。たしかに、徳の学習と教授には、言葉で説明されないことも多く含まれている。どれくらいの年齢であるかにかかわらず、私たちは、教師や手本となる人物が言うことによって導かれるだけでなく、単に彼らがすることによって、またその具体的なやり方によって導かれる。とはいえ、理性にもとづかないコツ以上のものであるという点で、徳は実践的技能に似ている。徳の説明は、私たちが徳の教育を受けるときに、理由を与えることと理由を要求することが果たす役割を軽視するならば、大きな間違いを犯すことになる。徳を理性にもとづかない「コツ」とみなすことの重大な問題の一つは、すでにアリストテレスが、本来の徳と単なる自然的な徳を区別するなかで指摘している。自然的な徳とは、勇猛であることや共感しやすいことというような、生まれつきそなわっている傾向性である。自然的な徳は、本来の徳と同じような働きをするように見えるかもしれない。しかし、その種の徳しかもっていない人は、自分がすることに対して理由を要求することも与えることもできないので、予期せぬ新たな状況に対処するための手立てをそなえていない。たとえば、人の言うことを何でも真に受けてはならないということを学習したことがなければ、「生まれつき勇猛な」人は、冗談のつもりの侮辱的発言をめぐって本気で喧嘩するかもしれないし、「生まれつき共感しやすい」人は、詐欺の被害に遭うかもしれない。アリストテレスが言うように、彼らは、体は屈強だが目が見えないためによろめいて転んでしまう、そういう人々に似ているのである。(13)

徳を理性にもとづかないものとする見方にともなうもう一つの重大な問題は、倫理に関する助言や意見の不一致に対して、理にかなった説明を与えることができなくなるという点にある。たとえば、ある忠実な人に、「友人に忠実でありたいと思っている人が、友人が麻薬をやっていることに気づいたときにはどうすればよいか」と尋ねるとしよう。この場合、友人関係の解消に賛成するにせよ反対するにせよ、尋ねられた人はその理由を述べることができるはずであると私たちは考える。もしその人が、「それについては説明のしようがない。あなたがやるべきことは、忠実な人たちを観察して、その人たちならどうするかを学ぶことだけだ」と答えるとすれば、それは明らかにばかげている。また、この種の事例では、どうすればよいのかに関して意見の対立がよく起こるということも私たちにはわかっている。忠実さにかけては疑いのない二人の人が、当の事例の異なる特徴に注目して、互いに食い違う助言を与えることもあるかもしれない。このとき私たちは次のように考える。すなわち、その二人は質問者に対して互いに異なる理由を与えていて、彼らはどちらも、自分たちがもっている理由は議論や討論のなかで折り合いをつけることができるかもしれないということがわかっている、と。仮に徳を理性にもとづかないものとする見方が正しいとするなら、彼らにできることは、育ちが悪いと言って互いに非難し合うことくらいしかないと思われる。[14]

最後のポイントとして、日常生活のなかに見られるさまざまな徳に関する問題を論ずるときに、私たちは徳を理性にもとづかないコツの領分に引き渡すのではなく、理由という観点から論ずるという点を挙げることができる。この種の問題のうちの一つは、もろもろの徳はどのようにして個別のものとして区別されるのかというものである（この問題はのちに再び取り上げる）。たとえば、ある二人の人が親になり、当然のように、子どもをうまく育てたいと願っているとしよう。このとき、彼らが必要とするのは、親だけに必要とされ、特定の形式と要求をもっている、育児の徳という特定の徳だろうか。それとも、彼らにとって必要なことは、共感や忍耐のような、すでに、ある程度）身につけている徳を適用することであり、彼らはそれらを新たな状況に適用できるようになるだけでよいのか。どちらの見方を選ぶかは、彼らがどのようにしてよい親になろうとするのかということに大きな違いをもたらすかもしれない。私たちは、徳について二つのうちどちらの立場をどのようにして選ぶのかを議論し、一方を支持する理由を与えようとする。つまり、私たちは、この問題がまだよくわかっておらず、それゆえはっきりとした答えをまだもっていないときでさえ、何であれ徳というものは、理由を与えることとは無関係に身につけることができる、理性にもとづかないコツにすぎないという考えを退けるのである。

これとは異なるもう一つの問題は、アリストテレスが言う意味での自然的な徳――生まれつきそなわっていて、教えられることなく身につく特性――にかかわる問題である。たとえば、生まれつき我が強いことは、手放しで推奨できる特性ではないということを親は知っている。この特性は、いじめをすることや、人の意見に耳を貸さないことにつながりうる。そのような子どもの生まれつきの傾向性は教育を通じて導かれる必要があり、そうすることで、自分を押し通してよい理由とそうでない理由を気づかせなければならない。子どもは親や手本となる人物から理由を教えてもらうことによって、それに気づくようになる。このことは、ある実践的技能に生まれつき適性のある子どもを教育して、さまざまな課題や状況に柔軟に対応できるようにその適性を発達させることと、基本的には異ならない(15)。

こうして、技能からの類推は、徳についての私たちの考え方に多くの点で一致することがわかる。

すでに強調したように、私たちが技能に関する以上の説明と一致しないものを、たとえば靴ひもを結ぶようなことを技能と呼んでも構わないと思う場合があるにせよ、この結論は覆らない。忠実であることや情け深いことは靴ひもを結ぶことによく似ている、と考えたことがある人はまずいないはずであり、私はそのことに確信をもっている。

もっとも、この考え、つまり徳にはどのように習得されるかという点から理解しなければならない部分があり、徳を習得するためには先に描いたような学習の必要性と駆り立てる向上心がなければならないという考えは、哲学者によるあらゆる徳の説明にとって受け入れやすいものというわけではない。先に述べた考えによれば、徳は一定の仕方で行為することが期待できる傾向性であるだけでなく、理由にもとづいて行為することが期待できる傾向性でもある。後者が加わるのは、徳が人のすることをそのまま繰り返す習慣にすぎないものではなく、自分がしていることについての理解と、自分だけでできるようになることと、上達への意欲を必要とする行為の傾向性だからである。有徳な人は、理由にもとづいて行為する傾向性をもっており、当の理由は、その人がいま述べた条件をどれくらい達成しているのかを反映する。当の理由は、教師が伝えたことのなかからその人が何を学び取ったのかを反映するが、しかしそれは、教師のやり方から離れ、あのようにではなくこのようにすることがなぜ正直な、あるいは忠実な、あるいは勇敢なことなのかを自分自身で理解し、その理解にもとづいて行為するための足場でもある。このように、徳の説明をさらに展開するところまで行かなくても、すでにこの時点で、徳を単に行為をなす傾向性と理解することが適切ではありえないことがわかる。有徳な人とは、行為が理由にもとづいてなされる人のことなのである。

徳をこのように考えることは、主知主義に傾きすぎているだろうか。すでに触れたように、実践的推論は動機づけを欠いた状態で発達するものではないと私は考えている。私たちは初めから動機づけにかかわる傾向性をもっており、学習を始める前から、その傾向性はすでにさまざまな仕方で発達している。そしてそれは、私たちの学習の仕方に応じてそこからさらに発達する。私たちは実践的推論を終えたあとにどのようにして行為の動機づけを獲得しうるのか、という問いは的外れである。実践的推論の発達は、行為の傾向性の発達の一部にほかならない。それゆえ、行為とのつながりのない推論についての説明を展開するという意味で主知主義を理解するなら、本書の説明は主知主義に与《くみ》するものではない。

しかし、本書の説明は、これとは別の点で主知主義に傾きすぎているように見えるかもしれない。第一に、ここまでの説明によれば、有徳な人はいつでも理由を熱心に考えているような印象を与えるが、それは非現実的であると思う人がいるかもしれない。徳を理性にもとづかないものとする見方の魅力は、有徳な人の振る舞いに見られる一つの側面、すなわち有徳な人は状況に直接かつ即座に反応するという側面にその見方が合致するように見えるところにある。この側面は、それほど有徳でない人が、そうするのをためらうほど考え込んだうえで反応することとしばしば対比される。たとえば、気前のよい人は、何かを必要とする人がいれば、すぐさまその必要に反応する。何をすべきかを立ち止まって考え、どう反応すればよいかを考え出さなければならない人は、(まだ)気前のよい人ではない。また、勇敢な人々になぜそのように反応したのかを尋ねれば、「あの人たちがあやうく押し流されるところだったから」とか、「彼がスズメバチの巣に近づこうとしていたから」というように、その答えは反応した状況に焦点を当てたものであるのが普通である。このように、有徳な人は、なぜそのように反応しなければならないのかについて、深く考える必要がないか、あるいは少しも考える必要がないように見える。

この反論を検討するのはこれが最後ではなく、第5章でもっと詳しく論じ、第9章でも再び取り上げるつもりである。現時点では、その反論が、技能からの類推によって知ることができ、第2章で挙げたポイントをよりよく理解するのにいくらか役立つ事柄を見落としているということを示すだけにしよう。すなわち、有徳な人の反応は即座になされるものであるが、それは機械的な反応ではなく、知にもとづいた（intelligent）反応なのである。いまや私たちは、その反応がなぜ知にもとづいているのかがわかる。それは、その反応が教育にもとづいたものだからである。ピアノの弾き方を学習している人のことを考えてみよう。初めのうちは、その技能を習得するために、何をすればよいのかを意識的に考えなければならず、教師から与えられた理由——たとえば、アルペジオを一方のやり方ではなくもう一方のやり方で弾く理由や、左手の速度を調節する理由——についてあれこれと考えることになる。すでに見たように、技能を身につけることが機械的反応の習慣を身につけることとは異なる場合には、技能は行なっていることについて考えることを要求する。自分がしていることについての理解は、行為に先立って、学習したことを内面に取り込むようなかたちで考えるときに得られる。ピアノの学習者は、上達するにつれて、次のコードをどのように弾けばよいか、次の音階にどのように移ればよいかというようなことについて、演奏のときに考える必要がだんだんとなくなっていく。その結果、単なる習慣による反応に匹敵するほど素早く、直接的に反応するようになる。しかし、その反応は、学習した事柄がそれに情報を与え、柔軟性と創造性を与えているという点で、単なる習慣とは異なっている。ここでは、意識的な思考は姿を消しているように見える。それは心の一画を占めていないのである。そうでなければ、熟練者に近づくにつれて、学習者が演奏の速度を上げるということを私たちは目にすることがないだろう。便利な哲学用語を使うなら、思考は自分自身の姿を隠したのである。[15] この段階のピアニストは、意識的にあれこれ考えることをしない。そのようなことをすれば、（スケートの滑り方や自転車の乗り方について考えることが、実際の滑りや運転の邪魔になるのと同様に）演奏の邪魔になるだろう。とはいえ、その種の思考は完全に消滅したわけではない。どのようにしてそのような効果を生み出したのかと尋ねられれば、そのピアニストは、どのようにやったのかについて何かを言うことができるだろう。自分が誰かに教わったように、今度は自分が誰かに教えることができるのである。[16]

有徳な人にも同様のことが当てはまる。忠実な人は、親や教師やその他の手本から、忠実であることの価値を、そして忠実であるべき理由とそれをやめるべき理由を学んでいるはずである。仕事仲間が違法行為の嫌疑をかけられ、危機に陥っているとき、忠実な人はその人を見捨てないだろう。「彼には助けが必要だ」というのが、即座に生まれる反応である。しかし、その忠実な人は、理由を述べることができるかと尋ねられたとき、誰かが嫌疑をかけているという理由で仕事仲間をできるかぎり悪く考えるのではなく、性格を熟知している仕事仲間を見捨てない理由を述べることができるだろう。もしその人が、そのような理由を考え出すことができず、理由も言わずにただ連帯感を強調することしかしないならば、私たちはそれを忠実さの表れではなく、理不尽な愛着と考えるようになる。というのも、技能からの類推から得られる重要な教えの一つは、行為の理由は完全に消失することなく、自分自身の姿を隠しうるということだからである。さらに、行為の理由は行為の時点で心の一画を占めなくなるという事実があるからこそ、有徳な人は気前のよい行為や共感的な行為をためらわずに、あるいは別の選択肢を考える必要をもたずに行なう傾向をもつことができるのである。行為の理由が与える影響は、有徳な人の傾向性のうちに残っている。その結果、有徳な反応は意識的に考え出すことを必要とせず、即座に生まれるものである一方で、同時に知にもとづいた反応となっているのである。有徳に行為しているように見えるが、蓋を開けてみれば、なぜそのようにしたのかをまったく説明できないという人もいる。この場合には、技能の場合と同様に、私たちが扱っているのは本来の徳ではなく、そこに至るまでの教育をまだ受けていない生まれつきの才能であると考えざるをえない。

この種の徳の説明は主知主義に傾いているのではないかという疑いに関連して、それはエリート主義ではないかという別の論点もある。これについてはジュリア・ドライバーの主張が印象的である。彼女の考えでは、本書のような見方に従えば、徳はある種の思慮深さを、つまり推論と思考を通じて知的に倫理的理解を獲得することから生まれる思慮深さを必要とすることになる。そして、このことは、有徳な人になるためには思慮深い人にならなければならないということを含意する。実際、これはアリストテレス自身が要求していることにほかならない。アリストテレスによれば、有徳な人は思慮深い人（フロニモス）であり、思慮深さ（フロネーシス）をもっているのである。しかし、もしそうであるなら、徳を身につけることができるのは少数の人々にかぎられ、私たちの大多数にとっては、徳は習得することのできない理想にすぎないものとなってしまう。ドライバーはこう言っている。「徳は、思慮深くはないが親切である人にとって手が届くものでなければならず、不運にもゆがんだ理解を植えつける弾圧的な環境のなかで育ったが、それでも人の苦しみに対して適切な思いやりのある反応を示すことができる人にとって、手が届くものでなければならない(17)」。

たしかに、私たちの誰もが思慮深いわけではない。しかし、私たちの誰もが親切であるかどうかも疑わしい。それゆえ、徳を倫理的理解ではなく共感的反応に結びつけるとしても、徳が万人には及ばないことに変わりはない。なぜなら、共感力をもたない人や、ほんのわずかしかもたない人や、ひいてはゆがんだかたちの共感力しかもたない人も少なくないからである。そのうえ、共感力を欠いた人がそのことに関してできることはほとんどないかまったくないのに対して、何かを学習するときに生まれる駆り立てる向上心は、あらゆる人に開かれていると考える方が理にかなっている(18)。そのことは技能からの類推それ自体から見て取ることができる。私たちは誰でも、学習を通じて技能を習得することができる。私たちのなかには、技能の習得の面で素質に恵まれている人がいる一方で、なかなか習得することができない人たちもいる。それでも、その人たちは技能の習得から締め出されてはいないのである。

しかし、この返答からは、先の引用文に含まれる別のポイントが見えてくる。私たちのなかには、徳を理解するようになる能力をゆがめる悪しき環境のなかで育つ人々もいる(19)。私たちは、彼らにはどうすることもできない事柄を理由にして、彼らを有徳な人々の共同体から排除しようとしているのではないか。こんにちの世界には、暴力と貧困が蔓延した劣悪な環境のなかで生きる人々が（たとえば大都市のスラム街に）山ほどいる。そのような環境からすれば、手本となる人物から教わったことを吟味したり、批判したりすることを彼らに期待することには無理がある。彼らの手本となる人物は、（理解できなくはないが、）徳の重要性ではなく、自分の力で生き抜くことの重要性を強調し、人の世話をすることによって足止めを食らってはならないことや、暴力や残酷さに慣れることや、それよりもっと悪いことについて、それがいかに重要であるかを繰り返し説くような人たちなのである。とはいえ、私たちがここで徳を期待しないことは理にかなっているが、その事実と、このような人たちは徳を身につけることができないという誤った考えを混同しないことが重要である。彼らの大多数が有徳な人になれないのは、置かれている状況に難があるからであって、徳を身につける能力がないからではない。このことは、私たちがそのようなスラム街出身の人たちに対して、奨学金の応募やピアノの演奏に関して大きな成果をあげることを期待しないことと同様である。言うまでもなく、それは彼らにもともとその能力が欠けているからではない。彼らを取り巻く状況が、このような考えや機会をもつことを閉ざしているからである。彼らはピアノをもっておらず、奨学金の話を聞いたこともなく、おそらく読み書きさえ習ったことがないだろう。私たちは、第三世界の大都市の郊外にあるごみ溜めで育った人が、日常生活のなかで親切な振る舞いや気前のよい振る舞いをするとは思わない。しかし、その理由は、彼らがピアノを演奏したりクロスワードパズルをするとは思えない理由と同じであると考えるべきであろう。彼らが置かれている環境には、これらのことを学んだり行なったりする機会が欠けている。このことに疑いの余地がない以上、私たちは彼らには生まれつきそのような能力がないとは考えない。徳を身につけることができないという点にも、これと同じことが当てはまるのである。[20]

したがって、本書の説明は徳に関するエリート主義に与するものではない。私たちは誰でも、徳が必要とするたぐいの理解力を発達させることができる。環境のせいでそれを発達させることが困難な人もいるからといって、生まれつきその能力を欠いている人がいると考える理由はない。[21]世界の現状からすれば、すべての人が現実に徳を身につけるわけではないという事実は揺るがない。しかし、これはあらゆる説明にとって問題となることであって、本書の説明だけに当てはまることではない。

行為の指針

何かをしなければならないときに、徳の視点から考えることは、あなたが行為することにとって実際どのように役立つのだろうか。ここまでの徳の説明だけに目を向けるなら、この問いは見当違いのように思われる。「気前がよいことは、どのようにして気前よく行為することにあなたを導くのか」という問いは、「イタリア語会話を習得していることは、どのようにしてイタリア人と会話することにあなたを導くのか」という問いに似ている。答えはあまりにも明らかであろう（この例では、イタリア語会話の習得という実践的技能と、理論的な文献学研究の対象としてイタリア語を習得していることを対比することができる。後者はそれ自体としては実践にかかわるものではないため、こちらに関して先のような問いを立てることは意味をなす）。徳を学習しているときに私たちが学習しているのは実践につながる理解であり、それはいかに行為すべきかについての理解である。それゆえ、どのようにしてその理解は私たちを行為に導くのかという問いに頭を悩ませるとすれば、私たちは見当違いのものを学習していたことになる。

　しかし、ここには難しい問題がある。その問題は、徳を中心に置く倫理学理論をめぐる論争に目を向けることによって、はっきりと見えるようになる。私が探究しているのは徳倫理学ではなく、徳とは何かであるとはいえ、本書で示しているような徳の説明には、その実践可能性について重大な問題が提起される。それは、徳の実践的性格は技能からの類推を重視することによってはっきりと目に見えるようになるということを強調する本書の説明にとって、とりわけ無視することのできない問題である。以上のことから、私は論争の全般を扱うのではなく、本書で示しているような徳の説明が、倫理学理論にしばしば突きつけられる三つの要求をどのように満たすことができるのかという点だけを考察することにする。

　第一の要求は、倫理学理論は私たちに指導を与え、命令を出す、つまり私たちになすべきことを命じるのでなければならないというものである。この要求が正当なものと想定される場合、有徳であることからどのようにしてこのような結果が生まれるのかは明らかでないとしばしば主張される。もし私が正直であるなら、私は正直なことをする。しかし、私の正直さは、私に対してであれ他の人に対してであれ、どのようにして特定の行為をするように命令を出すことができるのか。先の想定のもとでは、徳を中心に置く理論は、倫理学理論にそなわっていなければならないとされる指導的な力を生み出す手立てを欠いているように見えるのである。

しかし、指導する、あるいはなすべきことを命じるというこの考えには、そもそも何が含まれているのかを調べなければならない。なすべきことを命じられることには、命じられたことをするという考えが、つまり指導にそのまま従うという考えがともなっている。普通私たちは、指導を与えることができ、かつ指導を受け取る側がそれに従うのがふさわしい分野では、そうすることが適切であると考える。そのような分野のわかりやすい例は、技術の指導がある分野である。そこでは、あることができるようになるためには、私は決まりごとに従わなければならない。たとえば、コンピューターや自動車の修理方法を習得するためには、技術マニュアルに書いてある決まりごとに従わなければならない。私たちは多くの技術（tequniques）をこのような仕方で習得する。技術を習得することは技能を習得することに等しいわけではないが、私たちがすでに何らかの技術を身につけていれば、多くの技能は習得が容易になる。コンピューターのマニュアルに書いてある技術的事項を先に習得しておけば、コンピューターの修理がうまくなり、イタリア語の文法を先に習得しておけば、イタリア語をうまく習得できるようになる。しかし、熟練したやり方でコンピューターを修理したり、イタリア語を話したりするためには、命じられたことをする段階よりも先に進んでいなければならない。技術的事項に精通していても、それによって理解と自立と上達の段階に移行するわけではない。それは技能の発達にしかともなわないものなのである。

（近年では以前ほど多くはないが、）倫理学理論は、何をなすべきかを命じる技術マニュアルを与えるようにして行為の指針を与えなければならないと考えられることがある。このことは、「決定手順を与える」と言い表されることが多い。この考えの一つの利点は、倫理に関して平等主義の立場をとっているところにある。というのも、その考えは、倫理上の指導が徳や知的達成の程度に関係なく、誰にでも同じように適用されることを要求しているからである。これは最初は魅力的に聞こえる。倫理的指導がすべての人にまったく同じように当てはまらなければならないのは当然ではないか。たとえば年齢が関係するなどということがどうしてありうるだろうか。単純な決定手順モデルは、技術マニュアルのようなかたちですべての人になすべきことを同じように命ずることによって、この疑問に答えているのである。

しかし、この考えを吟味してみると、それほど魅力的ではないことがわかる。たとえば、よく知られているように、賢い子どもは技術的事項を短時間で正確に習得することに長けているが、倫理的指導というものは、賢い子どもが抜きん出ることができる種類のものではありえない[22]。そのうえ、私たちはみな倫理的指導のうまさに関しては原理的に差がないのだとすれば、倫理的指導を性格から切り離すことは、単に可能であるだけでなく、実際に要求されることになるだろう。つまり、誰かが与える倫理的助言がよいものかどうかは、その人の性格とはまったく関係がないということになるのである。しかし、胸が悪くなるような性格とわかっている人から倫理的指導を受けることは、少なくとも普通のことではないと私たちは思うだろう。このことは否定されることもある。とはいえ、それを否定する人は、人の心の深いところにまで目が届くロマンティックな悪党のことを思い描いているのだろう。もっと現実的なのは、とんでもなく野蛮で残酷な人や、鈍感で頭が空っぽの人から私たちは助言を受け取るだろうかと問うことである。私たちは、彼らが得意とする技術的事項については助言を受け取るかもしれないが、私たちにとって重要なことに関して倫理的助言を受け取ることはまずないだろう。このことは、決定手順モデルに含まれる欠陥を照らし出している。

助言を与える人に関する問題は別にしても、いずれにせよ私たちは、倫理的思考は命じられたことを行なうように要求するという考えそのものをよく検討しなければならない。命じられたことを行なうことは、技術的事項を学習している段階では適切なことである。この段階は、倫理教育のごく初期の段階にしか対応しないと思われる。ごく幼い子どもは、正しい方向に導くために命じられていることをそのとおりに行なう必要があるかもしれない。しかし、よい倫理教育というものは、命じられたことをする習慣をもたせようとするものではない。たとえば、母親に言われたことをいつも疑うことなく行なう大人を想像してみよう。これは、発育が妨げられた悲しむべき事例である。この人の問題は、頼っている相手が母親であるという点にあるのではない。「母親」のところを「何をなすべきかを命じる倫理学理論」に置き換えたとしても、問題が消えるわけではない。行為の指針を与えるということで私たちが何を求めているにせよ、それはなすべきことを命じるということよりも、もっと複雑で、もっと大人にふさわしいことでなければならない[23]。

倫理学理論にたびたび課される第二の要求は、その理論が私たちに与える指示は、なすべきことを私たちに命じようとするだけのものではないとしても、とにかく具体的で明確でなければならないというものである。私たちは、なすべきことを命じられるだけでなく、なすべきことを事細かに命じられる必要がある。これは第一の要求以上に不可解である。なぜなら、なすべきことを命じられる必要があるということに納得したとしても、自分で判断する余地を残さない正確で具体的な指示がどうして必要なのかがわからないからである。このことは、ごく単純なレベルの指導を別にすれば、技術の指導にさえ当てはまらない。どれほど権威をふりかざす母親であっても、息子に靴下の履き方を事細かに命じたりはしないだろう。

徳を中心に置く倫理学理論は、なすべきことについて正確で具体的な指示を与えないという理由で批判されることがある。それは私たちに有徳なことを、つまり勇敢なことや気前のよいことや忠実なことをするように命じるが、このような指示は漠然としすぎていて役に立たないのではないか。しかし、この手の反論をどう評価すればよいかはまったく明らかではない。なぜなら、仮に倫理的指導が具体的であるべきだとしても、どの程度具体的であるべきかについては一致した見解がないからである。倫理的指導は、「勇敢な人になりなさい」とか、「いつでも忠実でいなさい」というような、あまりに大雑把なものであるときには役に立たないということには、私たちは同意することができる。また、私たち自身の判断の余地を残さないほど事細かになすべきことを命じるということを倫理学理論に要求するのは、非現実的であり、とてもそうする気にはなれないという点にも同意することができる。しかし、倫理的指導がどの程度具体的であるべきかについては一致した見解はない。そのため、徳を中心に置く理論が与える倫理的指導は、あまりに大雑把で具体性がないという反論は、それ自体としては魅力をもたない。そこで、以下では、徳を中心に置く理論が与えることのできる種類と程度の倫理的指導に的を絞ることにする。

第三の反論は、徳を中心に置く理論は、正しい行為についての理論を作り出すことができないという見解のかたちで提起されることが多い。この反論がどういうものであるのかは、ただちに明らかというわけではない。このことは哲学の議論のなかでしばしば見落とされている。なぜなら、「正しい行為の理論」という観念は、正しい行為というものが明確に位置づけられている理論から持ち込まれることが多く、徳に焦点を当てた議論のなかではそれはもはや当てはまらず、その観念を用いること自体が議論と正当化を要求するという点に注意が向かないからである。

この反論のよくある言い方を取り上げることから始めよう。性格について考えたり、どのような人であるべきかについて考えたりしても、私たちは何をしなければならないのか、私たちにはどのような責務や義務があるのか、私たちは何をなすべきか、要するに、なすべき正しいことは何かについての指導を得ることはできない。私たちは、何をすればよいかについてあれこれ考えているとき、なすべき正しいことは何か、あるいはどの行為が正しいのかという点から考えることが多い。倫理学理論は、私たちに行為の指針を与えるとき、これらの概念を有効に利用することができなければならないとしばしば想定される。その想定にもとづいて、徳を中心に置く理論がどのようにしてそうすることができるのかは明らかでなく、徳と性格の概念からこれらの概念に至る方法は体系的に不適切であるという反論がその種の理論に対して向けられる。徳を中心に置く理論は、どのようにして徳と性格から正しい行為に至ればよいのかを私たちに教えない。そうだとすれば、その種の理論は行為の指針を与えそこなっていることになる。もしくは、それらは徳から正しい行為に至る何らかの道筋を見つけなければならないが、そのような試みはどれも、これまで批判にさらされてきたのである。

正直な人は、正しい行為をしたいときに、自分自身や教師にそなわる正直さから、どのような手立てを得るのか。どのようにして正しい行為をするように導かれるのかという点に対するもっとも有効なアプローチは、どのようにしてなすべき正直なことや気前のよいこと等々をするように導かれるのかという点に最初に目を向けることである。そこで、まずはこのプロセスを詳しく見ることにしよう。

有徳な行為

どのようにして私たちは有徳な行為をするように導かれるのか。私たちが親やその他の教師から学ぶとき、彼らは、徳の観点から述べられる従うべき規則を与えることによって、私たちを導く。たとえば、「正直になりなさい」、「がつがつしてはいけません」、「不親切にしてはいけません」と彼らは言う。これらは、ハーストハウスが徳の規則、あるいは「徳規則」と呼んでいるものである。これらの規則は、「嘘をついてはならない」や「秘密をもらしてはならない」というような規則と比べて、曖昧でもなければ、明確な指針を与えないわけでもないということをハーストハウスは力強く論じている。[24] しかし、すでに見たように、正直であることや親切であることの学習は、発達の過程を含んでいる。そのため、正直であることや勇敢であることを学習するとき、そこには、正直であるとはどういうことか、また勇敢であるとはどういうことかについての理解の発達があり、そしてその発達には、正直さとは何か、また勇敢さとは何かについての理解の発達がそれに対応するかたちでともなっているのである。

私たちは学習者の立場でスタートする。なすべき正直なこと、あるいはなすべき勇敢なこととは何かについての私たちの考えは、私たちの親や教師が正直なことや勇敢なこととして私たちに教えることにほかならない。たとえば、ある子どもは、ズルをしないでお菓子やおもちゃを分け合うことや、お金を払わずにお店のものをもってこないことや、それと似たような状況のなかで、正直であれと言われる。また、予防接種で痛い思いをしそうなときに、診察室で勇敢に振る舞うように言われ、ほかの子どもにいじわるをされ、泣きたくなっているときにも、勇敢になりなさいと言われる。何が正直なことであり、何が勇敢なことであるのかについての彼の考えは、親や教師の考えであり、まだ自分のものにはなっていない。いまのところ、その子どもは、自分が学んだときの状況と直観的に同じに見える状況にしか、その考えを当てはめることができない。やがて、彼が学習した勇敢さについての考えは、多くの映画を見ることで確かなものになり、格闘や戦争のシーンを通じて、戦士のように振る舞うことという考えも含むようになる。スポーツや戦争の英雄を称える本も、どのような行為が勇敢なのかについての彼の見方を広げる。自分が教わったことと矛盾する出来事や、不愉快な出来事を経験することもあるだろう。たとえば、自分の親はお金に正直かどうかという点ではきちんとしているが、家族歴に関する真実については正直でないということに気づくかもしれない。

ここで取り上げている人が普通に発達するなら、彼の学習には駆り立てる向上心が吹き込まれるはずである。初期の段階では、その向上心はそれほど立派なものではなく、失敗や発見から学習するという程度のものでしかないかもしれない。自分の親はお金に正直かどうかという点ではきちんとしているのに、真実に正直かどうかという点ではいいかげんであるということを学習したとき、正直さとは何かについて混乱が生まれ、それを取り除く必要が生まれる。彼は正直さについての考えを精緻なものにするかもしれないし、あるいは、つまるところ正直さにはいろいろなかたちがあると結論するかもしれない。さらに、彼は癌に冒された友人が、病院で勇敢に振る舞っていることに気づくかもしれない。この状況は、活気にあふれる戦士の状況とは似ても似つかないので、勇敢さとは何かについて混乱するかもしれない。しかし、苦痛に直面したときに勇敢になれと言われたことを思い出し、勇敢さが荒々しさではなく、忍耐強さに結びついていた以前の文脈に友人の振る舞いを関連づけるかもしれない。

　これらはどれもありふれたことであり、ごく普通のことであるが、本書の議論との関連で重要である。先に強調したように、駆り立てる向上心は、自分がしていることを理解すること、自立的な仕方で行なうこと、上達しようとすることをともなっている。これらはすべて、正直さや勇敢さのような徳を学習して身につけようとするときに見出すことができる。私たちは学習の過程で、異なる文脈を比較し、それらがどれくらい異なっているのかに気づく機会を得る。それから、別の人が同じ徳用語を自分とは相容れない仕方で当てはめているように見えることに気づき、問題の徳について考えることによって、自分の側にある混乱を解消しようとするのである。

　あまり深く考えない人もいるかもしれない。戦士に見られる勇敢さもあれば、苦痛に耐える人に見られる勇敢さもあるように、勇敢さにはさまざまな種類があるという程度のささやかな結論にとどめ、これらすべてを勇敢さの一種にしているものは何かについては問わないかもしれない。これはたとえば、プラトンの対話篇『ラケス』のなかで、ソクラテスにせっつかれて勇敢さについて考えている人々が置かれている状況である。これと同様に、正直さにはお金にかかわるものと真実にかかわるものがあり、一方をもっていて他方をもっていない人もいると私たちは結論するかもしれない。その場合、さらなる難問によって混乱が生まれたときに、正直さや勇敢さについて建設的に考えるようになることもあるだろう。正直さと勇敢さは、どちらも複雑で難しい概念であり、それらを正しく理解することは、私たちの大多数にとって、助けを借りずにできることの範囲を超えている。[25] とはいえ、私たちは、正直さと勇敢さについて自分自身で考え、自分の理解に混乱や矛盾が含まれていないかどうかを反省的に考えることができる。大部分の人々は、何らかの経験から刺激を受けて、行動に駆り立てられる必要がある。それはたとえば、曖昧な理解のせいで、正しくないとわかっている行為をせざるをえなくなったときかもしれないし、勇敢さや正直さ等々についての私たちの理解の欠陥を調べようとする、ソクラテスのような人物に出会ったときかもしれない。

徳の習得を考察することによって明らかになったのは、徳それ自体が本質的に発達という考えを含む概念であることである。私たちは、突然、あるいは一足飛びに、まだ徳のない状態から徳のある状態に（たとえば、まだ勇敢でない状態から勇敢である状態に）移行するのではない。また、ひとたび徳を身につければ、あたかも変動しない状態を手に入れたかのように、そこで歩みを止めることができるわけではない。徳は、一度ですべてが達成されるものではなく、私たちが新たな課題に直面し、徳にとって必要な理解を広げるたびに発達する、私たちの性格の傾向性なのである。

私たちが徳の面で発達するのに応じて、徳についての理解も発達する。勇敢さを例に挙げれば、勇敢であると言われる状況の範囲が広がるのを目にしたときに、このことは明白なかたちで、かつ避けられないかたちで起こる。気前のよさのような他の徳の場合にも同じことが起こるが、勇敢さの場合ほど明白ではない。お金を与えるという文脈で気前のよい人に育った人は、小切手を書くことにも気前のよさを結びつけるかもしれないが、ボランティア活動に取り組むことに時間を割くという文脈のなかで気前のよさを見出すには、経験が必要となるかもしれない。そのなかで気前のよさを見出すことは、人が気前のよい人とされる状況についてのそれまでの見方を広げるだけでなく、気前のよさとは何かについての考えにも変化をもたらす。なぜなら、じかに相手と接することによって、気前のよさには恩着せがましくしないことや、与える人としての自分の役割を強調しないことが必要であるということがよくわかるようになるからである。これは、ただ小切手を書くだけでは明らかにならないことである。

これらの発達は、なすべき有徳なこととは何かについての私たちの考え方に影響を及ぼす。時間にかかわる気前のよさを人に協力するという文脈で習得した人は、気前のよい行為をするときには、受け手の尊厳にも配慮し、単に手助けをするだけでなく、機転をきかせることも必要であるということを、以前よりもよく認識しているはずである。根本的に異なる多くの文脈で勇敢さを見出すことができるようになっている人は、同僚が難題にただちに立ち向かわないからといって、その同僚は勇敢ではないという性急な想定に飛びつきはしないだろう。なぜなら、そのような人なら、その同僚はこちらにはよく見えない何かを勇敢に守っているのかもしれないと考えることができるからである。お金には正直なのに、真実には正直でない親のことで悩んでいる子どもは、自分ではその問題を解決することができないかもしれないが、正直さは単純な概念ではなく、お金に正直だからといって、別の種類の状況でも不正直でないことを当てにすることはできないということに気づくだろう。

正直さや勇敢さや気前のよさについての理解が深まるにつれて、私たちはこれらの徳をともなう行為をするときに、それらについていることについての深まった理解を表現するかたちで行為する。このとき私たちは、これらの徳についての親や教師の理解を受動的に取り入れる段階から、ある仕方で有徳に行為する段階に進んでいる。つまり、経験と内省によって理解が深まったことや、倫理面で教師に以前ほど依存しなくなったことや、もっとうまくやる――見知らぬことを経験したときに、驚くだけであったり、それをただの余分な情報とみなしたりするのではなく、次の機会に生かせるように反応する――ことができる段階に近づいていることを反映するような仕方で有徳に行為することができる。だからこそ、正直さや勇敢さやその他の徳についての各世代の理解は、教師の理解をそっくりそのまま再現したものにはならないのである。アリストテレスは伝統を重んじる社会に生きていたが、そのような社会のなかでさえ、人は親の生き方をそっくりそのまま再現するのではなく、よりよく行為し、よりよく生きることを求めるということに彼は気づいたのである。その過程がどれくらいの修正を含みうるのかという話題は、次の章で取り上げる。

私たちは徳規則に従うことによって有徳になると考える人々は、ある「ジレンマ」を突きつけられることが多いが、その「ジレンマ」が恐れるに足りないことはいまや明らかであろう[26]。もし私たちが気前のよい人になるように導かれるとすれば、私たちは気前のよい人々がすることをするように導かれていることになる。しかし、ある人々の申し立てによれば、この考え方は循環しているか、もしくは恣意性につながる。この考え方では、気前のよいことを行なうことは、気前のよい人々が行なうことを行なうことである。だが、どのようにしてそれに取りかかればよいのか。私たちは気前のよい人々を探そうとするが、それはどのような人々かと言えば、気前のよい行為をする人々にほかならないのである！　循環を免れるためには、気前のよい行為をするということから切り離して、気前のよい人々を選び出すよりほかにない。しかし、それは恣意的な選択になるか、私たちの文化の先入観を反映するものにしかならない、というのが彼らの言い分である。

この申し立ては、ここで強調している徳の発達的性質を見落としている。[27]たしかに、私たちは初めのうちは、気前のよいこと、あるいは勇敢なことであると親や教師が言っていることをそのまま受け入れ、それにもとづいて行為する。これ以外にどこからそれを学習することができようか。ピアノの演奏やスキーの滑り方を習得するときに、私たちは熟練者とみなしている教師から学ぶが、その時点では私たちはその人の教師としての資格を確かめることはできない。この事実が私たちを脅かすことにはならないのと同様に、いま述べた徳の学習のあり方も私たちを脅かすことにはならない。もちろん、徳を身につけることがこれより先の段階をもたないのだとすれば、それは倫理に関する選択肢として真剣に考慮される資格を大してもたないことになるだろう。しかし、すでに見たように、これは学習の最初の段階にすぎない。私たちはやがて発達し、自分自身の理解にもとづいて、自分の力だけで徳の用語を使うことができるようになり、新たな経験に直面したときにそれがどういうものであるかを理解する必要性を通じて、あるいは意識的な内省を通じて、もっとうまくやることができるようになる。初学者が気前のよい行為をするとき、その行為は、気前のよさについての受動的で部分的な理解にもとづいている。これに対して、真に気前のよい人が気前のよい行為をするとき、その行為は、気前のよさについてのはるかに多くの、またはるかに深い理解にもとづいており、またそこには、初学者には欠けているかもしれないものが表れる。すなわち、気前のよさはどのような点で機転を必要とするのかについての認識や、相手の尊厳とその他の多くの考慮事項についての認識である。初学者も気前のよい行為をするが、気前のよい人は気前のよい人がするような仕方で気前のよい行為をする。後者の行為は、気前のよい人の特徴を表す行為、すなわち気前のよい人の性格にふさわしい行為にほかならない。先の「ジレンマ」は、初学者と真に有徳な人の決定的な違いを見落としたときにしか成り立たないのである。

私が「真に有徳な人」と呼んでいる人が、実践的技能の熟練者、すなわちその技能を実際にもっている人に類似していることは言うまでもない。さまざまな技能の分野で、熟練者であることに疑いの余地のない人々があちこちにいる。そうすると、技能からの類推に従うかぎり、本書の説明は、真に（完全に、あるいは完璧に？）有徳な人々がこの世界に実在するという考えを含まなければならないのだろうか。この問題は、次の章でもっと深く探究することにする。私が「真に有徳な人」という表現を用いるとき、それが含意するのは、初学者と対比される人、すなわち、私たちが本心から、気前がよい、勇敢である、正直であると言う人にすぎない。

正しい行為

私たちが徳の言語の外へ踏み出して、徳の説明は正しい行為についての理論を与えなければならないという要求を再び述べるなら、そのとき何が起こるだろうか。「正しい」、「しなければならない」、「すべきである」という概念、そしてより形式張った「義務」や「責務」という概念は、どれも明らかに同類の概念であり、しばしば「義務中心の（deontic）」概念として分類される。これらが徳とどのように関係しているのかは明らかでない。最近までの哲学の傾向は、次のように考えることであった。すなわち、義務中心の概念に注目して、それに従えば正しい行為をすることになるであろう規則や原理を取り出そうとすることは、私たちが行為の指針を見出すことに役立ちうる、と。[28] ここでは、このような試みについて論評するのではなく、正しさを徳に結びつけるためにハーストハウスが行なっている有力な分析を取り上げることから始めよう。すなわち、「行為は、もし有徳な行為者が当該状況にあるならなすであろう、有徳な人らしい（つまり、その性格にふさわしい）行為であるとき、またその場合にかぎり、正しい」。[29] ここまで私たちは、どのような点で有徳な行為は有徳な人が行なうであろう行為であるのかを考察し、それは一つに定まるものではなく、当の有徳な人が学習者であるのか、あるいはむしろ熟練者に近いのかによって変わるという点を指摘してきた。有徳な行為から正しい行為へと話題を移すとき、私たちは正しさに関して何を見つけ出すのか。

正直な行為や気前のよい行為や勇敢な行為は、（例外的な状況を除けば）正しい。徳と正しさに関する私たちの通常の考えから、この程度のことは成り立つ。そのため、正しい行為について語ることは、有徳な行為を概括的に語ることであるように最初は見えるかもしれない。つまり、有徳な行為は正しい行為であり、その逆も成り立つのである。ここからすれば、両者の違いは、徳の用語の方が豊かな内容をもっており、行為について多くの情報を与えるのに対して、「正しい」という言葉は、徳の用語で表現されるあらゆる行為をひとまとめにするものにすぎない点にあるということになる。

しかし、本書の発達的説明が正しいとすれば、有徳な行為は発達過程のどの段階にあっても行なわれうるという点を考慮に入れなければならない。つまり、教師に言われたことをオウムのように繰り返すだけの学習者の段階から、経験と内省を通じて獲得した理解にもとづいて自立的に行為し、経験への積極的な関与を通じてたえず向上する傾向性から行為する、そのような真に有徳な人の段階に至るまでの発達過程である。もし私たちが、正しい行為は、それをするのがその人にふさわしい真に有徳な人によってなされる行為でなければならないと主張するなら、真に有徳な人だけが正しい行為をするという結論を得ることになる。教師の理解に頼っている学習者や、有徳な人になるためにいまも奮闘中の人々は、有徳な人に至る、それゆえ正しい行為をすることに至るまでの道のりの途上にいるかもしれないが、正しい行為はしていない。この立場は厳格すぎて魅力に乏しく、正しさと徳の関係についての私たちの普通の考え方にも合わない[30]。

もう一つの応答は、ここでの「正しい」には二つの意味があると言うことである。つまり、学習者が正しい行為をするとき、「正しい」は「なんとか許容できる」を意味するのに対して、真に有徳な人が正しい行為をするとき、「正しい」は「模範的な」を意味するのである。この応答は、「正しい」という語のこれら二つの意味、あるいはうまい使い方に私たちは現に見覚えがあるという点で、最初の案にはない利点をもっている。私たちは、「彼の行為には配慮が欠けており、不手際もあったが、少なくとも正しいことはした」とも言うし、「彼はその状況に対して模範的な反応をすることによって正しいことをした」とも言う。とはいえ、徳が継続的に発達するものである以上、有徳な人はこのどちらかの意味でのみ正しい行為をしているのでなければならないという考えは非現実的である。

もっとも満足できる解決策は、この文脈の「正しい」を弱い概念とみなすことである。つまり、「正しい」という概念は、独立した倫理的意味をそれ自体でもたらすのではなく、徳に関連づけられることによって、徳の発達的説明に合致する仕方でその意味を得るのである。「正しい」は「薄い」倫理的概念であり、徳のような「濃い」倫理的概念とは対照的に、それ自身の独立した倫理的内容を欠いている。[31] したがって、「なすべき正しいこととは、有徳な人であればなすであろうことである」と主張するとき、私たちは、なすべき正しいことが、学習者が行なうことから真に有徳な人が行なうことまでの範囲にわたりうるということに気づいている。これらは、なすべき正しいこととしてのあり方が異なっている。というのも、学習者の行為は別の人の教えにもとづいており、それゆえ学習者が行なう「正しいこと」は「許容できること」という意味しかもたないのに対して、真に有徳な人の行為は自分自身の理解にもとづいており、それゆえ真に有徳な人が行なう「正しいこと」は「模範的なこと」という意味をもつからである。そして、行為するその人が到達している徳の発達段階に応じて、この二つのあいだには、「正しいことをすること」の多くのあり方がある。

この解決策は、「ある人が正しいことをした」ということしか聞いていないときに、その人は正しいことをどうにかこうにかやり遂げただけなのか、あるいは正しい理由にもとづいて正しい仕方で正しいことをしたのか、あるいはこの二つのあいだのどこかに位置づけられるのかについて、私たちはその時点ではまだ何もわからないという点にうまい具合に合致する。つまり、ある行為がなすべき正しいことであるということは、なんとか許容できる行為から大いに賞讃に値する行為までのどこかにそれが入ることを意味するだけで、その範囲のどこに入るのかについては何も示さないのである。これでは行為に関してあまり多くの情報は得られない。その主な理由は、ある行為が正しいということは、いま述べた範囲のどこに入るのかを示さないだけでなく、それがどのような種類の行為なのか、たとえば勇敢な行為なのか、気前のよい行為なのか、忠実な行為なのか、親切な行為なのかといったことについても、何も示さないというところにある。私たちは、もっと豊かな徳の語彙に目を移すとき、それがどのような種類の行為であるのかについて多くのことを見出す。そのうえ、正しさに関する語彙とは異なり、徳に関する語彙は、当該の行為を行なうことに関連する理由へと私たちを導き、（たまたまとか、何気なくというような仕方ではなく、）その種の行為を性格から行なう人であるということに関連する考慮事項へと私たちを導くのである。

ここから導かれる一つの結論は、ある行為がなすべき正しいことであるということは、まったくと言っていいほど情報をもたらさないというものである。これだけでは、行為の指針を与える体系的な方法のようなものが得られることを私たちはまったく期待できない。それを期待するためには、行為を徳に関連づけ、有徳であるとはどのようなことであり、有徳なことをするとはどのようなことであるのかについての説明に関連づけなければならない。しかし、「正しい」は内容の乏しい薄い概念であり、行為の指針を与えるには弱い概念であるということを考慮するなら、もちろんこれは正しい帰結である。あることをなすべき正しいことと認識するだけで、そこから非常に有益な行為の指針が得られるということを、いったいどうして私たちは期待するのだろうか。その認識から行為の指針にとって何か有益なことが生まれるとすれば、それは、もっと豊かな徳の概念に、すなわち、私たちがその内容についてかなり具体的な理解を現にもっている徳の概念に私たちを導くことだけである。

以上の説明は、控えめに言っても、徳を中心に置かない倫理学理論から得られる「正しい」という言葉の説明とは大きく異なっており、そのことにびっくりする人もいるかもしれない。しかし、私たちが理論とは独立に問題を考察するとき、正しさと徳の関係についてのこの理解がどれほど私たちの直観に一致するかという点は指摘に値する。たとえば、「私たちは、有徳な人であれば行なうであろうことではないような、なすべき正しい行為の例を知っている」という反論がある(32)。私が何か倫理的に間違ったことをしたとしよう。この場合、私がなすべき正しいことは謝罪することであろう。しかし、有徳な人は倫理的に間違ったことをそもそもしていないだろうから、これは有徳な人であれば行なうであろうことではない。発達的説明がこの問題にどう対処するのかを理解するのは易しい(33)。学習者が倫理的な間違いに対して謝罪するのはもっともなことである。私たちは、学習者が誤りを犯し、謝罪が必要になることを予想することができる。しかし、その場合でも、当の学習者に徳があると言うことは適切でありうる。倫理的な間違いに対して謝罪することは、「許容できること」、「最低限のよいこと」、「謝罪しないよりはましなこと」という意味で「正しいこと」をすることでしかないが、それこそまさに、学習者の段階にとってふさわしいことなのである。真に有徳な人もこのような立場に置かれうると言うとすれば、その意見には疑問の余地があるだろう。なぜなら、真に有徳な人は、そもそもこのような状況に陥らないようにするための理解をもっているからである。真に有徳な人は、真によい模範的なことを行なうという意味で正しいことをするが、謝罪の必要があるような倫理的に間違ったことをすることには、非常によいところは何もない。とはいえ、学習者も真に有徳な人も、どちらも正しいことをしている。先に強調したように、「正しいことをすること」は、初学者が行なうなんとか許容できる行為から、真に有徳な人が行なう大いに賞讃に値する行為までの全範囲にわたる。真に有徳な人にとっては正しくないであろうが、初学者にとっては正しいことがあるということは、決して珍しいことではない。このように、有徳な人であれば行なうであろう行為ではない正しい行為の例があるという苦情は、徳の発達的説明にとって根本的な、学習者と熟練者の違いを無視することにもとづいているのである。

また、この苦情は、正しいことをすることについての私たちの理解の仕方を無視するものでもある。というのも、私たちは、正しいことはさまざまな理由でなされうると考えることに不自然なところは何もないと思っているからである。「正しいことをすること」の領域の一方の端には、有徳な傾向性から自然に生まれることとして正しいことをする行為者がいる。ある人は、正しい行為がたとえば気前のよい行為であるときに、それを気前のよい傾向性から、すなわち相手の必要に応じた貢献ができるように、適切な状況下で、適切な方法によって行なうかもしれない。次に、いまやおなじみのように、気前がよいことを志向するが、別の動機が混ざっていたり、未熟であったり、その種の状況に対処できるだけの経験や知性の発達を欠いていたりするような傾向性から、正しい行為をする人もいる。そこからもっと先に進むと、「最後の誘惑は、誤った理由で正しいことをなすことである」という、エリオットが描いたベケットの有名な言葉がある。[2] 私たちがそのようなことをしてしまうのは、ベケットのように何らかの仕方で誘惑されているからか、正しい理由を見つけ出し、それにもとづいて行為するための理解力を欠いているからである。そこからさらに先に進むと、悪しき人々でも正しいことをなしうるという例が見つかる。正しい行為が思いやりのある行為である場合、残忍な人でも、たとえば感傷的な言葉に動機づけられて、正しい行為をする可能性があるのである。「正しいことをすること」の領域のもう一方の端には、当該状況に関連する徳を発揮することができないというただそれだけの理由で、誰かが正しいことをするという例さえある。この場合の正しいこととは、自分にできる最善のことにほかならない。ミュリエル・スパークの短編『黒い聖母』に描かれたカップルがその一例である。人種に対する彼らの進歩的な考えは、自分たちの子どもの肌が黒いことがわかり、妻の家系にアフリカ人の先祖がいることが明らかになったとき、すっかり消え去ってしまう。その子を受け入れることも、愛することもできず、彼らは娘を養子に出したのである。彼らは正しいことをした。なぜなら、愛することのできない子どもを置いておくことは、正しいことではないであろうから。しかし、これが彼らにとってなすべき正しいこ

とであるのは、当該の状況にふさわしいいかなる徳も発揮することができないからでしかないのである。(34)

このように、勇敢な人も、大して勇敢でない人も、まったくの臆病者も、みな正しいことをなしうるということは、正しいことをなすことについての私たちの考え方とぴったり一致する。彼らが正しいことをするということをどのように解釈すればよいのかを知るためには、彼らについてもっと多くのことを知る必要がある。彼らは正しいことをしているという単なる事実は、それ自体では、私たちにほんのわずかなことしか教えない。それどころか、「彼らは正しいことをしている」という言い方は、これほど多様な動機づけをもったこれほど異なる人々の行為を一緒くたにする点で、誤解を招きかねないのである。

大して有徳でない人が正しいことをするということには何の問題もないという事実は、私たちの社会とは非常に異なる社会、特に過去の社会の人々に対する私たちの見方の根底にある。古代ローマのような奴隷制社会を取り上げよう。ある古代ローマ人が自分の奴隷に対して慈悲深い行為をしたとすれば、彼が正しいことをしたということを否定するのはおかしな話である。というのも、この場合に間違った行為をするというのは、奴隷を酷使することであるが、そのようなことをしても彼は刑罰を受けることがなかったにもかかわらず、彼はその間違ったことをしなかったからである。それでは、私たちはここから、その古代ローマ人は有徳な人であると考えるだろうか。彼が生きていた社会、つまり奴隷を酷使することに非合法なところは何もない社会の基準からすれば、彼はたしかに有徳な人である。しかし、もし私たちが、これは真に有徳な人であれば行なうであろうことなのかと問うならば、そうは言い難いということにすぐに気づく。なぜなら、この人は奴隷制社会に住んでおり、それゆえ彼が徳を学習した社会の慣習には体系的に正義に反するところがあるということによって、あらゆる徳の発揮が制約を受けているからである[35]。私たちの考えでは、真に有徳な人が、他者に対して主人と奴隷という正義に反する関係に立つことはありえない。もし私たちが、体系的に正義に反する社会では誰も真に有徳な人にはなれないと考えるなら――これは理不尽な考えではない――、どれほど懸命に努力したにせよ、このローマ人は真に有徳な人ではないことになる。しかしそれでも、彼が正しいことをしたということは明らかである。なぜなら、学習者の段階にいる者としては、彼は明らかに有徳な人とみなされるのだから。というのも、彼は危険を冒すことなくそのような間違ったことをすることができたのに、それをしなかったからである。当の社会のなかで、主人と奴隷の関係を放棄するところまで進むことは、彼にはなしえないことであった。しかし、事実そうであったにせよ、奴隷を酷使することには何か不正なところがあると悟り、違った仕方で行為することを彼は選択したのである。

私たちは、他の社会の人々について考え、彼らを賞讃する一方で、その社会には徳の発達を体系的に妨げる特徴がある、もしくはあったということに気づくことがよくある。私たちは、彼らが手にすることのできない基準を用いて、時代錯誤を犯しながら彼らのよしあしを判定することはばかげているということがわかっている。しかしその一方で、彼らの社会にそなわる基準は、有徳な人になることにとっての体系的な困難を示しているということもわかっている。とはいえ、彼らは正しいことをしたということを認めることに関しては、同じようなためらいを覚えることはない。

誰々は気前のよい人である、勇敢な人である、全面的に有徳な人であるというような主張と比べると、誰々は正しいことをしたという主張は、それほど批判的ではないかたちで、はるかに広い対象に当てはめることができる。そして、それができるのは、誰々は正しいことをしたという主張が、それ自体としては内容の薄い主張であり、その人がしたことは許容できるという程度の弱い主張にも、その人がしたことは模範的なことであるという程度の強い主張にもなりうるからであり、このように考えることは理にかなっている。だからこそ、体系的に正義に反する社会にいる人々がしばしば正しい行為をし、それによって徳を示した――とはいえ、それは当の社会でもちうる程度の徳であり、真に有徳な人には至らないと私たちがみなしている徳である――ということを認めることは、私たちにとって自然なことなのである。

この考えは自己満足をもたらすものではなく、私たちが自分自身の倫理的進歩を主張することに対する警告をもたらすものであるという点は強調しておかなければならない。というのも、よく考えてみれば、私たち自身の社会にも体系的な不正義が数多く含まれているのであり、未来の世代の人々が、多くの点で、古代ローマ人について私たちが考えるのと同じような仕方で私たちについて考えるということは明らかだからである。彼らは、私たちがたびたび正しいことをしたということを認めるが、私たちの徳の発揮が、社会に含まれる体系的な不正義によって厳しい制約を受けていたということも認めるはずである。

正しいことをすることは私たち全員に開かれている。しかし、私たちの多くにとって、それは大いに徳があることを示しはしない。私たちは、私たちの社会が理解するかぎりで、また私たちが身につけてきた程度に、正直であったり、公平であったり、親切であったりするだけである。真に有徳な人は、状況に関連するあらゆる特徴を考慮に入れて、何をなすべきかを誰にも頼らずに理解していることを示しながら、有徳な人がするような仕方で正しいことをする。こうして、正しいことをするという概念は、徳を中心に置く倫理学のなかではそれほど役に立たないということが明らかになる。徳倫理学理論は、有徳な行為に関心をもつのであり、正しい行為という概念から多くを得ることはないのである。(36)

最後に、正しさに関する以上の説明を疑わしいものにしかねない、ごくありふれた想定について私の考えを述べよう。ある行為が正しい行為、もしくはなすべき正しいことであるならば、それはいくつかの正しいものにする特徴（right-making features)（もしくは特質）があるからでなければならないという想定は、たいていの場合、当たり前のこととみなされる。そうすると、問題になるのは、これらの正しいものにする特徴とは何かである。

この主張が何を意味するのかは明らかでない。この主張によって、多くの異なる問題が提起されうる。これはときに、メタ倫理学、すなわち倫理の形而上学に属する問題とみなされ、これらの「正しいものにする特徴」はどのような種類の存在であり、どのような形而上学的身分をもつのかというかたちの問いになる。これに続けて、私たちはどのようにしてそれらを認識することができるのかということが問われ、場合によっては、それらはどこに位置づけられるのかということが問われることもある。(37) 私が思うに、「正しいものにする特徴」がなければならないという主張だけでは、あまりにも漠然としていて、それ自体でこの種の特定の問題を生み出すことはできない。そのため、実際の議論は、さまざまな理論によって与えられる（形而上学的な、あるいはそれ以外の）想定の内部で行なわれると思われる。本書にはこれらの理論の細部に立ち入る余裕がないので、ここではこのようなメタ倫理学的問題は考察しない。

私がしようとしているのは、「正しいものにする特徴」についてのかなりもっともらしく見えるありふれた解釈について考察することである。それは次のような解釈である。もし私が、自分もしくは他の誰かが正しいことをしたと主張するならば、私はそれによって、なされたことについて何らかの種類の正当化を与えなければならない立場に置かれることになる。その行為は何によって正しいものになった（あるいは「変わった」などでもよい）のか。その行為はただ単になすべき正しいことなのであり、それについてさらに言えることは何もないということはもちろんありえない。この点は、私や他の誰かが行なった行為に対する正当化について私たちが考えているときによくわかる。しかし、これからなされる行為に関して助言を与えることについて考えるときにも、同じように明らかである。私があなたに、その人に敢然と立ち向かうことがなすべき正しいことであると言うならば、私はもちろん、何らかの種類の正当化を与えなければならない。それが現になすべき正しいことであり、まさにそれこそがなすべき正しいことであるとただただ繰り返すことはできないのであり、少なくとも、そうすることはまっとうなことではありえない。どうしてそれがなすべき正しいことなのかについて、私が何の答えも思いつかないとすれば、あなたは私の助言を重視しないだろう。

これはもっともなことである。しかし、徳を中心に置く理論にとって、そこには何か不都合なことがあるのだろうか。その人に敢然と立ち向かうことは現になすべき正しいことであるという主張を私が正当化しなければならないとすれば、もちろん私には言えることがたくさんある。私はそうするのが勇敢なことだからであると言い、忍耐などの別の徳ではなく、まさに勇敢さをいまここで要求する、当該状況のさまざまな特徴を指摘するかもしれない。もし私が過去の行為に言及しているなら、私は自分がしたことに対して、おなじみの適切な正当化を与えたことになる。誰かが私に異論を唱えたいと思うなら、それは全然勇敢なことではなく、向こう見ずなことだったとか、それは勇敢なことだったが、配慮に欠けるところもあったというように言い返すことができる。どちらの場合にも、私が見落としていたか、過大にもしくは過小に評価していたとされる、当の行為と状況の顕著な特徴を彼らは指摘するはずである。他方、もし私がこの先なされるかもしれないある行為に言及し、誰かに助言を与えているとすれば、私は助言を受ける人を適切に導いて、その行為に関連する状況のあらゆる側面に目を向けさせようとしたことになる。もちろん、過去の行為の説明に異論を唱える人と同じように、その人も私の指導に異論を唱えるかもしれない。私の説明がその人を動機づけるかどうかは、その人がどれくらい勇敢であるか、あるいは臆病であるか次第であることは明らかである。

この種の応答は的外れであるという反論を受けるのが通例である。ある行為をなすべき正しいことであるとする主張を正当化するということで要求されているのは、何がその行為をなすべき正しいこととして正当化するのかを何らかの仕方で示すことであり、この場合のなすべき正しいこととは、単になすべき勇敢なことや気前のよいこと等々を意味するのではない。この反論によれば、「正しいものにする特徴」は、あらゆる正しい行為が共通にもっている特徴なのであり、したがって、この正しい行為を勇敢な行為にし、あの正しい行為を忠実な行為にするものと同一視することはできない。正当化の要求は、もろもろの正しい行為の正しさに焦点を合わせているのであり、それらの行為を徳の観点から説明しても、大事なポイントは手つかずのまま残っているのである。

　私たちが利用できる倫理学理論のなかには、これを要求するのが正当である理論も数多くあり、そこではすでにさまざまな種類の答えが考え出されている。あらゆる正しい行為を正しいものにするのは何か。それは、たとえば、定言命法に従っていること、神によって要求されていること、ある種の効用を最大化すること、理性によって要求されていることなどである。以上のことを考慮すれば、私たちはこれらの理論の視点に立って、徳を中心に置く理論はいま挙げたものと比較できるような答えを与えることができるのかと問うことができる。答えは明らかにノーである。しかし、このことは、それ自体では徳を中心に置く理論に対する反論にはならない。それが示しているのは、徳を中心に置く理論は、正しい行為に関してこれらの理論と同じ問い（それらのすべてを正しいものにするのは何かという問いや、（有徳な行為ではなく）これは正しい行為である、と私が言うことを正当化するものは何かという問い）を立てることはしないということにすぎない。

「あらゆる正しい行為を（有徳なものではなく）正しいものにするのは何か」という問いには、何かそれ自体としての魅力があるのだろうか。もしあるとすれば、その問いに答えることをあらゆる倫理学理論に要求することは理にかなっており、徳を中心に置く理論も例外ではない。もし私たちが、この問いがすでに構造の一部になっている理論から意識を切り離して、その問い自体に実際にそなわっている魅力を探し求めるなら、技能からの類推が再び役に立つかもしれない。たとえば、私がある人に、あなたはイタリア語を適切に話したと言うとしよう。なぜなら、その人は（数や時制などを間違えずに）直説法を適切に用い、（節の種類などを間違えずに）接続法も適切に用いたからである。ここでは、それぞれの適切な発話に対して、何がそれを適切なものにするのかについての正当化――つまり、文法と統語論の視点からの正当化――がある。さて、ある人がそのような正当化は的外れであると主張するとしよう。ここで必要とされているのは、あらゆる適切な発話を適切なものにするのは何かについての正当化であって、その正当化は、この直説法を適切なものにするのは何か、この接続法を適切なものにするのは何かといった問いに対する説明とは別である。私たちが必要としているのは、あらゆる適切な発話を「適切なものにする特徴」についての説明であって、その説明は、それぞれの発話を現に適切なものにするのは何かについて私たちが与える説明からは独立しているというわけである。当然のことながら、私たちはこの要求に困惑するだろう。そのような「適切なものにする特徴」があるとすれば、それはどのようなものでありうるのか。それを説明することにいったいどのような意義があるのか。その特徴は何の働きもしないように思われる。私たちは、ある特定の直説法や接続法がなぜ適切であるのかを示すために、その特徴に訴えることはできない。なぜなら、仮定上、それらのそれぞれを適切なものにするものは、あらゆる適切な発話を適切なものにするものとは無関係だからである。

あらゆる正しい行為を「正しいものにする特徴」に対する要求も、これと同様に実質を欠いているのだろうか。この考えをまじめに受け止める倫理学理論が展開されてきたことを考慮に入れるなら、実質を欠いているかもしれないという考えは驚くべきものに見えるかもしれない。しかし、ここで重要なことは、これらの理論が義務中心の概念を基礎的なものとみなしていることである[38]。したがって、それらは出発点からして、徳を中心に置く理論のアプローチ――すなわち、正しい行為の正しさは基礎的な概念ではなく、学習者から真に有徳な人までの全段階にわたってなされるもろもろの有徳な行為を、貧弱で情報量に欠ける仕方で一緒くたにするものにすぎないとみなすこと――を拒否している。ここで私たちは、徳を基礎に置くのではなく、単に中心に置くだけの徳理論でさえ、正しい行為を基礎に置く理論とはその出発点からして根本的な違いがあると結論しなければならない。すでに見たように、徳理論の関心の対象は有徳な行為であり、正しい行為は、もろもろの有徳な行為を貧弱な仕方で大雑把にまとめるものとして関心の対象になるにすぎない。徳理論は、あらゆる正しい行為を正しいものにするのは何かという問いには、実質的な内容をもちながら、理論からは独立しているような答えがあるという想定を共有していない。このことをはっきりと意識しておけば、徳を中心に置く理論に対する多くの批判が的を外していることがわかる。なぜなら、それらの批判は当の理論が共有していない想定から生まれているからである。

倫理学理論のなかには次のような想定から出発するものがある。すなわち、私たちが正しい行為と呼ぶあらゆる行為に共通する実質的な何かは現に存在しているのであり、その何かは、いかなる理論からも独立に、正しい行為にそなわる「正しいものにする特徴」として取り出すことができるもので、正しい行為を（勇敢な行為や正義にかなった行為などではなく）正しい行為にするものはそれによって示されるという想定である。しかし、本書で論じているような徳の説明のなかでは、何であれこのような想定は退けられる。まったく当然のことながら、徳を中心に置く倫理学理論は、正しい行為を有徳な行為としてより詳細に説明することとは別に、行為がまさに正しい行為としてもっている「正しいものにする特徴」を説明しなければならないというような要求が理論とは独立にある、という考えも退けるのである。

　このことは、行為の指針を与えると主張する諸理論のなかで、本書の徳の説明が中心的な役割を果たしえないことを意味するだろうか。明らかにこの説明では、何をすればよいのかがよくわからない人を導くために、「正しい行為の基準」に訴えることはできない。なぜなら、ここでは、あらゆる正しい行為がまさに正しい行為として共通にもっている倫理的に実質のある何かがあるということが否定され、それゆえまた、あらゆる正しい行為をまさに正しい行為として取り出すことができる何らかの有益な基準があるということも否定されるからである。しかし、先に見たように、義務中心の概念を基礎的なものとし、あらゆる正しい行為に共通するものを示すことを実際に企てる理論に私たちがすでに肩入れしているのでないかぎり、まさに正しい行為としての正しい行為の何らかの基準が現にあると想定する理由は何もない。そうだとすれば、正しい行為の基準に訴えることができないことは、本書の説明にとって不利な点にはならない。これに対して、いまや私たちは、本書で与えているような徳の説明を中心とする倫理学理論に含まれる一つの利点を見て取ることができる。すなわち、このような理論の場合には、私たちの探究をあらかじめ「正しい行為の理論」の型に合わせることに縛られることなく、実践に即した考え方を探究することができるのである。

　それでは、ここからどのような指針が得られるのか。私たちはハーストハウスの言う「徳規則」

をもっている。徳規則を通じて有徳になるのに応じて、私たちは正直であったり勇敢であったり等々のことができるようになる。この種の指導は、「正しい行為のための規則」によって与えられる「公平に行為しなさい」などの指導と比べて、具体性の点でまさってもいないし、劣ってもいない。私たちが次のように問いただすとしたらどうだろうか。正直な人になりなさいとか、勇敢な人になりなさいという指導に従うことによって、私たちはどのようにして行為の指針を得るのか、と。本書の主要なテーマが、すでにその答えを明らかにしている。この問いは、イタリア語を習得することによって、私たちはどのようにしてイタリア人と話を交わすための指針を得るのかという問いに似ている。気前のよい傾向性を身につけた人は、まさにそのことによって、気前よく行為することが適切である状況のなかで、気前よく行為することが、また気前よく行為するように動機づけられることができる。それができるようになるためには、気前のよい人になること以外に近道はない。それはちょうど、(イタリア語だけを使う)イタリア人と話を交わすためには、イタリア語を習得すること以外に近道はないのと同じである。私たちは、接続法を習得する必要があるのとまったく同じように、気前のよい人になる必要がある。命じられたことをただ行なうだけでは、ここで近道をする(少なくとも、正しい場所に向かって近道をする)ことにはならない。本書のような徳の説明を用いる倫理学理論は、そのような近道を提示しないことによって、私たちを大人のように扱いながら、私たちに指針を与えるのである(39)。

第4章　徳の力はどこまで届くか

本書の徳の説明は、徳にはどのように学習されるかによって理解される部分があり、徳は常に、特定の家族、都市、宗教、国といった組み込まれた文脈のなかで学習されるという事実を強調している。有徳になるためには、いかに行為すべきかを学習する必要があり、それを学習するためには、教師と学習がなされる文脈を初めに信頼しなければならない。そして、この学習が単なる習慣ではなく徳につながるためには、何度も強調したように、そこには駆り立てる向上心がともなっていなければならない。この向上心は、第一に、忠実であることや勇敢であることがどういうことなのかを理解すること、第二に、手本の真似をするのではなく、忠実さには何が必要なのかを自分で認識し、自分でできるようになること、第三に、上達しようと努力することをともなっている。これらはすべて、単なる習慣を身につけることではなく、積極的に徳を身につけることにつながる。しかし、最初のポイント、つまり学習の初めに信頼が要求されるというポイントは、どのようにしてその学習から徳が生まれうるのかを理解しがたくするほど、当の向上心の働きを強力に制限するのではないか。このことを気にかける人がいるのも無理はないかもしれない。

この懸念は、徳を中心に置く倫理学は相対主義に与することになるという主張のかたちをとることもある。私は軍人の社会で勇敢さを学習し、あなたは平和主義者の社会でそれを学習する。もちろん、勇敢さとは何かを私たちが学習するこの二つの文脈には、共通点はほとんど、あるいはまったくない。あなたが勇敢さを発揮する文脈のなかには、たとえば戦いたがらないことに対するあざけりを無視することのように、軍人がそのようなことをしても勇敢であることにはならない文脈がある。私たちは本当に同じものについて話しているのだろうか。

しかし、これら二つの勇敢さの文脈の違いに注目しても、そのことによって、論ずべきことは何もないとか、意見の真の不一致は存在しないという考えに追い込まれるわけではない。仮に、組み込まれた文脈のなかで徳を学習するということが相対主義を後押しするとすれば、軍人は、平和主義者の勇敢さの概念は自分のものとは大きく違っているので、要するにこの二つに関連性はないと考えるであろうし、平和主義者の方もこれと同じように考えるだろう。しかし、これは私たちが実際に見出すことではない。平和主義者は、軍人が勇敢であることを否定しているのではなく、勇敢さとその核心についての彼らの見方は狭すぎると主張しているのである。同様に、平和主義者が信念を捨てることなく苦難に耐え忍んだとき、軍人はそこに彼らの勇敢さを見て取ったのである。[1] 相対主義は一般に意見の不一致を骨抜きにするが、徳が組み込まれた文脈のなかで学習されるという点に注目することは、不一致を骨抜きにするのではなく、徳とは何かについての議論をスタートさせる。そして、異なる文脈にもとづいた意見の不一致から、議論のなかで見えてくる共通の特徴にもとづいた意見の一致に至るということも少なくないのである。[2]

しかし、それでもなお、次のように感じるのは無理もないことかもしれない。本書の説明によれば、徳を身につける人は、徳とそれが要求するものについての理解を自分が属する文化と社会の内部で深める。しかし、学習の必要性は駆り立てる向上心の働きを強力に制限するものであるから、そのようにして理解を深めても、自分と同じ社会的・文化的文脈のなかで生まれ育ったかどうかとは関係なく誰にでも当てはまる、そのような徳の理解を手に入れることにはならないのではないか、と。この反論によれば、徳の視点からの思考には偏りがある。徳についての私たちの考え方は、私たちが徳を学習した社会的・文化的文脈に非常に多くのものを負っているので、その考え方は、事実上そうした文脈のなかに閉じ込められているのである。

それゆえ——とこの反論は続く——徳の視点からの思考は保守的なものにならざるをえない。私たちは、成長の過程で身につけた公平さについての考え方を、自分が属する文化や社会の枠組みのなかで批判するところまでは行き着くかもしれないが、そうすることによって、公平さを学習した社会的・文化的文脈それ自体を批判することができる地点にまで到達するということはない。徳の視点から考えても、もろもろの徳の何たるかを学習した文脈それ自体を批判する視点には至らないのである。たとえば、奴隷制社会で生きる奴隷所有者たちは、その社会の内部で徳を発達させ、その社会の見地からすれば、疑いなく公平な人に、また気前のよい人になっているかもしれない。しかし、自由な身分か奴隷の身分かを問わず、あらゆる人に適用できる視点に立って、自分たちがそれらの徳を学習した文脈はまったくの不正義にもとづいているということを反省的に考えるようには決してならないかもしれない。それゆえ、自分たちが公平で気前のよい人であるそのあり方には、いくらよく見てもひどく不適切なところがあるということを反省的に考えることは決してないかもしれないのである。

この批判は重要である。これに答えるためには、駆り立てる向上心こそが、理由と説明の視点から考える必要性へと私たちを導くという点を思い出さなければならない。私たちは、凝り固まって機械的反応に変わる、理性にもとづかない行為習慣を身につけることに満足しない。私たちは、教えてくれる人たちの猿真似をする段階を超えて、彼らがそのように行為する理由を見つけ出す必要がある。こうすることによって、たとえば、慣習上忠実なこととみなされる行為をするいくつかの習慣を身につけることとは対照的に、忠実さとは何かの理解に至る道を歩み始めることができる。単に一定の仕方で行為することに慣れるだけでなく、有徳になることを可能にするのは、私たちやそれ以外の人がしていることに「説明を与える」こと、そして理由を要求したり与えたりすることに対する衝動である。ある一定の仕方で行為する理由を与えられ、その理由について深く考えることができるようになれば、私たちはそれについて自分の力で考えることができるようになる。たとえば、あるシンボルに反射的に敬意を抱くことが国家に対する忠実さに含まれると考えられているが、そのシンボルが何を表すのかについても、自分の国家がなぜ忠実さに値するのかについても深く考えられることがない環境のなかで育った人がいるとしよう。この人は、理由を求め、与えられた答えを吟味することによって、国家に対する忠実さについて、また国家に忠実であるべき理由のよしあしについて、また忠実さを表現する方法のよしあしについて、自分の力で反省的に考えるかもしれない。その結果、彼は忠実さとは何かの理解を深めるようになり、それによって、さまざまなシンボルがどのようにして忠実さを表現するのか（あるいはしないのか）についての理解を深めることになるのである。

しかし、理由をよく考えるという点だけでは、人は自分が徳を学習した社会的・文化的枠組みをどのようにして批判することができるようになるのかを説明することはできない。そもそも、私たちのなかで実際にそうする人はそれほど多くない。社会の大多数の人々は、自分の社会の社会的・文化的基盤をみずから批判し始めることがないのである。私たちは親のやり方に改善を加えるが、根本的な変革が必要であると考える人はほとんどいない。それゆえ、一定の組み込まれた文脈のなかで育てられ、有徳になった人が、どのようにしてまさにその文脈を批判することができるようになるのかを説明し、どのようにしてそうすることが万人に開かれているのかを示す必要があり、それに加えて、どうして私たちの多くは実際にはそうしないのかについても答えを示唆する必要がある。

徳を習得することには何が含まれるのか。すでに見たように、徳の学習は、教えられたことをただ行なうというものではない。それは、自分がしていることを理解するようになることを必要とする。この学習は、初めは教師と学習者のあいだで行なわれるが、のちにその範囲が広がり、同輩たちのあいだで、また文化を通じた経験――たとえば、映画やテレビで賞讃の的になっている人物を通じた経験――のあいだで行なわれるようになる。勇敢になることや忠実になることの学習は、勇敢な人や忠実な人になろうと努め、それゆえある一定の仕方で考え、話し、反応するようになろうと努めている人々のあいだで、またそのような人々によって行なわれる。この点については、共同体の一員になるという視点から考えることが役に立つ。勇敢になろうとしている人々は、他の人々から区別されるようなかたちである種の理由や感情や態度を共有する。彼らは勇敢な人々の共同体を形作っているとみなされうる。この共同体は、家族や友人などによって形作られる共同体ほどはっきりしたものではない。ブラッドリーの言葉で言えば、それはそもそも、「目に見える」共同体ではなく「目に見えない」共同体であり、物理的空間ではなく、同じ関心と理想を共有する人々から成り立つ共同体なのである。(3)

技能からの類推はここで再び役に立つ。徳の学習の場合と同様に、ピアノの弾き方や自転車の乗り方やスケートの滑り方を学習することで、あなたはこれらの活動に身を入れることによって結びついている人々からなる共同体の一員となる。そのような共同体の一員であるということをどれくらい強く感じるかは、当の活動にどれくらい熱心にかかわっているかによって変わる。テニスや芸術にいくらか関心があるという程度なら、テニスをする人々の共同体や芸術愛好家の共同体の一員であることは、その他の関心と無理なく両立する。しかし、もしあなたが自分のすることに真剣に打ち込んでいるなら、これらの共同体の一員として要求されることは、自分が属する他の共同体(特に家族や学校)の一員として要求されることと競合するかもしれない。その場合、時間と労力をどのように割くか、たとえば家族と一緒に過ごすか、テニスの練習をするかというようなことに関して、どこかの時点で決断することが必要になることもあるだろう。やがてあなたは、活動や関心や態度の点で、家族よりもテニス共同体のメンバーとより多くのものを共有することになるかもしれない。

技能からの類推を通じて徳に関してここで見出そうとしているのは、活動と態度を共有する共同体である。正直な人になることは、少なくとも、ある種の行為をし、ある種の行為をしないようになることであり、ある種の行為にショックや反感を覚え、ある種の行為に魅かれるようになることである。すでに見たように、正直な人になることは、家族がすることを単にするようになることではない。それどころか、正直な人になることによって、ある時点で、家族がすることをしないようになり、家族のすることにショックを受けるようになったとしてもおかしくない。このことが起こるとき、私たちは、いまやその人は二つの共同体に属していると考える。つまり、家族からなる自然な共同体と、自分の家族とは相容れない仕方で考え、行為し、推論する正直な人々の共同体である。これは、有徳になることによって、どのようにして私たちはもともとの文脈や共同体から自分の身を引き離すことができるのかについての単純な例である。これがそのことの例になるのは、有徳になることによって、私たちもまた、別の共同体——つまり、思考、推論、反応、態度の点で、私たちが（仮定上）不正直な家族よりも多くのものを共有している共同体——の一員とみなされうるということを示しているからである。

このように、正直な人になることは、スケート選手やピアニストになるのと同じように、家族や当初の文脈から人を引き離す可能性を秘めている。私がここで共同体という観念を用いているのは、当初の文脈からのこの離脱が、推論だけでは達成されそうにないという点が重要だからである。それはむしろ、気前のよさや公平さや勇敢さを自他に適用することによって、それらが何であるのかを理解することによって達成されるものであろう。私たちは、理解の漸進的な広がりを共有された共同体の漸進的な広がりとみなすことができる。それゆえ、正直さについて学習するとき、私は自分の家族が不正直であることに気づくようになるかもしれない。また、その種の不正直は自分の社会では当たり前のことと考えられており、非難されないということにも気づくかもしれない。やがて私は、この種の不正直はよくあることだという私の社会の通念が、正直さについての私の理解、つまり正直さは私の社会の内外を問わず当てはまるという理解とは相容れないことに気づくかもしれない。正直さについての私の理解は、家族の文脈からだけでなく、私が同胞市民と共有している共同体からもいまや私を引き離そうとしているのである。しかし、私はひとりぼっちではない。なぜなら、私は正直な人たちと、つまり私と同じように正直さについて考えたり反応したりする人々と、依然として共同体を共有しているからである。これは、私の社会の共同体よりも広範囲にわたる共同体である。この共同体は、私が個人的に知っていて、会話することのできる（ともすると少数の）人々だけでなく、本で読むことのできる現在と過去の人物から、また私と同じ文化や社会に属する人々とその外部にいる人々から成り立っている。正直であるという点で、私は日常的に交流している同胞市民よりも、そのような人々といっそう多くのものを共有しているのである。(4)

徳について考えることが、私たちを同じような考え方や感じ方をする人々の共同体の一員にすること、また私たちを家族や社会などの他の共同体から切り離しうることには、不思議なところは何もない。実際、それは何ら不思議ではないので、徳の学習を開始するあらゆる人に開かれていることは容易に見て取れる。有徳な人々の共同体に加わるというのは、要するに、徳の学習をやめずに継続するかどうかの問題である。非の打ち所がない社会で完璧な両親に育てられるのでないかぎり、私たちはどこかで、自分が気前のよい人々や勇敢な人々や公平な人々等々と結びついており、それゆえそれらの徳の観点から見れば、自分の教師（ときには親）とは結びついていないということに気づかざるをえない。有徳になったことによって、私たちはその程度まで、教育してくれた人々とともに私たちが形作っている共同体から切り離されているのである。これまで何度か引用した一節のなかでアリストテレスが言っているように、人はみな父祖伝来のものを求めているのではなく、よいものを求めている。有徳になることによって、有徳な生き方は単に親が生きたように生きることではありえないということが明らかになり、それによって私たちは、よいものを求めるという道のりを歩み始める。この認識に至ることは誰にでもできることであり、理解を漸進的に広げ続けることも誰にでもできることである。

それなら、実際にそうする人がこれほど少ないのはどうしてだろうか。これは、徳の視点から考えることに特有の問題ではない。なぜなら、どの倫理学理論も、当の理論に従って生きる人はほとんどいないという事実に直面せざるをえないからである。本書の説明によって与えられる答えは、私たちは誰でも有徳になることを志向することができるが、次第に徳を高めることによってなじみのある当初の文脈から引き離されることには、大多数の人々が抵抗するから、というものである。私たちは、家族が不正直であることや、自分の国が好戦的愛国主義であることや、自分の身につけた価値観が不適切であるという事実に向き合うのではなく、正当化したり、事実を直視することを単純に拒んだりする。私たちは、自分が徳を学習した文脈や制度を非難したがらない。なぜなら、もし非難するとすれば、そのことが要求するかたちでそれらの文脈から引き離されることになるが、私たちはそれを望まないからである。家族や社会の共同体は、目に見え、触れることのできる共同体であり、それは現実に安心感や支援を与えてくれる。これに対して、正直な人々（あるいは勇敢な人々、寛大な人々など）からなる共同体は、過去、現在、未来において、ある一定の仕方で行為し、推論し、感じる人々から成り立つ目に見えない共同体である。その共同体は、思考と内省を通じて近づくよりほかにないのであり、日々の生活を営むうえではそれほど助けにならない。(5) もし私たちが共同体をある種の連帯とみなすなら、すでに存在している連帯はそこから切り離されることを困難にすることがあるのである。(6) 同胞市民との一体感ではなく、公正な人々の共同体との一体感をもつことは、しばしば難しい。というのも、そうすることは、同胞市民との関係から現に得ている支援から自分を切り離すことを要求するからである。したがって、説明を要するのは、徳を発達させることにおいて大多数の人々が怠惰であることではなく、むしろそれを実現する少数の人々の強さの方である。

このように、徳とその何たるかについての理解が広がるとき、徳の視点から考えることは、私たちの思考を広げることができる。私たちがこのことを、すでに与えられている家族や社会の共同体よりも大きく、またその範囲を超えた共同体に自分が属しているとみなすようになるという意味で考えるなら、私たちは次のことがわかる。すなわち、徳の視点から考えることによって、私たちは、時と場所を現に同じくする人々とは共有していない何かを時と場所と文化が異なる人々と共有しながら、同じように有徳であるすべての人々とともに共同体を形作っているということを自覚できるようになるのである。しかし、すでに見たように、大多数の人々はこれを達成しない。なぜなら、現実に存在する家族や職業や社会などの共同体にはあまりにもリアルな牽引力があり、またここで必要とされる彼らの共感は狭い範囲にかぎられているからである。

ここまでの抽象的なあらましを詳細な具体例を用いて説明してみたい。二つのケースを対比しながら、奴隷制社会における徳の問題をもっと詳しく見ることにしよう。

古代世界のあらゆる社会と同様に、古代ローマ社会は、奴隷制が単に存在するだけでなく、それが社会の仕組みの基礎となっている社会であった。そこでは、奴隷であるかそうでないかは、社会的地位にかかわるほとんどすべてのことを決定づけていた。ほぼすべての人が奴隷所有者か奴隷かのどちらかであり、自由人による労働は皆無に等しい。奴隷制は、目下のところ合法であるだけでなく、永遠に廃れることのない伝統とみなされていたのである。奴隷制を基盤にしない社会について、何らかの明確な考えをもっている人は一人もいなかった[7]。大多数の人々に関して言えば、奴隷制は昔からずっと存在していたのであり、この先もずっとあるとはかぎらないと考える理由は何もなかったのである。アリストテレスはこの考えを根拠にして、奴隷制は自然にもとづいていると言っている。これほどあまねく存在するものは、自然のうちに何らかの基礎をもつに違いないというわけである[8]。

しかし、ローマのストア派は、アリストテレスの見解に異議を唱えるようになった。彼らの考えによれば、有徳な人々は理性的存在者からなる普遍的な共同体の一員であり、その見地から、奴隷制には自然的ないし倫理的な根拠がないということをはっきりと理解することができる[9]。奴隷所有者と奴隷は、理性的存在者の共同体の一員としてかかわり合う理性的存在者として、両者のあいだにある境界線は慣習にもとづくものでしかないということに気づく。奴隷であるか否かは運の問題であって、有徳になることができるかどうか、つまり自由人がその境遇のなかでよく生きるのと同じように、奴隷がその境遇のなかでよく生きることができるかどうかとは関係がない。自由人の場合とまったく同じように、奴隷は性格次第で、有徳な人にも悪徳な人にもなる。奴隷が奴隷としての務めを果たさなければならないという事実は、彼がそれを有徳な仕方で行なうことを妨げるものではない(10)。

ストア派はこの考えをどのようにして現実生活に当てはめたのだろうか。ストア派は奴隷所有者に対して、彼らが奴隷に対してもっている諸権利は、社会によって支持されているとはいえ、倫理的な根拠はもたないということを忘れてはならないと言う。奴隷所有者は、奴隷が自分のために働いているという事実がなくなることを願うことはできない。しかし、奴隷は雇われ人として扱うべきであり、合法的な権限を利用して、身体を酷使したり、性的に虐待したりすることは慎むべきである(11)。奴隷を人道的に扱うときには、単に自己利益のためではなく、自然の面でも倫理の面でも奴隷はその所有者と平等であるという事実を認識してそうするのでなければならない。奴隷所有者は、自分が奴隷であったらこのように扱ってほしいと思う仕方で奴隷を扱わなければならない(12)。奴隷は奴隷所有者と等しく「ゼウスの子」であり、それゆえ奴隷所有者の兄弟や姉妹とみなされるべきである(13)。他方、ストア派は奴隷に対して、人生のなかで重要なことは有徳に生きているかどうかであるということを肝に銘じなさいと言う。奴隷であることは、人生を取り巻く環境の一つであり、重要なことは、そこから何を生み出すのか、つまりよく生きるのか、悪く生きるのかである。重要なことは有徳に生きることであると考えるなら、私たちはたびたび使われる次のような転義表現があることに気づく。すなわち、「真の」自由――これ以外の自由は重要ではない――とは自分の情念を支配していることであり、「真の」奴隷状態とは情念に駆り立てられて生きていることなのだから、奴隷所有者が「真の」奴隷であり、奴隷が「真の」自由人であることもあるかもしれないのである。(14)

これは、奴隷制社会で育った人々の注目に値する倫理的到達点である。それは奴隷所有者の側に厳しい要求を課すものであり、奴隷の人間としての尊厳を心から尊重する古代の数少ない勧めの一つである。とはいえ、現代人の目を引くのは、ストア派が奴隷制それ自体を廃止しようとすることは勧めておらず、改善しようとすることさえ勧めていないことである。彼らの勧めは、奴隷所有者であるにせよ、奴隷であるにせよ、奴隷制の枠内でどのように行為するかという問題の内部にとどまっている。マルクス・アウレリウスは、法的に要求される以上に奴隷に対してよく振る舞うべきであるということをストア派としてははっきりと認識していたが、その彼でさえ、皇帝の地位を利用して奴隷制にかかわる従来の法律を修正したことは一度もなかったのである。(15)

このことが示しているのは、徳の視点から考えることは、徳を学習した社会的・文化的文脈のなかに何らかの程度に人を閉じ込めるということだろうか。ストア派は、奴隷も対等に属している倫理的共同体という普遍的な視点に到達した。しかし、その視点は依然として、彼らが廃止も改善も試みなかった奴隷制の内部にある。それでは、その制度を実際に非難しようとする人が仮にいたとすれば、その人に何が起こっていただろうか。古代の奴隷制は、社会のあらゆる側面に深く根付いていた。のちの時代のアメリカ南部の奴隷所有者と同様に、当時の奴隷所有者には、奴隷を解放し、別の方法を取り入れる道は開かれていなかった。古代の世界にはほかにどこにも行くところはなく、自分の社会を抜け出して、もっと公正な体制のなかに身を置くすべはなかったのである。[16]仮に改革を企てる者がいたとしても、笑いものにされることによって、あるいは文字どおりの意味で、沈黙させられたであろう（そのため、古代の奴隷制を廃止しようとした人々が実際にいたとしても、私たちはその人々について決して知ることがない）。奴隷制に対してストア派がなしえたことを制限しているのは、徳の視点から考えることにともなう限界ではなく、古代の社会の環境である。

このことは、一八世紀後半から一九世紀前半にかけて英国で起こった奴隷制廃止運動と対比すればよくわかる。その運動は奴隷貿易の廃止を目指すことから始まった。古代世界の場合とまったく同様に、当時の状況は絶望的であり、変革のいかなる試みも現実離れしているように見えた。「一八世紀の終わりには、さまざまな奴隷制や農奴制のもとで、そこにいる全人口の四分の三をゆうに超える人々が何らかのかたちの隷属状態に置かれていた。過去を振り返っても、別の奴隷制以外にはほとんど何も目にすることがないため、この隷属の世界はそれだけいっそう正常なものに見えたのである」[17]。当時、奴隷制は万国共通の事実としてそこにあると思われていた。実際、奴隷制が敷かれている植民地をもつヨーロッパの列強のなかで、反奴隷制運動を展開したのは英国だけである。そして、この英国の例も、当時はとりわけ成功の見込みが薄いものと思われていたかもしれない。なぜなら、英国の政治組織は、どのみち改革を強く必要としていたのだが、奴隷制を支持することで得られる多大な経済的利益に左右されるものだったからである。

それでも、実際に行動を起こした人々もいた。特に有名なのは、奴隷制の不正義と戦うことに生涯を捧げたトマス・クラークソンである。彼はクエーカー教徒の助力を得て、他者に対する不正義の撲滅を目指した歴史上初の持続的で大規模な政治運動を組織した。しかも、この他者には、距離と文化と人種の点で運動の組織者とは切り離されている人々も含まれていた。多くの人々がさまざまなかたちで議員に働きかけ、抗議を行なうことで、この運動は大きな成功を収めた。彼らを動機づけたのは、正義を求める気持ち（と無慈悲に対する嫌悪感）以外の何ものでもない。事実、その廃止運動は、それを手がける人たち自身の経済的利益にしばしば反するものであった。シェフィールドで運動する人々は、廃止がその地域の経済に打撃を与えるとわかっていたにもかかわらず、奴隷貿易の廃止を請願したのである[18]。しかも、その運動は最終的に成功を収めた。「現在から振り返ると、一七〇〇年代に奴隷制が行き渡っていたことよりもさらに驚くべきことは、それがどれほどすみやかに消滅したかである。次の世紀の終わりまでには、奴隷制は、少なくとも名目上は、ほとんどいたるところで非合法となっていた。反奴隷制運動は、一生涯をほんの少し超えるくらいの時間でその目的を達成したのである[19]」。

この前例のない大規模な活動は、ただ徳に訴えかけることによって、つまり、正義を守り、思いやりをもつこと、それゆえ不正義と無慈悲に歯止めをかけようとすることに対する一般の人々の努力に訴えかけることによって生まれたのである。貿易の世界化が進展しつつあったことなど、経済的・政治的状況が大きく変わったことによって、一般の人々は奴隷貿易の廃止に寄与するためにいまや重要な役割を果たすことができた。たとえば、西インド諸島の奴隷制農園で作られた砂糖の不買運動を起こすことがその一例である。[20] 倫理的な問題について新たな角度から考える必要はなかった。[21] 奴隷制廃止の反対者たちはこのことがわかっていたので、いかなる倫理的運動も立ち上げることができず、人間の本性は私益より徳を優先するにはあまりに無力であると主張する程度のことしかできなかった。

この点は、トマス・ラブ・ピーコックの風刺小説『メリンコート』のなかに見ることができる。主人公のフォレスターは大規模な集会を開いて、奴隷が生産した砂糖を購入しないことを約束するよう人々に訴えかける。ある皮肉屋はこう主張する。西インド諸島の奴隷制が擁護できないこと、また砂糖の消費が奴隷制の支持につながることは、もちろん誰でも知っている。しかし、人間は弱い生き物なので、奴隷制に反対するために、快楽をあきらめ、慣習に反対することはできない。自分が飲んでいる紅茶には奴隷制農園の砂糖が入っていると聞けば、たしかに人々の心は揺さぶられる。しかし、人々はその問題に関してどうこうするよりも、むしろその感情に打ち勝つことを選ぶのである、と。ヒロインのアンセリアは次のように答える。「あなたは人々の感情を公平に評価していませんし、人間の本性はあなたが考えているように見えるほどには自己中心的でも、堕落したものでもありません。……悪にはいろいろなかたちがあり、人間の苦しみの場面にもいろいろな種類があります。それでも、もし人々の全般的な状況を改善しうるとすれば、人間の徳を信頼することを通じてそうするよりほかに道はありません」[22]。この本のもっと前のところで、主人公フォレスターの友人は、砂糖の不買運動についてこう言っている。「たしかにこの世界にはひどく悪いところがあると思う。でも、それを改善するのは君ではないし、僕でもない」。このように言うと、彼は次のように言い返される。「悪の根源は、一人の人間が与える影響を疑うことだ。……世界の歴史を見てみれば、ただ一人の熱狂的な人物が原因となって、人々の考えに驚くほどの変化が突然起こる例はいくらでもある[23]」。

奴隷制廃止運動は、共同体という視点から述べたことの具体例になっている点でも興味深い。奴隷制の弊害を絶とうとする人々は、自分たちが、同じ本[24]を読み、同じ考えと態度を表明する共同体の一員であることに気づいた。彼らは行動を起こしたときに、その目標のためにともに活動する人々からなる新たな共同体の一員であることに気づいたのである。この新たな共同体は、政治的活動に慣れ親しんだ人々を、公的な運動に慣れておらず、それどころか既存の政治体制のなかで表舞台に立つことのない人々——女性、有色人種、新たな産業都市で働く労働者——と結びつけた。女性の場合、公的な運動への参加は家族にとって大きな衝撃を与えることが多かった。有徳な行為に身を捧げることによって結びついている共同体に加わることは、もとからある家族や文化の文脈にともなう伝統的な役割から人々を現に切り離すのであり、私たちはそのような例を数多く目にするのである。

このように、ローマのストア派も一八世紀の英国人も、徳の視点から考えることによって、奴隷制は倫理的に擁護できないことがわかるようになった。ストア派は、奴隷制の枠組みのなかで最善を尽くすことしかできなかった。一八世紀には、徳の視点からの思考は、奴隷制を廃止するのに有効な行動を生み出すことができたのであり、また実際に生み出した。そうすると、奴隷制に対してその廃止を試みることさえしなかったという理由で、私たちはストア派を非難するだろうか。一八世紀と一九世紀に奴隷制の廃止がすみやかに実現されたという事実からすれば、ことによるとストア派は、彼らが達成できると考えていたこと以上のことを達成できたかもしれない。しかし、この種の比較をするときに、もし不正義が彼らの社会にとって完全に根本的なものであったとしたら、彼らはどれくらい非難ではなく同情に値するのか、ということを知るのは常に困難である。[25]

この詳細な具体例が示しているのは、徳の視点からの思考によって、人はどのようにして、より広い正義の見地から自分の社会の基本的側面を非難するようなかたちで有徳に行為することができるのかという点である。これは例示であって、論証ではない。しかし、この例示は少なくとも、徳の視点からの思考は説得力を失うほどひどく偏ったものになり、それゆえ倫理的に保守的なものになることは避けられないという主張を無効にする。偏った思考様式のなかで成長し有徳になった人々の多くは、その思考様式にいまだ染まっている考えに固執する。しかし、そうでない人々もいる。そして、彼らがその思考様式を退けることによって作り上げる共同体は、社会に影響を与え、その思考様式を改める方向に導くこともあるのである。

前章で考察したように、私たちの目から見て、古代ローマ人のなかには、(特にその人がストア派である場合には) 正しい行為をしているとみなすことのできる人もいるが、そのローマ人は完全に有徳であるのではなく、正義に反した奴隷制社会の範囲内で有徳であるにすぎない。古代ローマ人のなかには私たちが賞讃する人々もいると考えることができるとしても、私たちは、奴隷制社会のなかで生きることが何をもたらすのかを認識することによって、その賞讃が制限されることを認める。しかし、当の古代ローマ人は正しいことをすることができるが、限定的に有徳であるにすぎない、と考えることができるからといって、そのことで私たちは満足してはならない。私たちが深く考えなければならないのは、奴隷制に対するその古代ローマ人の態度は、奴隷制に対する私たちの態度——現代では奴隷制はいたるところで非難される——よりむしろ、先進国と南の発展途上国のあいだで起きている地球規模の不公正に対する私たちの態度に似ているという点である。先進国に住む私たちは、グローバル化、なかでも特に近年のグローバル化が、支配と搾取の構造を牛み出し、もはや倫理的に擁護できないかたちで私たちの利益になっているということに気づいている。しかし、これほど規模の大きな状況を改善するために、個人の努力で何ができるのだろうか。私たちが置かれている立場は、奴隷制が倫理的に擁護できないことに確信を抱きながらも、個人で何か効果的なことをすることも、その制度に何らかの影響を与えることもできなかったローマのストア派の立場にむしろ近い。未来の世代は、私たちがローマのストア派について考えるのとほぼ同じような仕方で私たちについて考え、(私たちの一部は) 正しいことをしているが、根本的に欠陥をはらんだ徳をもっていると考えるはずである。

以上の考慮事項は厄介な考えを生み出すかもしれない。つまり、この説明に従えば、徳はあまりに理想的なものとなるのではないか。すでに見たように、徳の視点からの思考は、自分が属している社会と自分がそのなかで育った考え方の枠組みを超えて、有徳に行為するように人々を導くことができる。しかし、たとえそれができたとしても、完全に有徳であることにはならないように思われるかもしれない。というのも、人々は、ローマのストア派と同様に、完全に有徳な仕方で効果的に行為することが見込めない社会のなかで立ち往生しているかもしれないからである。私たちの説明では、ローマのストア派が有徳であり、正しいことをすることができたということは認められるが、彼らが完全に有徳になることはできなかったことになる。だが、いまやそのことは、私たち自身にも、また正義に反する構造をもった社会のいかなるメンバーにも当てはまるように見える。先に論じた奴隷制廃止論者たちは、不正義に対して抗議し、実際に効果をあげたが、その彼らでさえも、社会のあらゆる不正義——たとえば性別や階級に関する不正義——に取り組むことはできなかったのである。

それでは、常に何らかの点で正義に反するところがある社会に生きているという偶然の要素があるために、徳は私たちには決して達成を望むことができない理想ということになるのだろうか。実際にそう結論づけた人もいる[26]。ここから見えてくるのは、完全に有徳であることは、私たちが志向するが、決して達成することのできない理想であるように事実思われるということである。私たちはせいぜい、完全ではないかたちで、つまり私たち自身の欠陥だけでなく、社会の構造も完全に有徳になることを妨げるという点によって、汚点を含んだかたちで有徳であるにすぎないのである。

もし私たちが、人は有徳であるかまったく徳がないかのどちらかであるというような、厳格主義のアプローチに固執するなら、これは厄介な問題であろう。このアプローチに従えば、完全に有徳な人だけが有徳な人であり、私たちはみな少しも徳をもっていないという結果になるだろう。実際、これこそがストア派の立場だった。しかし、それは非常に洗練されていない立場である。なぜなら、この立場では、徳のない並の人と徳のない極悪人の違いがまったく認められないからであり、そしてまた、徳には程度が存在しないが、徳に向けた発達には程度があるということを認めることによって、この場合でもやはり違いを持ち込まざるをえないからである。

徳に関する本書の発達的説明は、これらの難点を解消する理にかなった方法を与えてくれる。たしかに、真に（あるいは完璧に）有徳であることは、私たちの誰一人として実例になることができない理想である。しかし、そのことから、私たちの誰一人として勇敢な人にも忠実な人にも気前のよい人にもなれないということは帰結しない。というのも、実践的技能の発達の場合と同様に、有徳であることには、初学者から真に有徳な人まで、非常にさまざまなかたちがあることを私たちはすでに確認しているからである。私がスケートやピアノに関して並の技能をもっているとしよう。私はこれらの技能に関して、自分が理想的なレベルまで熟達することは決してないということをはっきりと認識している。しかしそれでも、私は偽ることなく、自分はスケーターである、あるいはピアニストであると言うことができる。

徳の場合にも同じことが当てはまる。私たちは、勇敢さを学習している最中の子どもと、すでに勇敢になっている大人の区別を失いはしない。私たちが六歳の子どもについて、ジェーンは親切である、トムは勇敢であると言うのは適切である。もちろん、私たちがその子どもたちの傾向性を大人の親切さや勇敢さと比較するなら、彼らには大いに欠けたところがあると気づくだろう。私たちにはそのことがわかっている。子どもと大人に同じ言葉を用いたからといって、私たちは混乱に陥りはしない。しかし、真に親切であるとか、真に勇敢であるとはどういうことかを深く考えるなら、大人の親切さや勇敢さでさえも、真の、あるいは完璧な親切さや勇敢さには届いていないことがわかる。もし私たちが現実に即した見方をするならば、私たちの行為を生み出す傾向性は、個人的な欠陥によって、また不完全な社会で徳を教わり学習したことによって、多くの点で常に欠けたところがあるということに気づく。とはいえ、ここで言及している発達段階と、社会の不備と不正義によってもっとも理想的な個人でさえ損なわれうるということを認識しているかぎり、並のレベルの人々を親切な人や勇敢な人と言うことにはやはり何の混乱もないのである。

第5章　徳とよろこび

これまでのところ、技能からの類推は徳について考えることに役立った。しかし、徳にはほかにも重要な側面があり、その側面に関しては徳と技能は対照的であるように見える。技能は、感情面のあり方とは無関係に発揮することができる。熟練の陶工が無関心な態度で鉢を作り、熟練の配管工が無関心な態度で水漏れを直すことはありうる。これに対して、有徳な人が感情も関心ももたずに有徳な行為をすることはない。有徳な人は、正しい理由にもとづいて正しいことをするだけでなく、その正しいことに関して正しい感情をもっている。たとえば、ただお金を差し出すだけで、受け取る人やその人の反応に無関心な人は、気前のよい人ではない。

私たちは、この主張に説得力を与える例が制作的技能から取られがちであることに注意すべきである。完成品が申し分のないものであれば、それを作った熟練者が制作中にどのような感情をもっていたのかはそれほど重要ではない。他方、演技やスポーツの技能の場合には、このことはそれほど説得力をもたない。それでも、私たちが関心をもっている技能の少なくともいくつかの明らかな事例において、技能をうまく発揮しているかどうかは完成品のよしあしによって決まり、それを作る人の感情面のあり方には関係しないということはたしかである。このことは徳には当てはまらない。

これは技能からの類推の難点だろうか。もし私たちが注意深く徳の事例を取り上げ、発達的説明の重要性を考慮に入れるなら、それは難点ではない。子どもを一例とする学習者の場合、親に命令されたために公正な行為をするが、公正であることを大事に思わないばかりか、その行為全体を不快に思ってさえいるということがありうる。子どもは有徳になるにつれて、正しい理由にもとづいて公正な行為をするようになる。私たちは、子どもがその過程で、公平に分け合うことや、友人を不当にえこひいきしないようにすることなどを苦もなく容易にできるようになることを期待する。最後には、よろこんで与えるところまで行き着くかもしれない。このことが起こらないと想定してみよう。公平に分け合い、偏った見方をせずにすむようになったが、そうしなければならないことを依然として不快に思っている。このような人は公正な人ではない。ここには、有徳な人であればもっているであろう何かが欠けているのである。

よく知られているように、アリストテレスはこの点を有徳な人と単なる「エンクラテース」の、すなわち「自制心のある人」の違いとして述べている。自制心のある人は有徳な人と同じように行為する。しかし、彼にとって有徳に行為することは自分の感情や愛着と対立するので、彼はまだ有徳な人ではない。両者の違いをこのように述べることには、エンクラテースはまだ十分には発達していない人、あるいは成長が不十分な人であるという考えがはっきりと表れている。その人の発達にはまだ何か欠けているものがある。いずれにせよ、お金や時間を勘定せずに、よろこんで与える人と、与えはするが、心のなかで時間やお金の消費を不快に思っている人には明白な違いがある。エンクラテースの行為は感情と調和していない。それゆえ、エンクラテースは有徳な行為をするかもしれないが、有徳な人であればするであろう仕方でそうするのではない。エンクラテースは正しいことをすることができるが、学習者が有徳であるのと同じ意味で有徳であるにすぎず、厳密な意味で有徳であるとはまだ言えないのである。

徳を中心に置くたいていの理論では、エンクラテースと有徳な人が区別されている。もっとも名高いのはアリストテレスの区別だが、カントでさえ、それほどはっきりとではないとはいえ、両者の区別を認めている。(1) 実際、徳を傾向性や性格の問題とみなす徳理論が、ここでいかなるかたちの区別も指摘することができないということは考えにくい。

このように、エンクラテースは、機転のきくことや勇敢なことや有益なことをするが、それに関して正しい感情をもっていないのに対して、有徳な人はそれをもっている。このポイントは、正しい感情をもつことが徳にとってどれほど重要であるのかを強調するのに役立つ。しかし、このことを不思議に思う人がいるのも無理はない。いったいどのようにして人は正しい感情をもつようになるのだろうか。(2)

これは入り組んだ問題である。その一つの側面はすでに触れた。すなわち、有徳な人とは、何をなすべきかをもっぱら認識の面で学習し、そのあとでその行為へと駆り立てる動機づけを見つけ出そうとする人ではないというポイントである。先に強調したように、私たちには最初から動機づけがそなわっており、徳を発達させることは、それらの動機づけを何らかの仕方で教育することなのである。正直な人は、自分自身が正直に行為するだけでなく、誰かの不正直な行為に嫌悪感を抱く。親切な人は残酷な行為にぞっとし、気前のよい人はけちけちした行為を嘆かわしく思う。徳は、さまざまな情動的感情をもつこととそれを表現することを含んでいる。つまり、徳は思考と推論だけでなく、感情面にもかかわるのである。ホームレスの支援といった何らかのよい目標のために時間と労力と金銭を費やすが、その行為にいっさい情動がともなっていない人、あるいは嫌悪感さえ抱いている人を想像してみよう。その人は正しいことをしているが（もちろん、何もしないことや間違ったことをするよりはよい）、学習者として有徳であるということを除けば、まだ有徳ではないということが私たちにはわかる。感情や情動がなすべきことについての熟慮と調和するようになるまで、その人は有徳ではないのである。

情動を教育するということにはそもそも何が含まれているのだろうか。情動の教育がどのようなかたちをとるのかについては、哲学者のあいだでも心理学者のあいだでも統一見解はほとんどない。なぜなら、情動とは何かについての統一見解がほとんどないからである[3]。それゆえ、有徳な人の道徳心理のなかで情動がどのような役割を果たすのかについては、実にさまざまな見方がある[4]。しかし、徳は感情が推論や思考と調和することを要求するという点について、一般的なレベルでの意見の一致を見出すことはたやすい。というのも、とにかくそこに至っていなければ、それは単なる初学者の、あるいは年齢はどうあれ、初学者を超えていない人の段階だからである。すでに指摘したように、徳が傾向性や性格の問題とされる理論のなかで、この区別を避けて通ることは困難である[5]。

ここまで私たちは技能と徳の相違点を見てきた。しかし、意外なことかもしれないが、有徳な人の道徳心理の一つの側面は、技能と徳のもう一つの類似点を指し示している。よく知られているように、アリストテレスは、有徳な人は自分のすることを快く思うという点で他の人から区別されると述べている。「快楽と苦痛はなされたことに付随して生じるかぎりにおいて、人の性格の性向を示す指標とみなさなければならない。なぜなら、身体にかかわる快楽を差し控え、そのことによろこびを見出す者は節度ある者であり、他方、それを嫌がる人は自堕落な者であって、また、恐ろしいことを耐え忍んで、そのことによろこびを見出すか、あるいは少なくともそれに苦痛を感じない人は勇気ある者であり、他方、それに苦痛を感じる人は臆病な者である」(6)。この引用文のなかで、節度のある人の例は理解するのが困難ではない。たとえば、肉食をやめようと決心した人は、最初のうちは誘惑と戦わなければならず、その禁断の食べ物に魅力を感じる。しかし、ベジタリアンであることに関連する傾向性を発達させるにつれて、その食べ物に魅力を感じなくなる。そしてゆくゆくは、かつてそれを食べたときに快を感じた以上に、いまや拒絶しているその食べ物を食べないことに快を感じるようになる。そのベジタリアンは、肉食を楽しむ人であることによろこびを覚える以上に、ベジタリアンであることによろこびを覚えるのである(7)。

これに対して、勇気の例はもっと入り組んでいる。勇気のある人とは、立ち上がって戦わなければならないときに、逃げ出したい気持ちを抑える必要がない人である。しかし、勇気のある人は危険に立ち向かうことを現によろこぶ人であると考えるなら、ひいき目に見ても、その人には責任感が欠けているように思われる。とはいえ、アリストテレスが明らかにしているように、勇気のある行動から得られる快は、傷を負うことや危険にさらされることから得られる快ではなく、むしろ勇気をもって行為することから得られる快であり、その快は、勇気のある行動がなされる状況や、そこから生まれる結果にもとづくものではない。

有徳な人は有徳に行為することによろこびを覚え、有徳に行為することが難しい場合や、大きな要求を課す場合でさえ、苦しみを感じない。私たちはこの考えをどのように理解することができるだろうか。周知のように、快とよろこびは理解が難しく、問題を含んだ概念である。しかし、この点については、活動をよろこぶことについての現代のある心理学研究の視点を取り入れることによって、技能からの類推から有益な助けを得ることができるだろう。

実践的技能は、傾向性の発達に応じてよろこびが生まれることの具体例になる。技能の学習を始めたばかりのときには、あまり上手にできないために、なかなか先に進まず、そのことにいらだちや不快感を覚えがちである。ゴルフにせよ建築にせよイタリア語会話にせよ、上手になるにつれて、私たちはそれをすることに以前よりもよろこびを覚えるようになる。というのも、その技能を発揮するときに、不手際や失敗によっていらだつことが少なくなるからである。イタリア語を話すことは、意識的に単語を探したり、心のなかで性や格を確認したり、自分が使おうとしている構文は次の節で接続法を要求するのかどうかを自問したりしなければならないうちは、労力を要し、いらだちの種となる。これらの点に慣れて、意識的に考える必要がなくなると、もっと流暢にイタリア語を話せるようになる――これはその言語を統一的に理解したしるしである。技能の発揮が意識的に考え出すことを要求せず、むしろ自分の考えをよどみなく表現することを可能にするとき、私は熟達した言語を使用することによろこびを覚えるようになる。

以上の直観的なポイントは、心理学者ミハイ・チクセントミハイの研究によって強力な裏づけを得ている。チクセントミハイは何十年にもわたって、どのようにして人は経験を満足のいくものやよろこばしいものと思うのかを研究している。[8] 彼の研究の成果は、私たちが技能を理解するうえで重要であり、本書の説明からすれば、徳を理解するためにも重要である。なぜなら、本書の徳の説明は技能からの類推を非常に精力的に用いているからである。

私たちは、もっともよろこびや満足を覚えるのは、くつろいでいて何もしていないときか、少なくとも努力を要することは何もしていないときであると何となく考える傾向にある。チクセントミハイの研究のもっとも印象的な成果の一つは、この考えが正しくないことを示したことである。むしろ、彼の言う「最適経験（optimal experience）」は、私たちが積極的に活動し、しかもその活動に関心をもち、知性を用いて従事するときにこそ経験される。私たちが活動によろこびを覚えるのは、「思うままに注意を集中させ……気を散らすものに心を留めず……目標を達成するまで注意を集中し、目標達成の後まで注意を持ち越さない[9]」ことができるときである。私たちは、パズルをはめたり問題を解いたりするような複雑な活動に取り組むことによろこびを覚える。これに対して、同じことをただ繰り返すことや、型にはまった機械的作業をすることは、私たちをリラックスさせるどころか、むしろ退屈にさせ、いらいらさせる。

私たちがもっともよろこびを覚えるのは、目標志向的な活動に従事するときである。そこでは、目標を達成するためには、一般に、フィードバックに耳を傾けることと、以前の問題を解決したことから生まれる新たな特徴に気づくことが不可欠である。しかし、対処の仕方がわからない新たな情報がいらだちの種となるときには、よろこびは脅かされる。特に、ある目標を達成するために別の目標を犠牲にする場合がそうである。それゆえ、すべての主要な目標が調和のとれたかたちで組織化され、整理されることによって、フィードバックと新たな情報に対処する準備ができており、その情報と自分の追求している目標との関連を立ち止まって見つけ出す必要がないときにこそ、もっともよろこびを覚えることになる。「われわれが処理する情報の一つ一つが自己に対する意味を評価される。それはわれわれの目標を脅かすだろうか、支持するだろうか、中立だろうか。……新しい情報は、……意識の無秩序を生むか、心理的エネルギーをより自由にすることによって目標を強化するかのいずれかである」〔邦訳、四九頁〕。主要な諸目標が調和のとれたかたちで構造化され、状況への積極的な関与を必要とする何らかの目標を達成することに意識を集中しているとき、「正さねばならない無秩序や防ぐべき自己への脅迫もないので、注意が自由に個人の目標達成のために投射されている。私たちはこの状態をフロー体験と呼んでいる[10]」。

前に取り上げた例を思い出してみよう。私が大学の駐車場まで自動車を運転することは、単なる機会的反応である。その運転は私が意識を向ける対象ではなく、私が現に考えていることとは無関係に進行することもある。私たちはこの運転をフローの比喩を用いて表現する気にはならない。その理由の一つは、それが取り立ててよろこびを与えるものではないという点にある[11]。これを熟練のピアニストの演奏と比較してもらいたい。熟練のピアニストの技能は多くの習練を積んで習得されたものであるが、それは決して機械的反応ではない。彼女の演奏には、楽曲に対する知的な解釈が表れている。私たちはこの種の行為のうちに、チクセントミハイがフロー体験という言葉で言おうとしていることを見ることができる。「フロー」という言葉は、受動的に「流れに身をまかせる」こと、つまり私の運転のような機械的反応に似つかわしい何かを示唆するとすれば、誤解を招きやすい比喩かもしれない。フローはむしろ、積極的な関与と熟練の技能を要する活動をよろこびながら行なうことを特徴づけるものであり、「フロー」体験の比喩は、熟慮を介することなく、受動的ではなく積極的な、熟練の技能の特徴となる直接的なかかわり方を描き出したものと理解すべきである。

チクセントミハイは自分の主張を技能の発揮に明確に限定しているわけではないが、彼は主として技能を例に挙げている。このことは驚くにあたらない。なぜなら、彼が論じているのは、フィードバックに応答する目標志向的な活動に従事する経験であり、そこでなされる作業は、単なる機械的反応ではなく、むしろ複雑で入り組んでいるからである。(12) いくつかの分野では、型どおりの退屈な仕事が、技能を要求し、それゆえ人を熱中させる複雑な問題解決型あるいは目標達成型の仕事に変わることによって、よろこびを感じる仕事になりうる。チクセントミハイの研究の多くは、これがどのようにして起こるのかを明らかにすることに捧げられている。

フロー体験には欠くことのできない二つの特徴がある。一つは、その体験がいわゆる「自己目的（autotelic）」なものであることだ。つまり、その活動はそれ自体を目的として経験され、したがってそれ自体でよろこばしいものとして経験されるのである。たとえさらなる目的を生み出すために その活動に着手するとしても、それが生まれるかどうかとは無関係に、活動それ自体を目的とみなすなら、人はそれをよろこばしいものとして経験しうる。スポーツはそれを示す最良の例である。ネットにボールを入れようとする活動は、ボールが実際にネットに入るかどうかにかかわらず、よろこばしいものとして経験されうる。ただしそのためには、技能を正しく発達させ、その活動をネットにボールを入れる単なる手段としてではなく、特定の身体活動として経験することができなければならない。

もう一つの重要な特徴は、その活動に従事する人が自己を意識していないという点である。[13] これは要するに、この種の活動に従事しているときに、自分がそれをしているという感覚が消えるということである。ピアニストは、これこれのキーを正確に弾くということや、いまからBフラットに移行するということに意識を向けていない。これは、私が駐車場までの運転に意識を向けていないこととは違って、無関心になることでも、機械的反応の状態に陥ることでもない。というのも、そこのピアニストは自分がいまそうしたいと思っているとおりにキーを弾いているからであり、そこには楽曲をある特定の仕方で演奏する意図が反映されているからである。しかし、それにもかかわらず、活動に完全に熱中しているあいだに自意識を失うことはよくある（時間の経過を忘れることもよくある）。ここでもまた、スポーツを例にして説明するのが一番容易である。アスリートがたびたび報告するように、たとえば走ることや槍を投げることに熱中しているとき、彼らは頭が空っぽになる感覚、すなわち「自我の喪失」を経験する。それは、極度の集中が、型どおりの活動に見られる注意の喪失とは明確に区別される自意識の喪失と組み合わさったものにほかならない。

フロー体験のもとでは、活動はよろこばしいもの、またやりがいのあるものとして経験される。フロー体験が生まれるのは、主要な諸目標が互いにぶつかることなく統合されている人が、手段としての価値とは独立にそれ自体でやりがいのあるものとして目標志向的な活動に従事し、そのなかで知力と集中力をその活動に傾けるときである。これは、技能の構造をもつ傾向性が発達し、そこから知力と集中力が生まれることによって成り立つ(14)。その活動は、自意識も労力も必要としないものとして、妨げられることなく経験されるのである。

　言うまでもなく、私たちはこのようなかたちでのみよろこびを経験するのではない。たとえば、私たちは飲食やセックスの経験から快い感覚を得る。しかし、前記の説明の興味深い点は、活動が先に描いた要素を含んでいるときに、私たちは活動に、すなわち私たちがすることによろこびを覚えるということを示していることである。私たちが従事するその活動は、機械的反応ほど単純ではないが、しかし何をなすべきかを自意識をもちながら考え出すことを要求するようなものではない。状況に対する私たちの反応は、実践によってすでに鍛えられているため、直接的で、自意識をともなわない。しかし、その反応はフィードバックに応答する点で依然として知的なものであり、それゆえ単純な反復以上のものから成り立っている。このことは、技能の発揮のうちに、とりわけ実演的な技能やスポーツのうちにもっとも容易に見て取ることができる。そこでは、習熟した知的な反応と単なる機械的反応の違いをもっとも容易に見て取ることができ、熱中することが自意識の喪失に結びつくことをもっともよく認識することができる。

　技能に見られるこの特徴が徳に引き継がれることはありうるだろうか。その特徴に関してほとんど何も言うことができない徳の説明があることは明らかである。しかし、技能からの類推を大いに活用している本書の説明は、その特徴をよろこんで受け入れることができる。ここにもまた、古代の人々にはわかりきったことのように思われた徳の特徴がある。彼らは、徳をうまく説明するために、有徳な行為が快いということを、またどのような意味で快いのかということを示さなければならないのは明白であると考えた。ここで問題にしている快さについて、アリストテレスは説得力のある説明を与えている。すなわち、それは快い感覚のことではなく、有徳な活動が欲求不満や内面の葛藤によって妨げられないときに経験されるものである。しかし、単にアリストテレスに訴えればよいわけではない。徳のすぐれた説明はこの点で技能の説明に似ているという考えに私たちは同意することができるが、どのような意味で同意することができるのかを細かく説明するためには、私たちはもっと多くのことをしなければならない。

繰り返し強調したように、徳は機械的反応ではなく、習熟にかかわる。親切な人や公正な人になるためには、誰かが言っていることや本に書いてあることをただ真似るのではなく、さまざまな種類の経験に自分で取り組まなければならない。親切さや公正さを身につけるためには、正しい文脈と状況を示し、そのなかで重要になる事柄をどう見出せばよいのかを正しく教えてくれる教師をまずは信頼しなければならない。しかし、その学習は単なるものまねではなく、駆り立てる向上心をともなうものである以上、そこで発達するのは、親切であるとはどういうことか、また公正であるとはどういうことかについての理解（もちろん、ある程度までの理解である）にもとづいた傾向性であり、新たな状況に対して、さらにはなじみのない状況に対してさえも、なじみのある状況から学習したことを表現するようにして反応することができる傾向性である。そこでなされる行為は、学習の時点での行為とは異なっているが、それでも、学習を通じて身につけた親切さと公正さの理解を表現する役目を果たしている。それゆえ、有徳な活動にとって不可欠なものは、かつて習得し、いまや安心して頼ることのできる機械的反応の反復ではなく、いまでも発達の過程にある、選択と区別にもとづいた世界への関与である。この点は、徳と技能の類似点のなかでもこれまで特に強調してきたことの一つであり、これによって私たちは、技能の発揮が満たしている条件――単純な機械的反応ではないかたちで状況に反応させること――を有徳な活動も満たしているということを示すことができるのである。

とはいえ、有徳な活動は、技能を要する活動と同様に目標志向的な活動なのだろうか。ここで私たちは、もっぱら制作的技能の視点から考えることのないように注意しなければならない。この種の技能の場合、技能とは別個の産物を作り出すことに思考が向けられる。そこで重要なことはすぐれた産物を手に入れることであり、それがすぐれているかどうかは、それを作り出すために行なう推論によって決まるのではない。これは、徳のモデルとしては不適切であるように思われる。徳の場合、自分自身の推論とは無関係に教師の真似をすることが要求されるのは、学習を始めたばかりの人だけである。しかし、実演的な技能やスポーツの技能について考えるなら、問題の目標志向性が、技能から切り離された対象を生み出すことへの志向性である必要はないことがわかる。熟練したダンサーの演技は、まさにその技能を表現するものであって、技能とは別個の産物ではない。技能がすぐれているかどうかの判定は、技能の発揮の仕方がすぐれているかどうかの判定から切り離すことができない。これと同様に、有徳な活動は、ある状況のなかで気前よく行為する、あるいは公正に行為するという目標に向けられている。そこで生まれる行為は、演技の場合と同様に、徳を表現するものであり、その徳が（もしすぐれているとすれば）すぐれているかどうかは、その行為がどのようにしてなされたのか、またどのような推論を通じてその行為が生まれたのかを考慮に入れて判定しなければならないのである。

すでに見たように、徳の学習者は、何をなすべきかを考え出さなくてはならず、自分のしようとしていることが気前のよいことなのか、あるいは有徳な人であれば行なうであろうことなのかについて、自意識をともなうかたちで深く考えなければならない。他方、もっと発達した親切さや気前のよさをもっている人は、なすべきことについての熟慮を介することなく、直接的にそれを把握する。このポイントは以前にもいくつかの文脈で取り上げた。ここでそのポイントが重要になるのは、技能に精通した人が、集中と没頭を要する行為を自意識をともなうことなく行なうことができるという点が、有徳な行為に実際によく似ているからである。有徳な行為、少なくとも学習者の段階を過ぎたあとの有徳な行為には、私たちが技能に関して見出すのと同じ結合が、すなわち直接的な関与と自意識の喪失の結合が見て取れる。すでに見たように、徳についての思考――これは有徳な行為なのか、あるいはこれは有徳な人であればなすであろうことなのかについての思考――は、より親切な人や公平な人や気前のよい人に次第に近づくにつれて、次第に姿を隠すのである。

人がもっているすべての主要な目標が調和しているときに、活動は「フロー」として満足のいくかたちで経験されるという点についてはどう考えればよいだろうか。技能の場合には、これが局所的な事柄であることは明らかである。ある人は、解決できないありとあらゆる種類の問題が生活のその他の側面にあっても、熟練したスケーターであることに変わりはないかもしれない。徳の場合、行為の遂行には人の全体的なあり方が関係している。行為のなかでしようとしていることと対立するような目標に愛着をもっていて、それが行為の妨げになるときには、その行為をするのは容易ではないし、またそれをすることによろこびはともなわない。たとえば、お金や時間の消費に対する後悔の念がともなっている場合や、どのようにすればもっと満足がいくように使えただろうかというような考えがともなっている場合には、そこでなされる行為は十分に有徳であるとは言えない。有徳な活動は、なされる行為の目標を全面的に支持することを人に要求する。そうでなければ、見送った別の選択肢を意識することによって、有徳な行為の遂行は妨げられ、阻まれることになる。

すでに見たように、これは徳と自制心（エンクラテイア）の区別と完全に軌を一にする。自制心をもつにすぎない人でも、正しい行為はする。また、徳を発達させることによって、正しいことをするように導かれさえする。しかし、彼女は徳の発揮とは対立するような姿勢と価値観をもっている。それゆえ、彼女の有徳な活動は、労力と自意識を要するものにならざるをえないのである。十分に発達した正直な人は、たとえば不正直な行為に走る機会に気づいても、そもそもそれを利用しようという考えが起こらない。これに対して、不正直な行為がもたらす利益に誘惑されている人が立派に行為するためには、正直であるべき理由を詳しく自分に言い聞かせなければならない。十分に発達した正直な人は、「フロー」が生まれるかたちで正直な行為を経験する。置かれた状況がどれだけ入り組んでいて、切り抜けるのがどれだけ困難であっても、思考を介さず直接正直な反応をすることに何の妨げもないのである。

チクセントミハイが強調するもう一つの特徴も、有徳な活動に関してはっきりと見て取れる。つまり、有徳な活動はそれ自体で価値があるのである。勇敢な人は、勇敢な活動をそれ自体として尊重し、たとえ目的の達成に失敗しても、その活動を悔いることはない[15]。もちろん、有徳な活動は、それによって何か別のことができるという理由で、手段として尊重されることもあるだろう。しかし、有徳な活動が有徳なものであるならば、その活動はそれ自体としても尊重される（ここまで徳のこの特徴については考察してこなかった。この点については次の章で目を向けることにしよう）。ここでよく用いられるのは、スポーツからの類推である。スポーツのプレーは、何らかの理由で賞をとれなかったとしても、それ自体で尊重され、賞讃されるからである。

したがって、本書の徳の説明では、技能を要する活動の「フロー」モデルは、徳の関連する特徴にうまく当てはまる。そのうえ、それは多くの点で私たちの直観と一致する。有徳な活動をよろこぶことの核心が一時的な快い感覚のうちにあるのではないということは、非常に理にかなっている。その核心はむしろ、ある特定の仕方で活動が行なわれることのうちにある。それは、余分に付け加えられる何かではなく、有徳な活動が自意識をともなうことなく、進んで行なわれることにほかならない。このとき、その活動は、苦心しながらあれこれ自問したり、どうすればよいか意識的に考え出そうとすることによって妨げられることなく、ぶつかることがないように整えられた全体的な諸目標から無理なく「流れ出る」のである。私たちは、エンクラテースと完全に有徳な人の違いを認める。そしてまた、有徳な人が有徳に行為することによろこびを覚えるということを正しく理解することができる。しかし、このことのポイントは、エンクラテースに欠けている快さの感覚を有徳な人が知覚できるという点にあるのではないということは明らかである。

有徳な行為をよろこばしいものとする説明、そのなかでも特にフローの心理学に訴える説明に従えば、有徳な人は、あたかもなすべきことをただ一覧表に記載し、円滑にそれに従うだけで、そこには何の努力も必要とされないかのように見え、有徳に行為することは非常に容易であるように見えると考える人もいるかもしれない。では、有徳に行為することが、何をなすべきかを一歩下がって熟慮することで、自分がいま行なっていることのリズムを乱すように直観的に思われることを要求する場合はどうだろうか。たとえば、あなたは誰かの出世について決定しなければならないかもしれない。この場合、公平さの徳は、一歩下がって距離を置いて考えることをあなたに要求する。ここでいつもどおりの行動を続けるならば、有徳に行為することにはならないだろう(16)。

フロー心理学の視点から見て、有徳な行為が容易でよろこばしいとはどういうことなのか、これを私たちが正しく理解するなら、いま述べたことは反論にはならない。それは、有徳に熟慮することと行為することが妨げられないということなのである。行為が機械的反応に陥らないようにするために、そのことが距離を置いて反省的に考えることを要求する場合も当然ある。この点は、有徳な人とエンクラテース、すなわちまだ有徳ではない人の違いを考えればわかる。前者は自発的に反省的な視点に立つのに対して、後者は揺さぶられたり、駆り立てられたりすることがなければ、その視点に立つことができない。有徳な人は、友情に駆られて不公平に行為したくなるということがなく、それゆえ、これまでの行動を無批判に続けることが不公平につながりかねない状況に置かれたときには、気にせずにこれまでの行動を続けたくなるということもない。このことに疑問の余地がないのは、無批判に続けてきたことをすることが問題を生みかねないときに、実践的技能の熟練者はしばしば立ち止まって反省的に考える、という事実に疑問の余地がないのと同じである。チクセントミハイによれば、「フロー活動の青写真に沿って仕事を組み立てる」職業は外科医である。[17]言うまでもなく、外科医は、「流れに身を任せ」たり、頭のスイッチを切ったり、歩みを妨げかねないものを無視したりすることによって、仕事にすっかり従事するのではない。このようなことをすれば、やがてその仕事は機械的反応に成り下がるだろう。フローが得られる活動は、新たな問題が生じたときに創意に富む解決法を見つけ出すことができるように、いま起こっていることに注意を向け、フィードバックに適切に応答することを必要とする。何らかの実践的な状況にかかわるためには、知性と想像力を働かせることが不可欠である。この点は、しばしばフロー体験が統制感をともなった状態と評されることの一つの理由となっている。[18]これと同様に、知性を働かせて行為する勇敢な人や公正な人は、状況の細部にまで目を向けながら、注意深く困難を乗り切り、問題を解決する。その活動は、意図の分裂がないという意味で調和がとれているが、外から見たときに、著しく円滑に進んでいる諸行為から成り立っているように思われる必要はない。熟練した外科医の活動は、はたから見れば、中断して思考することを含むように思われるかもしれない。それと同じように、公正な人の活動も、部外者には、中断して思考することを含むように思われるかもしれない。重要なことは、どのような種類の思考がそこに含まれているかである。その思考は、外科の技能の発揮を、あるいは公正さの徳の発揮を妨げるものではない。フローの条件を満たす必要があるのは、技能や有徳な活動の発揮である。そのことの核心がどこにあるのかは、特に当の技能や徳を欠いている人にとっては、明白ではないこともある。ゴルフのことをほとんど知らなければ、私たちはある人のスイングがフローを表現しているかどうかを的確に判断することはできない。同様に、もし私たちが偏りのある見方をしているなら、公平な反応がもたらすものについても、その反応がその人のその他の価値観と姿勢にどれくらいよく一致するのかについても、的確に判断することはできないのである。

しかし、これに続けて、ここで取り上げなければならないポイントがある。たとえ以上のすべてのことに同意するとしても、私たちは次の点を認めなければならないだろう。すなわち、このうえなく有徳な人でさえ、反応し行為することを妨げるものがその人のうちにあるからではなく、ある種の状況のなかで行為しなければならないということのゆえに、有徳に行為することに困難やストレスを感じる機会が数多くあるという点である(19)。たとえば、気前のよい人は、気前のよい行為の対象になりうる人々のあいだで、苦しい選択を迫られるかもしれない。彼らはみな受け取るにふさわしい境遇にあるが、その人の財産からして単純に数が多すぎるとしたらどうだろうか。また、勇敢な人は、洪水の被害者数名のうち、ただ一人しか救うことができないかもしれない。また、思いやりのある人は、フルタイムのケアを必要とするすべての家族のなかから、誰が自宅にとどまることができ、誰が施設に入らなければならないのかを選択することを強いられるかもしれない。この種の事例において、有徳な人の反応は依然として直接的なものであるかもしれないが、よろこびをともなう活動の例にはとうていならないように思われる。なぜなら、有徳な人は、ある程度まで有徳な自分の活動を思い出してよろこぶのではなく、必要を満たせなかったことを悔やむであろうから。このように、このうえなく有徳な人でさえ、内的要因に関するかぎりでは妨げられていないが、よろこびのようなものがともなうことなく有徳な行為をし、当の状況で自分がなしうることに限界があったことを悔やむ場合があるのである。

これらの例においては、もがきと後悔の源が、行為者が状況に対処する有徳な仕方のうちにあるのではなく、彼が置かれている状況のうちにあるということをはっきり理解することが重要である。言うまでもなく、徳は私たちを全能にするわけではないし、私たちが徳を発揮するときに置かれている状況に対して、わずかな責任さえも負っていない。抗しがたい状況に対処しなければならないことは、うまくやることを現に困難にし、その状況に不完全にしか対処できなかったことに対する後悔をしばしばもたらす。しかし、これは、その人自身の性格が原因でもがいたり後悔したりすることとは異なる。もっと気前よくする気にはなれなかったという私の後悔は、財産にかぎりがあるなかで、受け取るに値する人々のなかから選ばなければならなかったという後悔とは異なる。有徳な人が有徳に行為するが、そこにためらいと後悔がともなう場合には、その源はどこにあるのかという点が決定的に重要である。ひょっとすると、有徳な人がうまくやることに困難を覚えるのは、技能の維持を怠った熟練者がそうなりかねないように、「腕が落ちている」からかもしれない。あるいは、その人の腕は落ちていないが、状況が著しく困難であったり、入り組んでいたり、抗しがたいものであるのかもしれない。

ここでは手短にしか述べていないので、有徳な人がどのように行為し、どのように状況に対処するのかという点と、状況それ自体の区別は、この特定の問題に答えるだけのもの（ひょっとするとその場しのぎのもの）に見えるかもしれない。しかし、のちに見るように、これは徳の説明にとってこれ以外の文脈でも重要になる区別であり、何らその場しのぎの区別ではない[20]。

ここまでの結論は直観的には正しいように思われる。徳の発揮をよろこぶというようなことは実際にある。たとえば、よろこびながら進んで気前のよい行為をし、お金や時間を費やしたことを後悔しない場合がそうである。これは、気前よく行為するが、そのことを不愉快に感じたり、したくないことと思ったりすることと対比される。後者は気前よく行為することに苦痛を感じていると言える。しかし、ここでの対比は、よろこんで行為する気前のよい人は積極的な快の感覚をもち、いやいや気前のよい行為をする人は苦の感覚をもつというものではない。その対比はむしろ、活動はそれがある種の条件を満たしているときに快く満足のいくものとして経験されるのであり、そして有徳な活動はその条件を満たしているという事実のうちに見出すことができる（活動がこれらの条件を満たすのは有徳な人々の場合である。私たち一般人は、徳にどうしようもなく無関心でないかぎりは、その経験がどのようなものであるかいくらかわかっている。とはいえ、それは私たちの普通の人生にたえず見られる特徴というわけではない）。

私たちは技能の発揮にも徳の発揮にもよろこびを覚える。この説明に従えば、これらは非常によく似ていることになるだろうか。私たちは、さまざまな目的と肩入れが全体的に調和していない場合でも、技能の発揮を局所的によろこぶことができる。ピアニストも配管工もゴルファーも、有徳でなくとも、それぞれの活動からフローを経験することができる[21]。他方、やすやすと行なわれる有徳な行為から生まれるフロー体験は、さまざまな目的と肩入れが全体的に調和していることを必要とする。これまでのところ、この点についてはあまり多くを語ってこなかった。この考えについて

はのちに詳しく説明することにする。(22)

この説明の大きな利点は、どのようにして私たちは先に言及したポイントを説明できるのかを示しているところにある。そのポイントとは、私たちが有徳な活動から得るよろこびは、言葉ではっきりと説明することがしばしば困難であるか、あるいは不可能であるというものである。それどころか、私たちは、有徳な活動がよろこびを与えるという考えに最初は反対するかもしれない。しかし、その反対は徳の倫理とは関係のない考えに由来するかもしれない。たとえば、倫理とは自分のしたいことに歯止めをかける規則の体系であるとか、逆らうことのできない道徳的責務とされるものを強調したものであるといった考えである。とはいえ、妨げられず、それゆえよろこばしい有徳な活動という考えは、それがきちんと理解されるときには、有徳な人とエンクラテースの容易に認められる区別と同じくらい直観に即している（実際、この二つは明らかに関連している）。これは私たちが日常的に自他のうちに見出す点であり、それゆえ私たちは、次のことが容易にわかるようになるかもしれない。すなわち、有徳な活動にともなうよろこびは、ありそうもない何らかの積極的な感覚ではなく、むしろ行為が容易に、そしてその他の目標や肩入れとぶつかることなくなされるかどうかの問題なのである。

たとえそうだとしても、まだ不可解な点がある。洪水で立ち往生している人を救助する勇敢さや、ある大義のために時間を捧げる気前のよさなど、徳の全般に関してそれがよろこばしいものであるとはいったいどういうことなのか。これらは完全に異なる種類の活動である。はたして、この二つのケースをよろこばしい有徳な活動にする共通のものはありうるのか。この二つのケースに共通するものとして、私たちは何を指摘することができるだろうか。

そのうえ、何かがよろこばしいものであることは、他の事情が同じならば、それを行なう理由になるのが常である。しかし、気乗りがしない戦士やけちん坊に対して、もっと勇敢に、あるいはもっと気前がよくなれば、勇敢なことや気前のよいことをよろこぶようになるということを、どのようにして説明するのか。どちらのケースにせよ、私たちは何を指摘することができるのだろうか。

本書の説明に従えば、私たちは、これらの問題が技能に関して起こるのとまったく同じ種類の問題であることを見て取ることができる。気乗りがしないサッカー選手やピアニストに対して、もっと上手になれば、プレーや演奏をよろこぶようになるということを、私たちはどのようにして納得させるのか。卓越したプレーや演奏に含まれる魅力的な点として、私たちは正確に言って何を指摘することができるのか。また、すぐれたサッカーのプレーとすぐれたピアノ演奏の両方をよろこばしい活動にするものとは何なのか。

技能に関して言えば、答えは明らかである。当の技能に関していくらか基礎知識をもっているのでないかぎり、技能を熟達した腕前で発揮することが、それゆえよろこびをともないながら発揮することがどのようなことなのか、私たちにはまったくわからないし、わかるようになるだろうとも思わない。陶芸の達人やスポーツのスター選手を観察しても、壺を作ることやゴールを決めることは彼らにとってどのようなことなのか、私たちにはわからない。自分で壺を作ったり、週末にサッカーをしたりすることができるようになったときに初めて、技能に熟達する経験とその行為をよろこぶことを垣間見るようになる。私たちはさまざまな技能の達人を外から見分けることができるが、それは主に、当の技能をもつ人々のあいだで賞や賞讃を勝ち取っていることを知っているからである。その結果、私たちは、ラン・ラン〔中国遼寧省出身のピアニスト〕がピアノを演奏することやタイガー・ウッズがティーショットを打つことには何か特別なものがあるということを疑いはしないが、私たちのうち当の技能の経験がない人には、その特別なものが何なのかはわからない。そのうえ、当の技能にいくらか経験がある人でさえ、経験をもたない人に対して、その技能を発揮することがどのようなことなのかを伝えることは困難であり、高いレベルで伝えることはなおさら困難である。私たちはそれを伝えるための語彙を開発していないのである[23]。

それゆえ、気乗りがしないサッカー選手やピアニストに対しては、一見役に立たないように見える次のような示唆を与える以外には、ほとんど何も言うことができない。すなわち、上手になるにつれて、それをするよろこびも大きくなり、いっそうやりがいを見出すようになるという示唆である。さらに、いっそうやりがいを見出すようになるにつれて、もっと深くのめり込み、それゆえもっと上手になる。こうして、互いが互いを持ち上げる関係が成立する。私たちは経験上、この考えは決して役に立たないものではなく、完全に正しい方向に向かっていることを知っている。とはいえ、一般的に技能に熟達するとはどういうことかについても、さまざまな特定の技能に熟達するとはどういうことかについても、それを表現するための語彙を私たちはもっていない。それゆえ、技能の発揮のいったい何がよろこびを与えるものなのかを説明するための語彙ももっていないのである。

同じことは徳にも当てはまる。誰でも知っているように、報酬目当ての行動ではなく、真の徳を奨励する唯一の方法は、有徳な活動それ自体に含まれる見返りを認識するように子どもを仕向けることである。自分のおもちゃで遊びたい子どもにとって、それを一緒に使うことは、初めのうちはいやなことのように見える。その子どもは、共有することをいろいろなかたちで経験したあとに、おもちゃを共有し、それをもっぱら自分のものとみなさないことにどのような価値があるのか気づくようになる。この経験が彼に伝わるには、もっと気前がよくなり、自分でそれを見出すようになること以外に方法はない。まさにこれが、徳を教えることに含まれる困難の一つなのである。親が自己中心的な子どもに対して、どうして気前がよいことはそれ自体で価値があるのかを伝えるためには、気前がよくなるように子どもを仕向け、気前のよさを身につけることの価値を自分で発見させる以外に、できることはほとんど何もない。私たちは、自分が少し奇妙な立場に置かれていることに気づく。つまり、十分に発達した有徳な人の場合、徳の発揮にはよろこびがともなうということを私たちは認めることができるが、徳全般にせよ、特定の徳にせよ、そのよろこばしさの核心がどこにあるのかについて、仮に言えることが何かあるとしても、多くを語ることはできないのである。とはいえ、技能からの類推を重視する説明に従えば、この立場に奇妙なところはない。それは、技能とそれを発揮することのよろこばしさに関して私たちが置かれている立場に奇妙なところはないのと同じである。

　私たちがその核心にもっとも近づくのは、何か重要なことを捉えている、「フロー」の説明に類した説明を与えるときである。そもそも、私は自分よりも有徳な人々についていくらか語ることができる。彼らは、私ほど強くは自意識をもたず、自分がしていることに対して、私がそうするよりももっと深く関与するかたちで行為する。彼らは、有徳な行為がもたらすさらなる目標に私ほど強くはとらわれていない。また、有徳な行為をすることと対立したり、そうでなくても、それをすべきではないと促しかねない、あるいは実際に有徳な行為と対立したり、それをやめさせようとする、そのような他の目標のことを彼らはそれほど強く気にかけていない。私とは違って、彼らは難題に対処する準備ができており、ここでなすべき公正なこととは何か、あるいは勇敢なこととは何かを考え出す必要がない。以上のすべての点で、有徳な人々は、注意を内部に向けるのではなく、外部にある行為に向けているのである。

興味深いことに、この考えは、有徳な人は何をするのが正しいのかということよりも自分自身に関心をもっているという、哲学者のあいだでよく目にする固定観念に反している。私たちの大多数は、有徳に行為するときに、たしかに自分自身に関心を向けている。その一つの理由は、何をなすべきかを自意識をもちながら熟慮しなければならないことが、私たちには事実よくあるからである。それゆえ、自分に対する関心は、徳の学習者や徳の点で並の人の特徴であるかもしれない。しかし、このことは、徳そのものにかかわる問題ではなく、私たちが徳を不完全にしか獲得していないということにかかわる問題である。

この説明は、有徳な人の感情面に見られる重要な特徴の多くを扱っていない。この点について弁明させてもらうと、この側面のいくつか、特に情動の役割に関する問題について、私は別のところで十分詳しく論じている。ここで私が試みたのは、技能からの類推が、特の「認知的」側面、つまり有徳な人はどのように考えるかにかかわる重要な点だけでなく、有徳な人はどのように感じるかにかかわる重要な点にも私たちの目を向けさせることである。熟練職人と同様に、有徳な人は、結果に対してだけでなく、活動そのものに対してもよろこびと満足を経験する。サッカー選手にせよ、勇敢な人にせよ、その人たちの実際の経験について、私たちがほとんど何も語ることができないということは、この説明の難点ではない。それができるようになるためには、技能や徳を発達させて、自分で経験しなければならないのであり、このほかにそれを伝える方法はほとんどない。この点は、徳の教授にともなう実践上の困難かもしれないが、徳の性質について何か重要なことを反映しているのである。

第6章　徳の多数性と統一性

人がある一つの徳を申し分なく発揮できるかどうかは、その人がその徳以外の面でどのような性格をしているかによって決まる。論証はしていないが、私は前章でこの考えを取り上げた。これは、徳にはどのようなものがあるかという問い（この問いは本章の最後に再び取り上げる）とは独立に、それ自体で重要な論点である。たとえば、気前のよさは、別の面での行為者の姿勢——たとえば、高慢な態度や、時間とお金を自分のために使いたがること——と衝突するときには、発揮することが容易ではない。私たちはこの考え方には問題があると思うかもしれない。ある徳を発達させることができるかどうかは、別の徳をもっているかどうかとは、どちらかと言えば関係がないのではないか。公平ではあるがけちけちした人や、親切ではあるが臆病な人がいることは誰でも知っている。このことは、公平さや親切さという傾向性を滞りなく発達させることを妨げるのだろうか。人の性格全体のなかで、徳は実際のところどのような役割を担っているのだろうか。

　本書で与えているような徳の説明によれば、徳を正しく理解するためには、それがどのようにして生まれ、どのようにして発達するのかを理解していなければならない。そのため、倫理的発達という話題を再び取り上げて、そのいくつかの特徴を拾い出すことは、ここでの議論の役に立つ。それらの特徴を見れば、もろもろの徳は互いに対して、また人の性格全体に対してどのような関係にあるのかがわかるからである。

一つ目の要点は、すでに強調したことだが、私たちは多種多様な状況や生き方のうちに同じ徳を見出すことができるようになるという点である。たとえば、一〇億ドルの財政支援のうちにも、近所の人が子守りを手伝ってくれることのうちにも、私たちは気前のよさを認める。また、私たちは戦士のうちに勇気を見て取るだけでなく、末期患者が病気と闘うこと、[1]ジャーナリストが真相を追究すること、学者が仮説を発表することなど、さまざまな状況のうちに勇気を見出すことができる。注目に値するのは、私たちにとってそれが何ら難しいことではないという点である。この種の活動を気前がよいことや勇敢なことにしているものは何かと問われたときに、それに対して満足な答えを出すことができる人は、たとえいるとしてもごくわずかであろう。それゆえ、私たちがそこに気前のよさや勇敢さを見出すことができるようになるということ自体もそうであるが、それ以上に注目すべきことのように思われるのは、たやすく見出すことができるようになるという点である。このことが示している一つの重要なポイントは、徳は最初から、初めて学習するときにそこでなされる活動だけでなく、何かそれ以上のものを含んでいるということである。つまり、徳は、異なる状況で行なわれるまったく異なる活動のうちにも見られる、行為者の側にある何かを含んでいるのである（徳の認知的側面と情動的側面を区別する前でさえ、私たちはその何かを見て取ることができる）。徳は最初から、型にはまった単なる習慣とは異なっている。習慣の発揮と再発揮は、当初と同じ状況か、あるいはそれによく似た状況のなかでしか起こりえない。徳にはある種の内的側面があり、私たちは徳をよく理解していない場合でさえ、まったく異なる状況のうちにその側面を見て取ることができる。したがって、ただ一つの徳を学習するときでさえ、その徳が人の生活のさまざまな場面でどのように姿を現すのかについて、ある程度の理解が要求されるのである。私たちは、生活の一区画だけでは勇敢さを理解することはできないのであり、特定の区画に限定されることなく、生活の他の側面にもまたがるかたちでそれを発揮することができなければならない。

徳とはどのようなものかを知るうえで重要なもう一つの手がかりは、もろもろの徳を互いに切り離して一つずつ教えることはできないという点にある。なぜなら、そのような仕方で徳を学習することはできないからである。気前のよさがそのよい例である。子どもは、自分のものを誰かにあげたり、自分のものであれそれ以外のものであれ、何かを誰かと共有したりするだけでは、気前のよさを習得することはできない。気前のよさは、公平性や正義に関する考慮をともなっている。というのも、アリストテレスが指摘するように、気前のよさには、受け取るべきところから受け取り、与えるべき人々に正しく与えることが必要となるからである。[2] そして、この「正しく与えること」には多くのことが含まれている。贈り物をすることは、相手が何を欲しがっているのかを気にかけずに行なうならば、気前のよい行為にはならない。気前のよさは、相手には何が不足していて、何が必要であるのかに加えて、与える適切な手段とタイミングについても、与えるときの態度――おしつけがましい態度や恩着せがましい態度をとらない――についても考える力を必要とする。したがって、気前のよさには、少なくとも慈善心（benevolence）が、すなわち他者自身と他者の必要や欲求に対して真の関心をもつことが不可欠である。どれくらいの量かはもちろん、いつ誰にどのようにしてという点も含めて正しく与えるためには、単に相手を受け取る人とみなすだけでなく、その人の福利（welfare）に対して関心をもたなければならない。そうでなければ、与えることは自分本位の見せびらかしになりかねない。このように、気前のよさには、如才なさのようなやや重要性に劣る徳に加えて、慈善心にもとづく真の関心を他者に対してもつことが必要となる。言うまでもなく、子どもはこれらのすべてを一度に手に入れるわけではないし、大人の私たちでさえ、たえず向上することが必要である。ここで重要なことは、倫理的発達の過程で、私たちは誰でもいくつかの徳が「まとまりをなす」のを見て取ることができるという点である。このことは、徳の本質にかかわる何かを示している。それは、どのようにして私たちは有徳になるのかに関する説明にとって、本筋とは関係のない単なる些細な点ではない。

他の多くの徳にも同じことが当てはまる。しかし、徳がそのようにまとまりをなすとしても、それぞれのまとまりは互いに比較的独立したユニットとして人の性格のうちにとどまるのではないか、という反論があるかもしれない。たとえば、ある生き方にはある徳のまとまりが、別の生き方には別の徳のまとまりが顕著に見られるのではないか。この点についてはもっと理論的に答える必要があるため、のちに改めて取り上げることにしたい。

以上のことが示唆するように、ある一つの徳は生活のある一部分や一場面との関連でのみ発揮されるわけではなく、ある徳の発揮の仕方を学習することは、別の徳の発揮の仕方を学習することから切り離せない。この二つのポイントは、もろもろの徳は人の生活のなかで相互にかかわり合うことのない傾向性ではないという考えのなかで結びつく。もろもろの徳は互いに互いを含んでいる。つまり、それらは「相互含意」の関係にある。「徳の相互含意性（the reciprocity of the virtues）」と呼ばれるこの立場に関しては、アリストテレスの次の主張がもっともよく知られている。すなわち、人がある一つの徳をもっているなら、その他のすべての徳をもっているのであり（本当にすべてなのかという問題はのちに取り上げる）、それゆえもし一つでも徳を欠いているなら、一つも徳をもっていないのである。この主張は現代の議論では「徳の統一性（unity of virtue）」と呼ばれるため、以下ではそのように呼ぶことにする。[3]

（この意味での）徳の統一性を根拠づけるアリストテレスの議論は単純なものであるが、おそらくはその単純性のゆえに、説得力をもっている。[4] 私たちの性格がどのように発達するかは、ある程度は素質の問題である。ある人々は、「生まれつき」ある種の特性をもっている。たとえば、勇敢な行為や気前のよい行為について学習したり、考えたりしなくても、初めからそのような行為をする傾向がある。これは、私たちがすでに目にした「自然的な徳」にほかならない。どのような種類の自然的な徳をもっているかは、人によって異なる。また、同じ一人の人が、生まれつき勇敢さはそなえているが、気前のよさはそうではないというように、生活のある面では自然的な徳に恵まれ、別の面では恵まれていないということもある。しかし、以上のことは徳の全貌ではありえないとアリストテレスは主張する。第一に、子どもや動物でもこれらの特性のいくつかをもつことができるが、子どもや動物にそなわるそれらの特性は徳ではない。さらに、こうした自然的な特性は、「知性」[1]——この文脈では思慮（practical wisdom）すなわち実践的知性（フロネーシス）を意味する

――によって導かれるのでなければ、有害なものとなる。体が丈夫な人でも、目が見えなければつまずいて転んでしまう。これと同様に、生まれつき勇敢な傾向性をもっている人でも、ぼんやりしてつまずき、倫理面で失態を犯すことがある。なぜなら、注意深く状況を観察し、決定的に重要な事柄を見つけ出すということがまだできないからである。生まれつきそなわっている実践上の特性は、知的な育成と教育を通じて徳へと発達させなければならない。なぜなら、徳が新たな情報や文脈を受け入れながら、選択して反応するであろう状況において、自然的な特性はただ盲目的に突き進むだけかもしれないからである。

この点は、徳の習熟と機械的反応の決定的な違いをおさえていれば、驚くにはあたらない。倫理にかかわる場面で機械的反応をすることは明らかに危険である。私たちは、勇敢さや公平さ等々の徳を発達させるために、開かれた心で学習しようとする姿勢をもたなければならない。なぜなら、以前と同じ反応を繰り返すだけでは、以前と同じあやまちを繰り返すおそれがあるからである。(徳には習熟が不可欠であり、活動の熟達にともなうよろこびも不可欠であるが、それに加えて、)徳はその形成と発揮において、実践的知性を必要とするのである。

アリストテレスはこれを決定的に重要な点と考えたうえで、次のように論じている。いまや私たちは、もろもろの徳は互いに切り離しうるという主張に答えることができる。つまり、そのことは自然的な徳の場合には可能であるが、本来の徳ないし真の徳の場合には不可能である。なぜなら、後者の徳はたった一つであってもそれをもつためには実践的知性を必要とするのであるが、もし実践的知性をもっているなら、すべての徳をもっていることになるからである。言うまでもなく、ここでアリストテレスが語っている実践的知性とは、卓越した実践的知性である。知性を働かせて自分の性格特性について考え始めるだけでは、すべての徳を習得することはできない。というのも、それだけでは、ただ一つの徳を身につけることさえできないことは明らかだからである。ここでのポイントは、実践的知性は性格をまるごと覆うようにして全体的に発達するという点である。たとえば、公平さと如才なさを欠いているなら、気前のよさを身につけることはできない。たしかに、その場合でもある種の性格特性を身につけることはできるが、それは気前のよさではない。なぜなら、そのような特性をもっていても、行為の際に物事を正しく行なうことはできないからである。そこでなされる行為は、気前のよい行為ではなく、無駄遣いや売名行為に終わるのがおちであろう。人は真に気前のよい人であるかぎり、気前のよい行為をするときに、あらゆる面で正しく行なう。そしてそのためには、性格のその他の面でも物事を正しく行なうのでなければならない。リスクをともなう大胆な行為であっても、もしそれが他者を危険にさらすものであるなら、そこで示されるのは勇敢さではない。そのような行為は、勇敢さと明らかに多くの共通点をもつ傾向性に由来する。しかし、真に勇敢な人ならば、リスクと大胆さに値することとそうでないことをもっと知的に把握している。真に勇敢な人はあらゆる面で正しく行なうのである。

ここには明らかに、実践的知性それ自体が生活の全体にわたって統一されているという重要な想定がある。しかし、いったいどうして私たちはそれを受け入れるのか（私たちがその想定から導かれる結論、すなわち徳の統一性そのものを疑っているとすればなおさらである）。アリストテレスはこの疑問には答えていない。彼が考えているのは、もう一方の選択肢は受け入れがたいということである。もし先の想定を認めないとすれば、残る選択肢は、それぞれの徳にはそれぞれの徳の領域にしかかかわりをもたない小さな実践的知性がそなわっているというものになるだろう。これは、徳の学習を始めたばかりの幼い子どもには当てはまるかもしれないが、徳の発達をうまく描いていないことは明らかである。人の生活は区画化されていない。私たちが目の前にある複雑な状況に対処できるようになるかどうかは、互いに異なるさまざまな徳の要求を取り出し、それらを互いに突き合わせることがうまくできるようになるかどうかの問題ではないのである。仮にそのような問題であるとすれば、私たちは初めに状況がどのようなものであるかを評価してから、次にその状況のさまざまな側面についてより抽象的な比較を行ない、それから結論を出すということになるだろう。しかし、これは徳の発達についての現実的な見方ではない。第一に、この考え方に従うと、結論に至るまでのプロセスは私たちにとって完全に不透明なものとなる。なぜなら、別々の徳にそなわる別々の実践的知性が、双方の徳の要求を比較しながら評価し、相互に受け入れることのできる結論に到達するということが、いったいどのような原理によって可能になるのか、私たちには見当がつかないからである。徳を発達させることは、さまざまな個別の要求に対して比較と評価を行ない、それから不明瞭な原理にもとづいて全体的な決定を下すことができるようになるという問題ではないのである。

技能からの類推はここでも役に立つ。それが示しているのは、決定と行為がもっと容易に、かつもっと直接的になされるという点である。人がより勇敢な人に、あるいはより気前のよい人になるのに応じて、意識的な熟慮は姿を隠すようになり、それによって行為は何も媒介することなく即座になされるようになる。技能からの類推を徳に適用することで、次のことが明らかになる。すなわち、ここで問題になっている実践的知性は、状況の重要な側面のすべてを最初から統合し、統一するものであって、まず別々の方向に展開し、それからそれぞれの結果を結びつけようとするものではないのである。ピアニストは、指の動かし方に関して一つの技能を発達させ、テンポに関して別の技能を発達させ、そのあと初めてそれぞれの結果をどのように統合するかを考えるのではない。このことが奇妙でも不可解でもないのと同様に、徳の統一性も奇妙でも不可解でもないのである。

徳の統一性以上に議論の余地があるように見えるあの主張にも、これと同じことが当てはまる。すなわち、ただ一つの徳でさえ、それを完全にあるいは適切に所有するためには、他のすべての徳をもっていなければならないという主張である。この主張は言い過ぎのように見える。徳は一つの集合体としてまとまる傾向にあるが、ある集合体は別の集合体から比較的独立したかたちで人にそなわりうる、ということを認めるだけではどうしていけないのか。たとえば、慈善心と親切さと思いやり、またそれらと明らかにつながりのあるいくつかの徳はたしかにもっているが、勇気のような別の面での徳を欠いているように思われる人もいる。その人がうまくいっているように見える場合に、徳に関して何か欠陥があると言わなければならないのはなぜだろうか。そのように言うためには、勇敢さの欠如によって親切さが台無しになるというような、こじつけめいた反事実的状況に訴える必要があるのではないか。

とはいえ、ここでもやはり、私たちはもう一方の選択肢がいかに受け入れがたいかを考えなければならない。その選択肢とは、徳の独立した集合体の数に応じてそれぞれ独立した実践的知性（それがたとえ二つや三つであっても）があるということを認める場合に得られるであろう見方のことである。しかし、生活のある面での発達は、別の面での発達に実際に影響を与えうるのであり、私たちはそのことを理解するために、こじつけめいた思考実験をする必要はない。思いやりのある人は、被害者を適切に扱わなければならないと主張したり、誰かのためにいじめに立ち向かったりするときに、当然ながら勇気を必要とする。もしその人に勇気が欠けているとすれば、思いやりにも欠陥があることになる。被害者はその人の勇気を当てにすることができないし、それ以外の人々も一般に、適切な状況において彼が思いやりを発揮することを当てにできないからである。概して言えば、（外的な状況ではなく）当人に関する事実のゆえに発揮を当てにできない徳は、欠陥のある徳である。

　そのうえ、もろもろの徳は実践的知性によって結びついており、実践的知性によってそれらは相互に依存し合うものとなるという考え方を受け入れず、もう一方の選択肢に目を向けるならば、私たちは単一の徳の場合と同様の問題を抱えることになる。その選択肢に従えば、私たちは、それぞれの徳に応じて別々の実践的知性をもつのではなく、それぞれの徳の集合体に応じて別々の実践的知性をもつことになるだろう。この場合、倫理的発達は人のさまざまな側面のあいだでなされる対話と交渉——それがどのような方法でなされ、どのような結論に至るのかは本人にもよくわからない——として描かれる。しかしこれでは、人生の全体にわたる統一的な価値観が生まれることは明らかにありえない。むしろそこから生まれるのは、身動きがとれず、行き詰まりを感じている人である。つまり、矛盾する可能性があるだけでなく、現実に矛盾することが予測されるさまざまな価値観をもちながら、その状況に対処するはっきりとした手立てが何もない、そういう人である。

私たちは、ある種の任務をもつ人、特に専門職にともなう任務をもつ人にはいま述べたことが当てはまらないと考えたくなることもある。その任務との関連で発達する徳は、生活の別の側面において発達する徳と統合させるのが容易ではないかもしれない。たとえば、法廷弁護士は当事者主義に関連する諸特性[2]を発達させるかもしれないが、家族とのかかわりの文脈のなかでは、それらの特性は本人と家族を悩ませるものになるかもしれない。なぜなら、家族とのかかわりのなかでその人が発揮する徳は、どれも協調を旨とするものだからである。この二組の徳が実際に徳であるのかはしばしば明らかでないが、ここではどちらも徳であると仮定しよう。当の弁護士は、生活のなかに区画を設けるかたちで生きている。その生活には対立と妥協が常にあり、生活のある部分のなかで追い求める価値が、別の部分のなかで追求する価値とたびたび衝突する。さらに、その人が統一性のある生活を自分の目標とみなすことが少なくなればなるほど、価値の衝突はますます痛みをともなうものとなり、また予測が難しいものとなる。これは、有徳な生活にとってとうてい理想ではない。というのも、それは前章で論じた徳の特徴と明らかに矛盾するからである。すなわち、有徳な人は、一つには内面の葛藤がないか、あるいは葛藤のおそれがないがゆえに、自分の生活によろこびを覚えるという特徴である。[5]

こうして、私たちは次のような立場をとることになる。本来の完全な徳は、私たちの自然的な傾向性が実践的知性によって形作られ、導かれることを要求する。そしてその実践的知性は、普通は誰もが直面する複雑で入り組んだ状況から得られるもろもろの教訓を統合し、思考と行為と感情の面で統一された傾向性――行為と思考と感情の面で物事を正しくなす傾向性――を発達させながら、人生の全体を覆うようにして働くのである。これらの問題と、人生のなかで価値のあるものを見つけることにかかわる問題がどのように関連するかについては、この章と次の章でさらなる考察を通じて説明することにしたい。

ここまでの考えに好意的な人でさえ容易に思いつくような、一つの明白な反論がある。つまり、以上の説明に従うと、徳はあまりにも理想的なものとなるのではないか、という反論である。もちろん、徳の説明はどのようなものであれ、いくらか理想に訴えるものでなければならない(私たちはいまのままでまったく申し分ないという結論に至るような徳の説明は、とうてい説得力をもたないだろう)。しかし、徳の説明のなかには、そこで掲げられる理想が一般人の生活の現実からかけ離れており――つまり、絶望するほど理想が高く――、私たちが判断する自分自身の性格や他者の性格に照らして、要求が厳しすぎるように見えるものもある。私たちやその他の人々がどんなに努力しても、誰一人として気前のよい人にも勇敢な人にも公正な人にもなることができず、いかなる徳も身につけることができないとすれば、私たちはそれをどう受け止めればよいのだろうか。私たちは倫理面で進歩することをあきらめ、誰かに何らかの徳を帰すこともためらうのではないか。

しかし、少なくとも発達を視野に入れた徳理論――徳がどのようなものかを理解するためには、それがどのように教えられ、どのように学習されるのかを考慮しなければならないと主張する理論――にとっては、ここに真の脅威は存在しない。私たちは日常生活のなかで、自分が徳を学習したときと同じような文脈であれば、徳の用語を使うことに何ら問題を感じない。たとえば、明白な危険に立ち向かうときに勇敢さが示され、おもちゃを共有したり、お金をあげたりするときに気前のよさが示されるというような場合である。本書でこれまで十分に強調してきたように、ここからもっと前進するというプロセスがあるからといって、私たちは徳用語の当初の日常的な使い方に関して混乱することはない。私たちが学習したかぎりでの勇敢さの条件や気前のよさの条件をある人が満たしていれば、私たちは何の差し支えもなく、その人を勇敢な人や気前のよい人と呼ぶことができる。それと同時に、私たちはその人が完全に勇敢な人や完全に気前のよい人ではないこともはっきりとわかっている。なぜなら、その人は私たちに対して、これらの徳に含まれるあらゆるものを示しているわけではないからである。

　ここでの唯一の脅威は、次の点に由来するように見えるかもしれない。つまり、あまりに高い理想を掲げると、ずば抜けて偉大なことを成し遂げた人に対しても、勇敢な人や気前のよい人と呼ぶことを躊躇する可能性がある。なぜなら、彼はまだ当の徳に含まれるあらゆるものを私たちに示しているわけではない以上、（まだ）完全には有徳でないからである。私たちはアレクサンドロス大王の勇敢さを賞讃したり、ひょっとすると見習うこともあるかもしれないが、もし真に勇敢な人は誰一人いないとすれば、はたしてそうすべきなのだろうか。ここで覚えておいた方がよいのは、基準を低くしすぎることにも危険があるという点である。私たちはある人々の生活の一面だけを見て、（彼らが行なったことを理由にするだけでなく、）徳があることを理由にしてその人々を英雄とみなしたり、名誉を与えたりする。だが、のちに彼らの生活の別の面に欠陥があることに気づいたとき、私たちはその欠陥に見合わないくらいひどく幻滅することになる。著名な人物の新たな伝記が書かれ、その私生活にそれまで知られていなかった欠陥のあることが明らかになると、その人全体に対する私たちの評価は悪い方向に影響を受けるものである。[6] もし私たちが、生活の一面だけを見て徳があるという理由で人を賞讃するならば、私たちは「英雄」や「模範的人物」に早まって満足するという危険を冒すことになる。そしてこれが失望につながることは少なくない。しかもその失望は、単に特定の個人に対するものにとどまらず、勇敢な人であれ気前のよい人であれ、何か徳のある人になるという試み全体に対する失望なのである。

このように、徳の統一性を主張することは、日常レベルの徳の存在を認めることの妨げにも、そのレベルの徳をそなえている人々を尊敬することの妨げにもならない。しかし、その主張は私たちに、徳を自負したり、他者の徳に容易に満足したりすることがないよう要求し、手本となる人物にも欠点はあると考えると同時に、そのことに分別をもって対応することを、徳の進歩という考えを捨て去るような未熟な対応をしないことを要求するのである。

定番の反論がもう一つある。すなわち、徳の全体的な発達という見解は、ある徳はもっているが別の徳はもっていないというように濃淡をつけるのではなく、性格全体という観点から自他について考えることを勧めるという反論である。このような仕方で人々を分類することは、世の人々を「善人」と「悪人」に分けるというありがちな二文法につながりやすい。もし私が自分のことを善人のうちに数え入れるなら、それは一方では私自身に自己満足をもたらし、他方では他者の性格の複雑さを考慮せずに、早まって冷たくあしらうという結果をもたらしうる。もし私が自分のことを悪人のうちに数え入れるなら、これよりもさらに悪い結果になる。私は自分には価値がないとして絶望し、いくつか悪いところがあるという理由で、自分のよいところを見ようとしなくなるかもしれない。たとえこのような考え方に陥らないとしても、私たちは全体的に見れば悪人である人のよいところを、また全体的に見れば善人である人の悪いところを無視するか、あるいはそれを否定することを強いられる結果になるかもしれない。現実に存在する人に対して全体的な評価を与えようとすることは、このように単純化されてしまう運命にあるように見える。

しかし、もろもろの徳は実践的知性によって統一されているという考えは、私たちをそのような立場に追い込みはしない（もっとも、別の徳概念に従うなら、そのような立場に追い込まれるかもしれない）。第一に、人が何らかの自然的な特性や傾向性、つまり性格の他の側面から完全に独立しうる特性や傾向性を現にもっていることは十分にありうる。たとえば、忍耐強く、親切な人が、大胆さという自然的な性質を欠いているという場合がある。これに対して、真の徳である勇気を欠いていることは、その領域にかかわる実践的知性を欠いていることを意味する。そのような人は、置かれた状況のなかで、守る価値のあるものとそうでないものを見分ける能力を欠いている。もろもろの状況は、ここではこの徳だけが関係するというかたちで区画化されるものではない。したがって、当の能力の欠如は、その人の実践的知性が他の領域で失敗しないことを当てにできないということを意味する。危険を冒して守る価値のあるものとそうでないものを識別できない人は、忠実さや正直さに関しても同じような欠陥をもっている。なぜなら、その人の忠実さと正直さは、勇気が必要とされる状況では、どちらも当てにすることができないからである。

しかし、単なる自然的な徳の欠陥ではなく、実践的知性の欠陥を扱っているときであっても、どのレベルで徳の統一性が見出されうると私たちは考えるのかを考慮に入れるなら、私たちは直観に反するいかなる立場にも追い込まれはしない。最初の反論は、徳があまりにも理想的なものになるというものだったが、いま取り上げている反論は、理想と現実を一緒くたにする場合にのみ成り立つものである。徳の統一性は私たちがすでに達成しているものではなく、目標としている理想である。したがって、徳と悪徳とそのどちらでもない特性とが入り混じっているように見える人々が、私たち自身も含めて世の中にはたくさんいるのであり、私たちは何の不満もなくそのことを認める。それればかりか、徳の統一性は理想としての役割をもつということを忘れなければ、私たちは現実の人々について考えるときに、性格を全体として判断することを避けるようになる。理想と現実を区別しておけば、私たちは自分自身についても他者についても、慎重に判断することができるのである。これは、よく考えずに全体的な判断を下すこととは正反対である。実践的知性の所有と発達について、またさまざまな徳は個々のケースにおける決断と行為にどれだけ多様な仕方で貢献するのかについて深く考えれば考えるほど、私たちが自分自身の性格や他者の性格に全体的な判断を下し、単純に善いか悪いかだけの結論を出すことは少なくなるのである。

次に取り上げる第三の反論がもっとも重要である。すなわち、人が違えば明らかに生活にも違いがあり、それぞれ違う徳を発揮する必要があるのに、もろもろの徳が実践的知性によって統一され、互いに互いを含意するということがどうしてありうるのか。軍人はある一連の徳を必要とするが、アルツハイマー患者の介護者はそれとは別の一連の徳を必要とする。指導者の地位にある人にとって必要な一連の徳は、指導される人々にとって必要な一連の徳とは異なるはずである。私たちはジレンマに陥っているように見える。一方で、すべての徳を発揮できるのでないかぎり、誰も完全な有徳者ではありえないという立場をとるとすれば、完全に有徳な生活を送るためには、軍人の生活と介護者の生活（ともっと多くのさまざまな生活）を送らなければならないというばかげた結論を支持することになるように見える。というのも、もし人がすべての徳をもっているなら、すべての徳を発揮することができなければならないが、そのためには、すべての徳を発揮する機会が与えられている生活を送らなければならないように思われるからである。この主張にはもう一つ、徳の発揮にはある程度専門的な知識がおそらく必要であるというポイントをつけ加えることができる。何か力になれたらよいのだがと思ってそばに突っ立っているだけでは、思いやりの徳を発揮することにはならない。思いやりのある人は、たとえば、けがをしている人を実際に助け、自殺志願者に救いの手を差し伸べる。しかし、もしそうだとすれば、完全な有徳者は、あらゆる点で有徳であると同時にあらゆる点で有能でなければならず、要求に応じて、内科医、精神科医、コンピューターの専門家、配管工など、あらゆる素養を身につけていなければならない。これは先の結論よりもさらにばかげている。

他方、このようなばかげた結論を避けるために、人は多様な生活を送らなくても、完全な有徳者でありうると答えるならば、ただ一つの種類の生活のなかですべての徳を発揮することができると言わざるをえなくなる。これは生活の種類を信じがたいほど狭く限定しているように見える。そもそも私たちはどのような根拠にもとづいて、有徳に生きる機会のある生活からある種の生活を除外するのだろうか。徳についてのこのような考え方は、人間の生活とはどのようなものかについて、非常に狭い見方をしている人々か、あるいは、完全に有徳な生活はたった一つしかありえないと考えてさえいる人々にしか、訴えるところがないように見える。[7] ばかげた結論ではないものの、ジレンマのこちらの選択肢も擁護できるものではない。

ここで私たちは、このあとの多くの議論のなかで重要な役割を果たすことになるある区別を導入しなければならない。それは、生活の環境（the circumstances of a life）と生きることそれ自体（the living of a life）の区別である。あなたが生きている環境は、それがあなたの人生に存在することを自分ではどうすることもできない要因である。たとえば、あなたはある特定の年齢にあり、特定の遺伝的性質と性別と身長をもっている。また、ある特定の国籍と文化をもち、特定の養育と教育を受け、特定の家族をもち、特定の職業についている。こうした要因については何もなしえないと言っているのではない。そうではなく、それらがあなたの人生のうちにあることがあなた次第ではないのである。あなたは生まれた年と場所を変えることはできない。自分の現在の容姿や体重、言語や文化などを変えることはできるが、もとの状態と異なるところからもう一度始めることはできないのである。

これに対して、生きることそれ自体は、生活の環境にどのように対応するかを意味する。あなたは自分の遺伝的性質を変えることはできないが、それにどう反応するのかは、つまりそれについて考えないようにするのか、あるいはうまく折り合いをつけようとするのかはあなた次第である。いまの親が自分の親であることに関してはどうすることもできないが、その親とどのような関係を築くのかはあなた次第である。あなたはある特定の文化のなかで育ったことに関してはどうすることもできない。しかし、そのことをどのように活用するのか、また自分の育った文化とそれ以外の文化に対してどのような態度をとるのかはあなた次第である。古代の道徳哲学で用いられる比喩で言えば、生活の環境はあなたが手を加えることのできる素材であり、生きることはその素材に手を加えて何かを作り出すことである。よく生きることは、それを上手に行なうことにほかならない（この比喩には技能からの類推がはっきりと現れている）。よく生きることは、上手に、賢く素材に手を加え、一つの全体を作り上げることに似ている。この比喩は示唆に富んでいる。というのも、技能は多種多様の素材に対して発揮されうるものであり、同じ素材であっても、上手に活用されることもあれば、下手に活用されることもあるからである。

　この区別は、現代の倫理学理論のなかで顕著に見られるものではない。それにはもちろん多くの理由がある。一つには、倫理学理論はその内容が最初に十分に展開されたうえで、そのあと初めて、（多くの「応用倫理学」がそうであるように、）「具体的な状況」に適用される、と私たちが考えがちだからであろう。しかし、すでに何度か述べたように、私が自分の人生について、またどのように生きるのがもっともよいのかについて深く考えるようになるときには、私はすでに何らかの人生をもっている。私の人生は、ある特定の社会、文化、性別、教育などに深く根差している。したがって、私が理論を「適用する」仕方は、当然ながら、私が置かれている状況に特有のものでなければならない。とはいえ、理論そのものは、私とはまったく異なる状況と文脈に置かれている人々であっても適用しうる。この区別を重視することによって、古代世界の倫理学理論は、ギリシア人だけでなくローマ人の生き方にとっても、皇帝だけでなく奴隷の生き方にとっても重要な意義をもつ理論となったのである。そして、このような特徴があるからこそ、私たちの世界と古代の哲学者たちの世界には大きな違いがあるにもかかわらず、現代の世界に生きる私たちにとって重要な意義をもつ古代の倫理学理論を見つけることには、原理的に何の困難もないのである。

この区別を考慮に入れれば、たとえ生活が異なれば重視される徳も異なるとしても、徳が実践的知性によって統一されうるのはなぜかを理解することができる。つまり、それは徳が生活の環境の一部ではないからである。もっとも、アリストテレスの言う自然的な徳は別かもしれない。たとえば、あなたは生まれつきの大胆な性向から逃れることができず、それにどう対処するかを考えなければならないかもしれない。しかし、これと同じようなかたちで勇敢さがあなたにそなわっているということはありえない。あなたが勇敢な人になるためには、ある一定の仕方で生きること、つまり、先に描いたような仕方で学習と向上心を通じて徳を身につけること以外に方法はない。徳は、私たちがどのような環境に置かれていようと、そのなかでどのように生きるかの一部である。私たちは自分の人生のなかにもとからある徳を発見するのではない。なぜなら、私たちはみずから働きかけることによって、徳がそこにあるようにしなければならないからである。

このように、徳はいつでも、ある特定の生活の環境のもとで発揮される。このポイントは、第3章と第4章で論じたポイント、すなわち徳は常に何らかの組み込まれた文脈のなかで学習され、発揮されるということと関連している。言うまでもなく、人々が送っている生活には多くの種類がある。そうである以上、それらの生活を有徳に生きる仕方にも多くの種類があり、どのような徳が常に必要とされるのかを記したただ一つの処方箋や、どのような徳がとりわけ重要であるのかを示すただ一つの序列が存在すると考える理由はどこにもない。たとえば、軍人の生活と介護者の生活は大きく異なる。軍人の生活のなかで際立っていなければならない徳は勇気である。なぜなら、軍人は危険やリスクをともなう状況に対処しなければならない機会が多いからである。他方、介護者の生活のなかで際立っていなければならない徳は忍耐である。なぜなら、介護者はたとえば高齢のアルツハイマー病患者に対応しなければならないが、真のコミュニケーションが成り立たないなかで、患者はいろいろなことをたえず要求するからである。軍人と介護者が必要とする徳は重複しないように最初は見えるかもしれない。なぜなら、彼らが日常的に行なう現実の行為には、重なるところがほとんど、あるいはまったくないからである。しかし、軍人は勇気だけでなく忍耐も必要とする。というのも、軍人は命令が下されるのを、あるいは命令を与える適切な機会を忍耐強く待つことができなければならず、軍事活動のない長い期間に気を抜かずに対処しなければならないからである。他方、介護者は励ましも感謝も受けることなく介護生活を続け、その生活にともなう困難な事柄に対処するために、勇気を必要とする。もちろん、徳の重要性に関しても、徳の表現に関しても、これら二種類の生活には違いがあり、勇気と忍耐がどのように関連するのかという点でも違いがある。しかし、それにもかかわらず、軍人と介護者のどちらにとっても徳は必要であり、両者が互いに異なるそれぞれの生活をうまく送ることができるように、もろもろの徳はそれぞれの生活のなかで統合されなければならない。生活の種類が違えば、徳の統一のあり方にも違いが出てくる。なぜなら、徳はそれぞれの生活にふさわしいかたちで統一される必要があるからである。軍人の生活と介護者の生活の両方にとって、勇気と忍耐はどちらも同じくらいふさわしいものであるが、どちらの徳にしても、それがどの程度の重要性をもつのか、またそれはどのようにして表現されるのかに関しては、同じ一つの答えはおそらくないだろう。

二つの徳に関して以上で説明したポイントは、もっと多くの徳にも当てはまる。なぜなら、そのポイントには明らかに一般性があるからである。つまり、あらゆる種類の生活に適した有徳なあり方というものは存在せず、勇気と忍耐のような複数の徳に関して、誰にとってもそれこそが正しいバランスになりうる、そうした理想的な一つのバランスというものも存在しない。多種多様な状況のなかで、物事を正しく行なうのは実践的知性の働きである。まさにそれゆえに、徳というものは、これがこれくらいあればよいというかたちで、万人に合うように前もって定めておくことができないのである。

私たちは特定の文化や言語など、組み込まれた環境のなかで（私たちが現に発達させる程度に）徳を発達させる。いまや私たちは、このポイントを新たな角度から眺めることができる。つまり、私たちが発達させる徳は、その環境にうまく対処するために私たちが必要とする徳なのである（第4章で見たように、環境にうまく対処することが、それを変えようとすることを意味する場合もある）。どのようにうまく対処するかは、自然的な徳によって決まることではないかもしれず、それどころか、自然的な徳は私たちが送る生活にとってふさわしくない場合もある。うまく対処するかどうかは、実践的知性の発達にかかっている。つまり、ある特定の環境のなかで、取り上げる必要のあるすべての考慮事項を理解し、それらを正しく扱うことができるかどうか、そしてそのうえで、全体としてよい性格を表現し、かつそれを強めるような決断と行為を生み出すことができるかどうかにかかっている。よく生きることを目指すとき、私たちはそれぞれ、生活の環境に対処するために徳を必要とする。しかし、それらの徳を統一するためには、私たちはそれぞれ違ったことをしなければならないのである[8]。

本章の最初に取り上げた倫理的発達に関するポイントに戻ろう。私たちは、まったく異なる状況のなかで徳が発揮されるときでさえ、どれも同じ徳であると容易に見抜くことができる。それはなぜだろうか。いまや私たちにはその答えがわかっている。これは、単にこのような現象があるというだけで注目に値するように思われるかもしれない。しかし、生活の環境と生きることそれ自体を私たちがそれとなく区別していると考えれば、その現象を理解することができる。つまり、私たちの理解では、徳を発揮することは、生活の環境がどのようなものであれ、さまざまな環境のなかでなしうることをなすことなのである。私たちが徳について考えるとき、その背後には、めったに表に出てくることのないある考えが隠れている。すなわち、生活の環境や素材が完全に異なるという意味で、生活の種類が完全に異なっているにせよ、私たちはその生活を勇敢に、忍耐強く、気前のよい仕方で送ることができる（あるいはそうしないこともできる）という考えである。もしそうでないとしたら、どのようにして私たちは、完全に異なる状況や行為のうちに同じ徳を見出すことができるのか、これが不可解なことになってしまうだろう。

本書では、徳の発達と実践的知性の発達の関連を強調しているが、数ある徳の説明のなかには、その関連を認めないものもある。理由はさまざまだが、いくつかのアプローチでは、徳はもっと単純なかたちで考えられ、もろもろの徳は互いに独立しているとみなされる。この考えは、ある徳はもっているが別の徳はもっていないことがありうるという、日常的な考えと一致する。しかし、すでに見たように、このことは本書で展開している徳の説明の妨げにはならない。この二つのアプローチを対比するポイントの一つは、ここで言及する価値がある。徳は人にそなわる多くの独立した特性（一般的には賞讃すべき特性）にすぎないと考えるとしよう。その場合、徳の長大なリストができあがるのはもっともなことであるように思われるだろう。というのも、人々がもっている性格特性には多くの種類があり、私たちはさまざまな理由から、そのなかには多くの賞讃すべき特性があると考えるからである。たとえば、ヒュームと現代の一部の徳倫理学者は、徳を互いに独立した賞讃すべき特性と考えている[9]。

この種の説明に含まれる一つの問題は、どの特性が実際に徳であるのかを決める理にかなった方法を見出しがたいという点にある。ヒュームの考えによれば、徳とはそれをもつ人もしくはそれ以外の人々にとって有用な、あるいは快い特性のことである[10]。これが特性に関する私たちの考えをどのように導くのかは、言うまでもなく、何が快く、何が有用なのかによって決まる。しかし、快いものや有用なものが変わることは非常に多く、またそれに該当することを証明する証拠が不十分な場合も多い。このことに何か問題があるだろうか。見方によっては何も問題はないかもしれない。とはいえ、ある特性が徳なのか、あるいは単に慣習的に認められている特性なのかが疑問となる場合もあるだろう。ヒュームは、きれい好きと勤勉と機知に富むことを徳に含めている。これらはヒュームの基準によれば徳である。しかし、この例にしてもその他の例にしても、彼の基準は正しいのかどうか、私たちは疑問に思うばかりである。

徳は全体的に発達し、統一性をもつという点を強調する本書のアプローチは、この問題に関して役に立つ「フィルター」を私たちに与え、それによって直観的に正しい結果――この結果はフィルターそれ自体の適切さをただちに疑わせるようなものではない――をもたらすことができる。これに関してアリストテレスはすぐれた具体例を挙げている。『ニコマコス倫理学』第三巻および第四巻の徳論のなかで、アリストテレスは他のさまざまな徳に加えて、太っ腹（メガロプレペイア）という徳を手短に説明している。これは、富裕者が公共善のために多額の金銭を費やすことによって発揮される徳である。アテナイには所得税というものはなかったが、富裕者は公的な事業のために定期的に財産を使わなければならなかった。たとえば、軍船の整備や演劇の運営のための資金提供がそうである。この出費は富裕者の義務であった。「太っ腹」とは、低俗な見せ物にお金を使いすぎることもなく、事業への出費を惜しんでほんの少ししかお金を出さないこともなく、うまく出費することができる徳である。それを正しく行なうことは、適切な額のお金を使うことはもちろん、ふさわしさの判別と認識にもかかわっている。この徳は、誰でも発揮することのできる気前のよさとは違って、富裕者だけが発揮しうるということをアリストテレスは明らかにしている。貧乏人が太っ腹なことをしようとしても、ただ笑いものになるだけであろう(11)。だが、状況に依存するところが大きいこの特性は、本当に徳なのだろうか。アリストテレス自身も、実際には論じていないが、この問題に直面せざるをえない。なぜなら、本章の前半で見たように、アリストテレスはこのあとの文章のなかで、もろもろの徳は互いに互いを含意するということを真剣に主張しているからである。ここから、彼はばかげた結論に直面する。もし太っ腹が本当に徳であるとすれば、太っ腹は勇気や公平さといった他の徳を含意し、また他の徳によって含意されることになる。しかし、当たり前のことだが、あなたが真に勇気のある人であり、それゆえあらゆる徳をもっているとしても、そのことから、あなたは太っ腹な人になれるほど多くのお金を奇跡的に手に入れているということにはならない。どうすればアリストテレスはこの問題を解決することができるのか。これについては学者のあいだで意見が分かれている。(12)

ここから私たちは次のことがわかる。すなわち、(相互含意という現代的な意味での)徳の統一性によって、賞讃に値し、評判がよく、尊重されるというような扱いを受けてもおかしくないが、それでも徳というわけではない特性を「ふるいにかける」ことができるのである。それらが徳でないのは、徳中心の理論を作ろうとする人々の理論に共通に見られるひとまとまりの徳を含意せず、またそれによって含意されないからである。古代における「枢要な」徳は、勇気と正義と節度と知恵である。現代の説明であれば、少なくとも慈善心をここに加えるであろうし、忍耐や気前のよさや公平さといったより具体的な徳を含んだより大きな集合体の観点から語ろうとするだろう。それらはヒュームの主張する徳とは直観的に異なっているが、私たちにはその理由がわかる。つまり、気前がよいことや親切であることは、あなたがきれい好きであることや勤勉であることや機知に富んでいることを含意せず、反対にこれらのどの特性も、あなたが気前のよい人であることや親切な人であることを含意しないからである。言うまでもなく、きれい好きであることや勤勉であることや機知に富んでいることは、気前のよさをともなうこともあれば、出し惜しみをともなうこともあり、親切さをともなうこともあれば、不親切さをともなうこともある。概して言えば、ある性格特性が徳でないことを示すわかりやすい指標は、その特性が、勇気のような主要な徳を含意することも、またそれによって含意されることもない一方で、勇気のある仕方で発揮されたり臆病な仕方で発揮されることが、要するに徳や悪徳をともなうかたちで発揮されることがあるかどうかである。

いま述べたのは、ある特性が徳でないことを明らかにする方法である。この理論は、どの特性が徳であるのかについて何か有益なことを言えるだろうか。先に私は忍耐と気前のよさを徳とみなした。その根拠はどこにあるのだろうか。それは、「ふるいわけ」のテストに合格するという点にある。つまり、忍耐と気前のよさは、実践的知性の全体的な発達によって統一性をもつとみなされる、そうしたたぐいの徳に含まれるのである。このことは、忍耐と気前のよさが本当は慈善心のようなもっと基本的な徳の一形態にすぎないということを含意するだろうか。それらがもっと基本的な徳の、あるいは別種の徳の一形態であるとすれば、どのようにしてそのことがわかるのだろうか。[13]

いまのところこの問いに答えるよい方法はないが、それはそれで構わないかもしれないという考えに私は傾いている。その問いに答えるよい方法がないのは、気前のよさと慈善心の違いが、気前のよさと勇気の違いとは異なるからである。私たちがあとの二つを混同するおそれはない。なぜなら、気前のよさと勇気は、学習の初めの段階からすでにはっきりと区別されているからである。私たちはそれらの言葉の使い方をさまざまな文脈のなかで学習するが、その二つの特性は初めから別々の態度や感情に結びついている。たとえば、気前のよさは恐怖感に対処することを含んでいない。実際、次のような考え方は非常に魅力的である。すなわち、私たちは人間として、（それゆえ文化の壁を越えて認められる徳の基盤として、）ある種の感情や関心の集合体をいくつかもっており、これまでごく普通に枢要な徳や基本的な徳とみなされてきたものは、それらの集合体の違いに応じて区別されるという考え方である。勇気は、恐怖感に対処するために、また危険な状況や困難な状況に対処するために必要とされる徳である。（ある種の）節度は、飲食やセックスのような領域で欲望を組織し統制するために必要とされる徳である。正義と慈善心は、他者との人間関係をうまく築くために必要とされる徳である。実践的知性は、それがそれ自体で独立した一つの徳とみなされる場合、さまざまな込み入った状況での複雑な決断と行為を扱うために必要とされる徳である。このように、少なくともいくつかの主要な徳は人間本性にその基盤をもっているという考えは、大いに理にかなっているのである(14)。

しかし、気前のよさや慈善心のような徳についてあれこれと考えるようになるときには、私たちはこの段階よりも先に進んでおり、先の問いとそれに対する答えは、もっと理論的な問題にかかわってくる。私たちが気前のよさと慈善心を、明確に異なるものとしてであれ、関連があるものとしてであれ、理論上はっきりと区別することができないとしても、それは重要なことではないかもしれない。重要であるかどうかは、当該の徳理論の全体に対してこの問題がもつ重要性によって決まる。いくつかの徳理論にとってそれは非常に重要なことかもしれないが、本書の徳理論からすればそれほど重要なことではない。初めは別々のものとして学習したいくつかの徳が、生活の各部分でそれぞれ違った働きをするのではなく、生活の全体を覆うようにして機能する実践的知性をどれもみな同じように含んでいるがゆえに、実際には互いに関連しているということがわかることもある。それでも、それらはやはり別々の徳である（私たちは、すべての徳が実際には同じ一つのものであると結論する必要はない）。なぜなら、それらの徳は、それぞれ別々の典型的文脈をともなっており、別々の態度や感情と結びついているからである（勇気は恐怖感にかかわるが、公平さや気前のよさはそうではない、というのがそのよい例である）。しかし、文化が違えば、徳の区別の仕方も私たちとは違っていることがある。他の文化に見られる徳のなかには、既存の言葉では翻訳できないように思われるものがあり、その場合には新たに言葉を作らなければならない。徳を学習する文脈と、もろもろの徳が性格全体のうちで統一されることのあいだには、徳が互いに区別されうる多くのさまざまな仕方がある。これを行なうただ一つの正しい方法を考え出すことができると主張するのは独善的であろう(15)。

この章で取り上げたのは、徳は性格全体に、それゆえ人の生活全体にどのようにかかわっているのかという問題である。ここで私は、徳だけでなく、隆盛について論ずるときにも重要になる一つの区別を導入した。すなわち、生活の環境と生きることそれ自体の区別である。これは、直観的に明らかで、容易に認識できる区別であり、おもしろみのない区別でさえある。しかし、のちに明らかになるように、この区別はさまざまな文脈で重要な役割を果たし、非常に大きな理論的重要性をそなえている。

第7章　徳と善

徳に関するこれまでの説明は、かなり多くの部分が技能からの類推にもとづいている。もちろん、類推と言っても、技能と徳の類似点を見つけ、ただ機械的にチェックの印をつけることはできない。しかし、いまや私たちは、技能からの類推は徳の理解に役立つという見解の主要な含意を正しく理解することができる。つまり、実践の際に私たちはどのような推論を行なっているのかに関して、すなわち実践的な目的をともなわない推論と対比される、なすことや行為することのなかで表現される推論に関して、徳と技能はどちらも具体的な説明を与えるのである。何か技能を要することができるようになるとき、私たちはどのように推論することができるようになるのかという点は、有徳なことをするときに、私たちはどのように推論することができるようになるのかという点を理解するための手がかりとなる。言うまでもなく、このことは技能のあらゆる特徴が徳に当てはまるということを含意しない（たとえば、すでに見たように、技能は生活のその他の領域に影響を与えることなく、ある一つの領域のなかで発揮することができるが、この点は徳には当てはまらない）。また、徳に関する重要なあらゆる事柄を理解するための手がかりになるということも含意しない。

さらに、すでに強調したように、技能からの類推はあらゆる徳の説明にとって重要であるわけではなく、徳の発達と発揮のなかで推論が果たす役割を重視する、本書のような徳の説明にとって重要なのである。

技能、徳、善に対する肩入れ

しかし、徳に関する重要なポイントのなかには、技能からの類推によって、あるいは徳における実践的理性の役割を考察することによっては明らかにならないポイントがある。そのポイントは、徳のある人を賞讃したり、意欲をかきたてられたり、理想的人物とみなすということがどういうことなのかを深く考えるときに見えてくる。もちろん、私たちは別の理由で人を賞讃することもある。たとえば、身体能力が高いという理由で賞讃することもあれば、機知に富むとか、片づけ上手であるとか、愛想がよいというような、自分自身が身につけたい特性、あるいは他者にもっていてもらいたい特性を理由にして賞讃することもある。しかし、徳を理由にして人を賞讃することは、その他の種類の賞讃とは明確に異なる。この点は、「英雄」とみなされているスポーツ選手が、実は強欲や残酷さといった悪徳をもっていることがわかったときに何が起こるのかを考えてみれば明らかになる。この場合、その選手の人としての評価は変わるが、スポーツの技能に対する賞讃はもとのままである。機知に富み、片づけ上手で、愛想のよい人が、実は倫理的に問題があるとわかったときにも、これと同じことが起こる。私たちはその人物の人としての評価を見直すが、機知に富み、その人にそなわるこれらの特性は、特性それ自体としては、人としての評価に応じて損なわれるとはかぎらない[1]。徳がもたらすこのような特別な種類の賞讃について、何かもっと明確な説明をすることはできるだろうか。

第一の答えは、徳の場合には持ち主の性格が賞讃の対象になるというものである。片づけ上手であるとか機知に富むというような特性の所有は、その人がもっている特性を示すだけであるのに対して、徳の所有は、その人自身がどのような人であるのかについて何らかのことを示す。たとえば、片づけ上手という特性をもっている人が、車のなかがごちゃごちゃしていることに気づいて、きれいに片づけたとしよう。このことから彼の性格について何がわかるだろうか。ほとんど何もわからない。次に、この同じ人が勇敢さという特性をもっていて、片づけを終えて運転しているときに、車を止めて、衝突して燃え上がった車に閉じ込められている人を救い出すとしよう。先の行為とは違って、この行為は彼がどのような人であるのかをたしかに示している（言うまでもなく、これら両方の行為がその人の特徴をなすという点を見落としてはならない。現実の世界では、このように容易に結論を出すことはできない。なぜなら、ある行為が特徴的なものかそうでないかがわからないということはよくあるからである）。私たちの社会では、機知に富むことのような魅力的な特性はもちろん、運動技能のような特性でさえも、徳以上に関心や注目を集めるかもしれない。そのため、日常生活を送るなかで、それらは徳よりも目につきやすく、推奨されることも多いかもしれない。しかし、人物に対する賞讃という観点から言えば、徳はこれらの特性には当てはまらない仕方で持ち主の性格を示すのである（この点についてはじきに詳しく論ずる）。

この時点で私たちは、ここで対比されているのは徳とその他の特性ではなく、徳および悪徳とその他の特性であると考えるかもしれない。というのも、私たちは、徳だけでなく悪徳も性格を示すにちがいないと考えるからである。これはある程度までは正しく、徳は性格を示すだけにはとどまらないことを明らかにしている。たとえば、今度は別の人が、燃え上がる車を目にしているのに、気づかないふりをして運転を続けるとしよう。これは臆病な行為である。その行為がその人の特徴をなすものであるとすれば、それは彼の人物そのものについてであることを、すなわち彼が臆病な人であることを教える。しかし、ここには重要な違いがある。その違いは、次のように主張することによって明らかにすることができる。すなわち、勇敢な人は、勇敢であるというまさにそのことによって、善に対する肩入れ（commitment to goodness）を、言い換えれば肯定的な価値に対する肩入れを表現しているのである。これは非常に漠然としたポイントではあるが、直観的に理解できる。勇敢な人の行為は、その人にとって何よりも重要な何らかの価値あるものに肩入れしていることを明らかにする。その人は自分の安全が、ひいては自分の命が脅かされるときに、他者を危険から救い出そうとする。彼は自分の人生全体にとって価値ある目的を達成することに努力を傾けている。これここで取り上げているような状況では、勇敢であることが彼にとって重要なことなのである。これに対して、先の臆病な人の行為は、その人がこの種の目的をもっていないことを示している。もちろん、彼には当面の目的がある。自分の身の安全を確保することや、危険を避けることなどがそうである。しかし、臆病な人であることによって、彼が努力を傾けている目標の達成に近づくということはない。のちに自分の行為を振り返ったときに、よりよい臆病者になるという全体的目標にその臆病な行為が役立ったと考えて彼が満足することはありえない。なぜなら、よりよい臆病者になるという目的は存在しないからである。臆病な人は、当面の目的の達成、たとえば対立や危険を避けることなどがうまくなるという意味で、目的の達成に成功するにすぎない。臆病さが発達しても、それによって人生に何か積極的な方向性が与えられることはないのである(2)。

ここから見えてくるのは、徳と悪徳の興味深い非対称性である。徳は、全体的によい方向に発達することを積極的に目指していること、それゆえ善に肩入れしていることを表すのに対して、悪徳は、悪い方向に発達することを同じように積極的に目指していること、それゆえ悪に肩入れしていることを表さない。もちろん、臆病な人、けちな人、嫉妬深い人にも当面の目的はある。自分の命を守ったり、安全な場所に避難したりすること、他者のための出費を最小限におさえること、自分がもっておらず、欲しいと思っているものを別の人が手にするのを妨げたり、邪魔したりすることなどがそれに当たる。しかし、よりよい臆病者、よりよいけちん坊、よりよい性悪《しょうわる》になることを彼らは目指していない。もし彼らがいつもこのように振る舞うようになれば、彼らはその方向に向かって発達していくことになるが、それは彼らが人生のなかで目指していることではない。臆病者であることを隠そうとしない人は、何らかの価値あるものを実は目指しているということを示そうとするのでなければ、臆病であることを誇ることはできない(3)。

どうして臆病な人は、自分が臆病になることを、よりよい臆病者になることをはっきり目指そうとしないのか。言うまでもなく、臆病であることには、状況によっては有益なところがあるとしても、よいところが何もないからである。臆病さを磨く人は、別の目的に対する手段として（ときには状況に強いられて）そうするにすぎない。しかし、臆病であることを求め、それに誇りをもとうとすることは、それ自体として問題がある。それゆえ、自分がどのような人であるかを気にかける臆病者は、臆病さを自分がどのような人であるのかの指標になるものとみなすのではなく、別の目的に役立つものとしてのみ考え、自分が賢明であることを自分に言い聞かせなければならない。自分が慎重に振る舞っていることや、何かそのようなことを自分に言い聞かせるけちん坊にも同じことが言える。

以上が、徳と悪徳と中立的な傾向性の違いに関する日常的で直観的な考え方であると思われる。大まかに言えば、徳は善に対する成功した肩入れであり、悪徳は善に対する失敗した肩入れであり、そのどちらでもない傾向性は、徳でも悪徳でもなく、私たちがもっているただの特性である。のちに見るように、この点をおさえることによってできるようになる数々の区別は、前章で取り上げた、人生全体に対する統一的な見方のなかでもろもろの徳に統一性が与えられることに関する区別と軌を一にしている。

しかし、これは悪徳の説明としてはいくぶん説得力に欠けるのではないか。臆病な人やけちな人等々になりたいとは誰も思わないという点は認めるとしよう。とはいえ、人々が集団殺戮やサディスト的な殺人を犯すのは、善人になりそこねたからではないのではないか。私たちが悪人のリストを直観的に考えるなら、ヒトラー、ポル・ポト、イワン雷帝、チンギス・ハンなどが思いつくであろうが、善を目指す能力に欠けるように見える人々を思い浮かべるわけではない。

この批判は、悪徳をもつ人が善と悪のどちらに肩入れしているのかということだけでは、悪徳とはどのようなものかを完全に知ることはできないという点を見落としている。悪徳のなかには力のなさにもとづくものもあるが、多くの悪徳はそうではない。多くの悪徳は、それ自体でひどく悪いものであると同時に、ひどく悪い結果をもたらすものでもある。たとえば、残忍さは他者の苦しみをそれ自体としてよろこぶことを含んでおり、残忍な人は、自分の行為や傾向性が、他者の善と自分自身のよい面を損なうものであることに普通は気づいている。それゆえ、悪徳について理にかなった説明を与えようとするなら、多くの悪徳はひどく悪いものであり、ひどく悪いものとして積極的にその姿を見せるという点を見落とすべきではない。行為のなかで目立たないかたちや見分けのつかないかたちで姿を見せるのは、一部の悪徳だけである。このことを理解するためには、私たちがどのような仕方で悪徳のことを学び知るのかを考えるだけでよい。それは、徳のことを学び知る場合と同様である。私たちは、よい見本として示されたもののなかに、見習わざるをえないものもあれば、ただ魅力があるだけのものもあることに気づくようになる。これと同じように、私たちは一部の悪人を単に卑しむべき人や気の毒な人と思うだけであるのに対して、一部の悪人には嫌悪感を覚えるようになるのである。

しかし、以上の点は、悪徳が徳と同じように、価値に対する積極的な肩入れ――悪徳の場合には、善ではなく悪に対する積極的な肩入れ――を含むことはありうるのかという問いとはまったく別である。悪徳をもつ人が、まさに悪人になるために行為し、そうすることで悪を目指しているとみなすことは私たちにとって困難であり、以上の点がその困難さに影響を与えることはない。悪人になるために行為するということは理解しがたい。ミルトンが描くサタンは、「悪よ、お前が私の善となるのだ」[1]と言う。ロバート・アダムズに同意して、次のように考える人もいる。「ミルトンが描くサタンの魅力は、激しい憤りと絶望のなかで、悪だからという理由で大きな悪事を働こうとすることを人生の根本方針にすることが、たしかに人間の力で可能なことのように思われるという事実に負うところが少なくない」[4]。アダムズが言うような、善にひどく幻滅して憤りから行為する人というのは、悪意のある人としては的を外しているように見える。これはむしろ、善に関する洗練されたあり方である。おそらくそういう理由で、無思慮や鈍感や何かその種のものと比べて、悪魔のように残忍な悪意を日常生活のなかで目にすることが少ないのであろう。とはいえ、いずれにせよそれを悪に対する積極的な傾倒とみなすことには依然として疑問の余地がある。

したがって、悪徳を善に対する失敗した肩入れ、あるいは善に対する心得違いの肩入れと考えることは、悪徳をもつ人がやりかねない邪悪なことや卑劣なことを過小評価することには必ずしもつながらない。熟慮の末の残酷さや悪意は、悪に対する積極的な肩入れがなくても、善から強力に離反することによって生じる[5]。悪徳とは何らかの仕方で善を達成しそこねることであるという見解は、悪徳はそれ自体としては極めて悪い状態[6]ではないという考えを含意するとみなされることもあるが、実際には含意しない。また、悪徳のなかには大して恐ろしくないものもあるという考えも含意しない。そのうえ、その見解は、暴力的で身の毛のよだつようなことをした犯罪者についての記述を読めば、それほど信じがたいことでもない。このような人々の多くは、何らかの邪悪な目標や理想をもっているのではなく、著しく自分本位で、他者の気持ちに鈍感な人になることを許してしまったにすぎず、自制心を鍛えることをたびたび怠ったにすぎないのである[7]。

善とさまざまな特性

これまでのところ、何によって徳は賞讃に値し、理想として意欲をかきたてるものになるのかについて、善に対する肩入れというごく大雑把な説明しかしていない。しかし、私たちは少なくとも、徳のある独特な点を見ることができる。つまり、徳は善だからという理由で善に肩入れするのである。勇敢で気前のよい人々は、事実としてよいものであることがのちに明らかになる人生の全体的目標をもつだけではない。むしろ、彼らは善に対して肩入れと表現することができる態度をとる。善は、悪徳をもつ人が引きつけられず、善くも悪くもない人が少ししか引きつけられない仕方で彼らを引きつけるのである。

機知に富む、片づけ上手、きれい好き、愛想がよいといった、徳でも悪徳でもない特性については何が言えるだろうか。前章の最後に見たように、このような傾向性は徳に似ているが——それらは一定の仕方で行為し、考え、感じる当てにできる傾向性であるかもしれない——実際には徳ではない。その箇所で見たように、それらはいかなる徳とも結びついていない。ある人がきれい好きで、勤勉で、機知に富むことは、勇敢さや公平さのような徳をもっているかどうかについて何も教えない（逆もまた同じである）。また、（さまざまな才能にも当てはまることだが、）これらの傾向性の発揮には、徳がともなうこともあれば、悪徳がともなうこともある。これらの傾向性がどうして徳ではないのかについて、いまや私たちは、さらに次のように言うことができる。すなわち、機知に富むことや片づけ上手なことや愛想がよいことがいかなる徳とも結びついていないのは、それらが善に対する肩入れを表してもほのめかしてもいないからである。これらの傾向性の発揮に徳だけでなく悪徳がともなうこともある理由は、ここから明らかになる。

それゆえ、機知に富むことや片づけ上手であること等々は、徳とは違って特別なかたちの賞讃に値するものではない。もちろん私たちは、機知に富むという傾向性や、愛想がよいという傾向性を、賞讃に値するものとして知的に発達させている人々について考えることがよくある。すでに見たように、賞讃に値することにこのような意味があることを私たちは知っている。この場合、彼らはある種の性格をもっているという理由で賞讃に値するのではなく、一緒にいると楽しいとか、心地よいとか、あるいは人の役に立つというような理由で賞讃に値するとみなされうる。しかし、徳に対する私たちの考え方と、これらの傾向性に対する私たちの考え方には、単に区別があるだけでなく、はっきりとした違いがある。この点は、本書の徳の説明と、それとは大きく異なるヒュームの説明を簡潔に比較することによって明らかになる。

ヒュームは徳を、それをもつ人もしくはそれ以外の人々にとって、有用かつ快い傾向性[8]、あるいは有用ないし快い傾向性と定義している(この定義はこのままのかたちでは明らかに不十分であり、別の箇所で補足されているが、私の主張は彼の説明のこの側面にのみもとづいている[9])。この種の説明に従えば、有徳な人とは、自分自身か他者にとって有用ないし快い傾向性(あるいは「性質」)をもつ人のことである。ヒュームは、完璧な娘婿として紹介されるクレアンテスという人物を描写している[10]。「彼と少しでも付き合いのある人なら、誰でも公平で親切な扱いを受けることは確実です」（他者にとって有用な性質）。「……彼の孜々《しし》として弛まぬ法律の勉強、……人間と仕事の両者に対する鋭い洞察力と素早い理解力は、最高の栄誉と昇進とを予告しています」（本人にとって有用な性質）。さらに、クレアンテスは社交界の人々の「会話の中心人物」である。「礼儀作法をわきまえた豊かな機知、気取りのない非常に慇懃な態度、非常に上品に述べられたきわめて独創的な知識をもっている」（他者にとって直接的に快い性質）。最後に、彼は「心の偉大さ」によって、過去の「厳しい試練、危険と不幸」に「超然として動じない」ことができた（本人にとって直接的に快い性質）。彼が完璧な娘婿であることには誰もが同意する（まもなく妻になる女性の意見はどこにも言及がない）。

ヒュームはこう言っている。「哲学者は完全なる美徳の典型としてこの性格を選ぶだろう」。ヒュームの論調を私たちが正しく理解していると確信するのは常に困難であるが、もしここで彼が皮肉を言っているのではないとすれば、何かが間違っているのは明らかである。パーティーで注目を集めるエリート青年の弁護士が、完全な徳の見本なのだろうか。本気でそう言っているのだろうか。ここには何かおかしなところがある。それは何だろうか。その点を見つけ出すために、ヒュームの徳の説明を深く探る必要はない（ここでの議論との関連でクレアンテスの例が役に立つ理由の一つはここにある）。クレアンテスの描写から明らかになるのは、ある人が自分自身と他者にとって有用で快い性格をもっていても、まったく意欲をかきたてないことがありうるのであり、誰もその人のことを善い人の理想像とは考えないことがありうるという点である。

本当に賞讃に値し、意欲をかきたて、数えきれないほど多くの人の理想像となってきた人物、すなわちソクラテスとクレアンテスを比較してみよう[11]。言うまでもなく、ソクラテスの傾向性は、彼自身にとっても家族にとってもまったく有用ではなかった。彼は真理の探究に身を捧げることによって、自分の仕事をないがしろにし、家族全員を貧困に追いやったのである。ソクラテスの性格は、自分たちの価値観について考えさせるという点で、アテナイ人にとって実際には有用であったのだが、彼らにとってそのことはまったく明らかではなかった。実際、彼らはソクラテスを死刑にしたあとで、ようやくそのことに気づいたのである。また、ソクラテスの性格は、彼自身にとって快いものであったかもしれないし、そうではなかったかもしれない。しかし、他者にとって不愉快であったことはたしかである。私たちはプラトンの叙述から、ソクラテスが人々の混乱した考えを容赦なく暴き立てたことを読み取ることができる。プラトンの説明によれば、ソクラテスは死刑を宣告されたとき、弁明のなかで自分を虻にたとえている。虻は人を刺す昆虫であり、私たちを刺激して行動に駆り立てることがあるにせよ、自分の周りにいてほしいと思う人は誰もいない。しかしそれでも、ソクラテスが有徳な人の典型例であることに疑いの余地はない。彼は二〇〇〇年ものあいだ語り継がれ、研究されてきたのであり、こんにちでも、自分の価値観と方針に背くことを拒否する哲学者の典型となっている。有用さと快さは、誰かが有徳な人の典型例となるための必要条件ですらないということは明らかである。私たちは、ソクラテスがそばにいたらおそらくこのうえなく不愉快であり、彼について行けば誰もが有用であると考えるであろう結果とは正反対の結果になるということを完全に認識しているときでさえ、彼を賞讃し、理想的な人物とみなす。子どもの意欲をかきたてるとき、私たちはクレアンテスのような名声をかち得た弁護士やビジネスマンではなく、ソクラテスのような人物について語ったり描写したりするのである。

　クレアンテスを有徳な人の典型例とするためには、彼が特徴的に善に肩入れしているかどうかに関していくらか知っていなければならないだろう。ここでは、話を単純にするために、クレアンテスが正直で誠実な人かどうかに絞って問うことにしよう。さて、彼が自分自身と他者にとってどれほど有用で快い人であるかを知っていたとしても、それだけでは、彼が正直で誠実な人かどうかについては何もわからない。私たちは、先の引用文から、（はっきりと言われているわけではないが）普段彼は法律と仕事に関して正直に振る舞っていると想定する。しかし、身の破滅の恐れがあるときや、政権が交代したときや、受けが悪い少数派に属していることに不意に気づいたときに、私たちは彼が重圧に屈しないことを保証できるだろうか。イエスと答えることはできない。なぜなら、私たちは、彼が正直さと誠実さにどのように肩入れしているのかについても、正直な取引が困難であったり危険であったりするときに、正直な取引を堅持することを彼に期待できるかどうかについても、皆目見当がつかないからである。彼の「心の偉大さ」は、他者への献身を固守する誠実さや勇気としてではなく、自分自身の危機と不運に動じない能力として描かれているだけである。しかもこの性質は、クレアンテスにとって「直接的に快い」という点で、徳に寄与すると言われている。説明を全部聞いても、クレアンテスの性格、つまり彼がどのような人であるのかについては何もわからない。それほど好ましくない数々の状況に置かれたときに、彼がどのように対処するのかについて、私たちは何も聞いていないのである。

　これは、すでに確認した点、つまりある特性は他の徳と結びついていなければ徳ではないという点の例証となっている。その特性が誰かにとってどれほど役に立つのか、またどれほど快いのかということは、明らかにこの点とは無関係である。いまや私たちは、クレアンテスのような事例を考察することから、次のことがわかる。すなわち、善に対する肩入れの問題を吟味することも、有用で快い（あるいは、有用ないし快い）が、徳ではない傾向性から現に徳である傾向性を区別することにつながるのである（クレアンテスは、暮らし向きが悪くなってもすばらしい客人であり続けるのか。私たちはこの点についてもわからない。しかし、この点は明らかに、彼は本当に有徳な人なのかという問題にとって、正直かどうかという点が重要になるような意味で重要になることはない）。

徳とそれ以外の傾向性のこの区別から、ヒュームの言う「ぼろをまとった徳（virtue in rags）」——大きな不運に見舞われた有徳な人——をどうして私たちは賞讃するのかという点も明らかになる。私たちは、有罪判決を受けたソクラテス、投獄されたネルソン・マンデラ、一五年間自宅に軟禁されたアウン・サン・スー・チー（彼女は国を捨てさえすればいつでもそこから抜け出すことができた）を賞讃する。ある人々が誰かにとって有用でもなければ快くもない場合でも、私たちは性格のゆえにその人々を賞讃するという点に対するヒュームの答えは、徳に対する私たちの尊重は、一般的規則に従うものであり、それゆえこのような欠点は考慮に入れないからというものである。(12) このことは自分の説明にとって大して不利にはならないとヒュームは考えている。なぜなら、もし徳がもっとよい結果をもたらすなら、ぼろに包まれた徳の場合とは違って、私たちの賞讃はもはや制限されないと考えることができるからである。

この弁明は失敗に終わる。それは二つの点で困難にぶつかる。第一に、私たちは「ぼろをまとった」機知や片づけ上手や愛想のよさを尊重しない。機知に富み、片づけ上手で、愛想のよい人々が不運に見舞われたとき、私たちは彼らを気の毒に思う。しかし、そこには彼らを尊敬する理由は何もない。そして、この点は第二の点に結びついている。私たちは、徳にぼろをまとわせることになるかたちで徳に肩入れしているというまさにその理由で、ぼろをまとった徳を賞讃するのである。つまり、私たちが賞讃しているのは、ここで問題にしている苦しい状況のなかで、有徳な人が自分自身か他者にとって、有用であったり快くあったりすることを妨げている、まさにそのものにほかならないのである。[13]

ここまで私は、ヒュームが描く月並みなクレアンテスの例に焦点を当ててきた（もちろん、ヒュームの徳の説明にはその説明の枠組みから見て欠陥があるということを私は証明していない。なぜなら、彼の説明はあらゆる点で本書の説明と異なっているからである）。というのも、その例は、ヒュームが与えているような説明によっては説明することができないが、本書が与えているような説明によって説明することができる点を非常にはっきりと示しているからである。徳は賞讃に値する傾向性であるだけでなく、それが具現する善に対する肩入れのゆえに、意欲をかきたてるもの、志向すべき理想となるものと私たちが考える傾向性である。私が思うに、これは日常的なレベルで十分に理解できるポイントである。私たちは、ポスターや授業や本を通じて、ある人々に賞讃と憧れを抱くように、そして別の人々には抱かないように学童たちを導く。前者は、世俗的な視点から見て成功したか失敗したかとは関係なく、あるいは彼ら自身やそれ以外の人々にとって有用で快い

（あるいは、有用ないし快い）人であったかどうかとは関係なく、善に肩入れしたことを理由として、その性格が賞讃に値し、人の意欲をかきたてる、そういう人物にほかならない。だからこそ、キング牧師やガンジーやマンデラのような人物ではなく、ドナルド・トランプを子どもたちの英雄として描いたポスターが小学校にあるとすれば、それは異様な光景に感じられるのである[14]。

善に対する肩入れの種類

このように、善に対する肩入れは、徳をその他のものから区別する要素であり、徳の統一性を考察することから見えてきた結果にも整合する。それは、もろもろの徳に統一性を与え、そこに統合されえない特性からそれらを区別するものは何かについての、概括的なレベルの説明を与える。とはいえ、善に対する肩入れという考えは、まだあまりに漠然としている。いまや私たちは、善に対する肩入れの種類を区別しなければならない。というのも、蓋を開けてみれば、そこには互いに大きく異なるさまざまな種類があるからである。そして今度はその区別が、徳が現れるさまざまな種類の理論を区別することになる。以下では、細部にわたって論ずることなく、それらの理論を区別することにしよう。

徳を現に善に寄与する傾向性にすぎないものとみなすことは、悪徳との対比からすでに見て取れるように、適切ではありえない。どうして適切ではないのか。私たちは、ある特定の種類の説明、すなわち帰結主義者の徳の説明を考察することによって、その理由を理解することができる。そこでは、正しい行為とは善をもたらす（一般に「善を最大化する」と言われるが、それとは異なるさまざまな考え方がある）行為であるというポイントが基礎となる。この種の説明では、徳は（ある種の理由にもとづいて行為する傾向性ではなく、）行為の傾向性とみなされる。正しく行為することは、（その理論が支持する仕方で）善をもたらす。そして、正しく行為する傾向性は、善をもたらすことが当てにできる傾向性である。そうすると、徳が正しく行為する傾向性である以上、徳は善をもたらす性格の傾向性ということになる。もちろん、この定義には微調整を加えなければならない。当の傾向性は、時折あるいはたまたまではなく、一貫して善をもたらすのでなければならない。また、どのような条件のもとでその傾向性は現実の世界で実際に善をもたらすのかを規定しなければならないが、それにはさまざまな困難がある。[15] この種の説明では、（たとえば理想的状況のもとでのみ善をもたらすというのではなく、）私たちの世界のなかで実際に一貫して善をもたらす傾向性が徳とみなされる。言うまでもなく、私たちの世界のなかで気前のよさが現に善を一貫してもたらすかどうかは、多くの要因に左右される。そしてその要因の多くは、状況の変化に応じて変化したり、部分的に変更されたりすることがある。それゆえ、ある傾向性が徳であるかどうかは実際に生じる結果次第であるものの、状況の変化によって、その傾向性が一貫して善をもたらす仕方が変わることもあり、ひょっとすると、もはや善をもたらさなくなるかもしれない。だとすれば、状況の変化によって、傾向性それ自体に変化はないにせよ、徳は中立的な傾向性になるかもしれないし、悪徳にさえなるかもしれない。

この考えは、日常生活のなかで私たちがもっている徳に関する主要ないくつかの考えと対立するものであり、その意味で問題をはらんでいる。たとえば、徳はそれ自体が報酬であると私たちは考える。なぜなら、隠れた動機によって有徳な振る舞いをしたことがわかったときには、私たちはその人に徳を帰さないからである。[16] 私たちは、人が何をするのか、またそれによって何が達成されるのかという点だけでなく、性格にもとづいて、つまりその人はどのような人なのかという点にもとづいて人を判断する。よい性格の人は、よいことをする試みが予測できない事情のせいで不発に終わっても、人々から賞讃される。徳について考えるとき、私たちは行為とその結果よりむしろ、行為者自身を、またその人がどのような人であるかを重視する。そのうえ、徳は確固とした傾向性であり、異なる状況のあいだで、ひいては異なる文化のあいだで比較が成り立ちうるものと私たちは考えている。だからこそ、状況の変化によって振り回されたり引き回されたりする、変形しやすい傾向性を徳と考えることが疑わしくなるのである。

帰結主義者は、これらの問題に関して対応を試みることができる。たとえば、帰結主義の理論に従うからといって、先に述べたポイントを否定する必要はないということを示そうとする――これには前記の考えの多くを再解釈することが含まれる――ことができる。しかし、いずれにしても、帰結主義者の徳の説明では、私たちがここで探究している徳の重要なポイントを説明することはできない。すなわち、徳はそれが善であるがゆえに善に肩入れするというポイントである。このポイントこそが、徳を中立的な傾向性や悪徳から区別するのであり、ある傾向性を徳にするものは、それがもたらす結果ではなく、概して言えば、その徳をもっている人の態度であるということを示しているのである。もちろん、この点は本書のような説明にとって意外なことではない。というのも、徳のなかで中心的な役割を果たすのは、徳をもっていることから生まれる結果ではなく、行為者自身の実践的推論であるということを本書では強調しているからである。この点を認めない徳の説明は、私たちの徳概念に含まれるいくつかの主要な側面を退けざるをえない立場に置かれる。これが不都合なこととみなされるかどうかは、その理論の方法論次第である。何度か強調したように、本書の説明は、すでにできあがっている理論に含まれる抽象度の高い議論からスタートするのではなく、私たちがもっている徳概念から説明を組み立てることを目指している。この視点から見れば、そのような徳の中心的側面を失うならば、徳の理論を手にすることにそもそもどのような意義があるのかという点が、少なくとも不明瞭なものになる。それに加えて、いま述べたことから、次のことも明らかになるはずである。すなわち、徳が実践とどのように関連するのかがよくわからない徳の説明を探し求めるのではなく、理論に先立つ私たちの徳理解から、またその徳理解を用いて説明を作り上げることは、徳の実践的性格を何よりも重視することと軌を一にするのである。

それゆえ、私たちは善をもたらしたり促進したりする徳の能力だけでなく、行為者自身にも訴えなければならず、またその人の行為だけでなく、有徳な推論と態度に含まれるたぐいの善に対する肩入れにも訴えなければならない。ここで善にどのような種類があるのかを詳しく述べようとするなら、さまざまな選択肢があることに気づくだろう。ここまで触れてこなかったが、明らかなことが一つある。それは、善に対する肩入れがどれも同じかたちをしていると考えてはならないということである。

一般に多元主義と呼ばれるある一つの考え方によれば、私たちは徳を一つの種類の善に対する一つの種類の肩入れと考えるべきではない。徳とはまさしくもろもろの徳のことであり、私たちが発達させる互いに異なるさまざまな傾向性の集まりである。それらはさまざまな種類の価値に、それゆえ互いに異なる種類の善に肩入れする。この種の見方に従えば、気前のよさは人助けをするという価値に対する肩入れを表現する。また、忍耐は苦難を冷静に耐え忍ぶという価値に対する肩入れを、勇敢さは何か重要なことのために困難に立ち向かうことができるという価値に対する肩入れを表現する。その他の徳も同様である。しかし、これらの価値はどれも同じ種類の価値であると考えたり、これらの価値すべてに同じ種類の善を見出すことができると考えたりする理由はない。これらの徳を身につけている人は、三つの異なる価値に肩入れするのであり、善一般に肩入れするのではない。それゆえ、その人は全面的に善い人という考えにも肩入れしない。

　この種の見解は、私たちがもろもろの徳を互いに切り離して考えるかぎりでは、常識に即しているように見える。すでに見たように、徳を生活のさまざまな状況に対処するために必要とされる傾向性と考えることは容易である。たとえば、軍人は勇気を必要とするのに対し、介護者は忍耐を必要とする。もしこの段階で止まるなら、もろもろの徳には共通点が仮にあるとしてもほんの少ししかないように見えるにちがいない。それればかりか、もろもろの徳は私たちのエネルギーを互いに異なる方向に導くように見えるだろう。この見解に従えば、生活形態が異なれば重視される価値も異なり、互いに異なる生活形態のなかで必要とされる徳は、互いに異なる方向に進む。それらの徳は、一つの生活形態のなかでは衝突することさえあるかもしれない。たとえば、忍耐強い人の肩入れは、勇敢な人の肩入れと衝突してもおかしくない。いずれにせよ、この見解では、彼らの生活が同じ価値に対する肩入れを表現していると考える理由はないのである。

多元主義者の理論のある一つの種類では、徳に関する以上のポイントが受け入れられ、もろもろの徳を統一しようと試みることによって、これより先の段階に進むことはしてはならないと考えられている。というのも、そのようなことをすれば、現実の生活のなかでは統一されていない傾向性に対して、理論の視点からある種の構造を無理やり押しつけることになるからである[17]。ニーチェはさらに踏み込んで、この見解のもとでは徳は互いに衝突する可能性があるというポイントを取り上げている。意外でもないだろうが、ニーチェの考えでは、徳同士の衝突は、現に見出すことができるだけでなく、心身の発達を示す健全なしるしとして歓迎することができる事実である。ニーチェにとって、もろもろの徳を無理やり統一し、調和のある安定した性格を目指すことは、均衡状態を目指すために自己の諸側面を抑圧することにほかならず、それは健全なことではない[18]。ここで次のことは指摘するに値する。すなわち、徳の多元性を認めるにせよ、徳同士の衝突を現に推奨するにせよ、そうすることで私たちは、徳と技能の本質的な違いと思われる点、つまり技能は生活の一面にのみかかわるという点を見失うことになるのである。もし徳が、互いに独立した無関係の価値に、あるいは互いに衝突する価値にさえ肩入れするという意味で多元的であるとすれば、徳と生活の一面にのみかかわる技能とを体系的に対比する方法を失うことになる。このことは、たとえばニーチェの次のような考え方のうちに容易に見て取れる。すなわち、ニーチェの過激な多元主義では、健全な人生には、徳と同程度に、あるいは徳以上に、芸術的な技能や才能が見られると考えられているのである。

以上の二種類の説明——徳を推論とは無関係に善をもたらす傾向性とみなす説明と、徳を互いに独立の諸価値、あるいは衝突することさえある諸価値を目指すものとみなす説明——には、徳の説明は有徳な人がもつ人生の全体的目標とは独立に、それゆえ有徳な人の隆盛とは独立に与えることができ、しかもそうすべきであるという想定がある。それに関連して、有徳な人になるときと有徳な人であるときに用いられる実践的推論は、どちらの説明のなかでも、その人の生活全体にかかわるものとはされていない。この二つの説明においては、異なる領域——領域が違えば発揮される徳にも違いがある——で生まれる異なる関心のすべてを統一された生活のなかに統合することは、実践的理性の仕事には含まれていないのである。

本書で展開される徳の説明は、この二種類の説明のどちらとも異なる。徳を適切に説明するためには、それを人の隆盛に関連づけることが間違いなく必要である（すぐあとで見るように、この隆盛とは幸福のことである）。すでに明らかなように、徳の実践的性格と技能からの類推の重要性を強調する徳の説明では、帰結主義者の説明は退けられる。また、すでに見たように、生活の環境と生きることとそれ自体の区別は、多元主義者の徳の説明を支える基盤のうち、その主要部分を削り取るものである。もちろん、これは論証によってこの種の理論を退けることとは異なる。いま私がしようとしているのは、徳は善に肩入れするという観点（それゆえ、徳は人の全体的な隆盛に関連するという観点）にもとづいて、本書の説明を位置づけることにすぎない。

そこで次に、徳は実践的推論によって、生活の全体にわたるかたちで統一されると考える徳の説明を考察しなければならない。ここで注目すべきことがある。それは、先に述べた種類の説明、つまりもろもろの徳を多元主義の視点から考える説明においても、人の生活が何らかの仕方で統合される必要があるという点である（ただし、ニーチェ流の多元主義は事情が異なるかもしれない。そこでは、人の生活を全体として一つのかたちをもったものとしてではなく、流動的なものとして考えることが好まれるからである）。しかし、そのような説明の場合には、人の生活の統一は、徳それ自体の発達にともなう実践的推論ではなく、純粋に打算的な推論のような、何か別の原因によって成し遂げられるとしなければならない。以下では、生活の全体にわたって善に肩入れするという点で、人の生活を統一されたもの、あるいは少なくとも統合されたものとみなす説明を考察することにしよう。

ここで私たちは、善の概念を大きく二つに区別することができる。すなわち、人間の生を超越した善と、人間らしい生活を送ることに内在する善である。前者のうち、一つの説明はプラトンの理論である。その理論によれば、私たちがそれを目指すように動機づけられている善は、人間らしい生活を送っているかぎり、せいぜいのところ、不十分な仕方で部分的に垣間見ることができるにすぎない。その善とは、（少なくとも『国家』の）プラトンの場合、善のイデアである。いくつかの宗教倫理では、神がその役割を果たしている。[19] この見解によれば、それぞれ別個の徳が肩入れするさまざまな種類の善は、人間らしい生活を送っているかぎり、いくらかでも完全な、あるいはゆがみのないかたちで到達することを望みえない超越的な善の表象、あるいは断片的な反映とみなされる。それに応じて、私たちが現にもっている徳も、不完全に、あるいは弱々しく善に肩入れするものにすぎない。なぜなら、私たちがどれだけ精いっぱい努力しても、人の生の限界と、人の生に必ずともなう衝突や失敗によって、私たちは常に挫折を味わうからである。それがどれくらい不完全で弱々しいのかは、この超越的な善に到達しようと努力するなかで、私たちがどこまで進むことができるのかについて、当の説明がどれくらい楽観的か、あるいは悲観的かによって決まる。プラトン自身は、この点について、それゆえ私たちが自分自身の徳を統一し、またそこから自分自身の生活を統一する可能性について、一般にかなり悲観的だった。この種の説明のうちで宗教を軸にするバージョンもまた、この問題に関して互いに大きく異なる立場をとっている。

二番目の善の概念をもつ徳の説明からすれば、理想としての超越的なよい生は私たちにとって必要ではない。むしろ、もろもろの徳は、よい生活のなかで、人間らしい生活に内在するものとの関連で統一しうるのであり、また統一しなければならない。よく知られているように、これはアリストテレスのアプローチである。アリストテレスは、プラトンの善のイデアを「実践に役立つ」ものではないという理由で、つまり人がよりよく生きることを実際に助ける目標にはならないという理由で退けた[20]。この種のアプローチは、自然主義的アプローチと表現されることが多い。なぜなら、それは、私たちが普通の生活のなかで見出すような、そして現代の倫理学のなかでおなじみになっているような、そうした人間本性を超える何ものにも訴えることがないからである[21]。この見解では、有徳な人は、互いに異なる徳を発揮するときに、互いに異なる価値に目を向けている。とはいえ、互いに異なるさまざまな徳は、善についての統一した捉え方——その善は、もろもろの徳の習得と表出に統一性を与える実践的推論によって見出され、実践されるものである——に応じるかたちで生きることによって、よい生活のなかで統一しうるのであり、また統一しなければならない。それゆえ、もろもろの徳は互いに結びつき、善に対する一貫性のある肩入れとして統一され、隆盛をともなうよい生活を送るなかで発揮される。

有徳に生きるというこの考えについても、大きく異なる二つの視点から理解することができる。一つは、有徳な生活を環境に依存するものとして（circumstantial）理解することである。この場合、有徳な生活は、ある特定の環境のもとで生きるという視点から規定される。プラトンの著作にも、アリストテレスの著作にも、理論的推論を旨とする生活（「観想的生活」と呼ばれることもある）を有徳な人が送る生活として賞揚する記述がある。この二つの例はどちらも議論の余地がある。一つには、その内容に関して問題があるからである。観想に身を捧げる生活は人間の能力から見て無理がある、あるいは人間にはふさわしくないと思う人々は後を絶たない[22]。これよりもっと重要な点がある。つまり、環境の観点から規定されるある一つの生活こそが、互いに異なるさまざまな徳の実践を統一しうるものであると考えることは、すでに何度か強調した区別、すなわち「生きることそれ自体」と「生活の環境」の区別を無視することになるのである。歴史を振り返れば、ある特定の環境のもとでのみ有徳な生活を送ることができると説いている人が山ほどいる。先に言及した記述のなかで、プラトンとアリストテレスが行なっているように、その考えに論証を与える者もいれば、単にその考えを他者に押しつけようとするだけの者もいる。そのような試みはすべて、有徳な生活についての忌まわしい説明として当然の反発を招く。なぜなら、それらは生活の環境と生きることそれ自体を区別せず、それゆえ単に一種類のよい生活を説明するだけで、それぞれの人がどのようにすればよく生きることになるかについては説明しないからである。

有徳に生きることについてのもう一つの捉え方は、生活の環境と生きることそれ自体の区別を尊重し、有徳な生活を環境に依存しないものとして（non-circumstantial）理解するものである。互いに異なるさまざまな徳を発揮することによって有徳な人が肩入れするさまざまな種類の善は、よく生きるというまさにその点で統一される。したがって、生活は有徳に生きるという点で統一性があるが、しかしこの生活は、多様な環境と生活形態のなかで送られうるものであり、それゆえそのなかのどれか一つ——観想的生活、政治参加を旨とする生活、軍事的な野望に燃える生活等々——を特別に含意するものではない。すでに私たちは、まったく異なる環境のもとで有徳な生活を送ることができることを、またどのようにしてそれができるのかを見た。もろもろの徳がそのなかで発揮されなければならないような、環境の点から一つに定まるよい生活というものはない。さまざまな環境のもとで、また多くの異なる特定の種類の生活のなかで、人は有徳に生きることができる。ここまで本書で展開してきたのは、このような種類の説明にほかならない。

もろもろの徳は、それらが有用で快いものであるにせよ、そうでないにせよ、単に賞讃に値するだけでなく、理想として私たちの意欲をかきたてるものでもある。それらが意欲をかきたてるのは、単に有用であったり快かったりするからではなく、有徳な人の徳の発揮が、善だからという理由で善に肩入れすることにほかならないからである。つまり、善は単に結果として生じるものではないのである。互いに異なるさまざまな徳は、互いに異なるさまざまな価値を目指しているように見えるが、有徳な生活の核心は、生活の環境ではなく、生きることそれ自体のうちにある。したがって、生活形態と徳の目指す価値とが多様であることは、もろもろの徳に統一性を与えることを、それゆえ全体としてのよい生活を志向することを妨げはしない。そのうえ、実践的推論の発達に関して先に見た説明は、すでに見たように、もろもろの徳はどのようにして統一されるのかという点に現につながっているのである。

理想としての、そして志向対象としての徳の側面は、これまでに何度かさまざまな角度から明らかにしてきた。この側面がどれほど重要であるかは明らかである[23]。それは、徳の統一とともに、徳は善に対する肩入れを含んでいるという考え――この考えは、送りうる生活の多種多様な形態を研究することによって初めて十分に理解することができる――を深く理解することへと私たちを導く。私たちがこの結論に至るまでの道筋は、どのようにして私が、ねじ曲げたりゆがめたりすることなく徳の適切な輪郭を描きながら、私たちの徳理解から徳の説明を作り上げようとしてきたのかを具体的に示している。もっと抽象的な根拠にもとづく定義から始める徳の説明ならば、もっと整然とした説明を与えるにちがいない。しかしそれは、徳は私たちの生活の一部であり、また私たちの生き方を導くものであるということのいくつかの意味を理解しそこなう、そういう危険を冒した説明となるだろう。

以上で述べたことから、本書のような説明（あらゆる説明でないのはもちろん、すでに見たように、徳が善に肩入れすることを認めるあらゆる説明ですらない）において、ある意味で徳は、生活に積極的な方向づけと呼びうるものを与えるということがわかる。人が追求するもろもろの目標と価値が一つにまとまり、衝突がなく、活力のいろいろな源泉がますます力を合わせるという事実によって、生活は積極的な方向性を与えられる。これは、たとえばもっぱらお金や名声を追求することによって生活に与えられるたぐいの方向性とは異なる。徳が生活に与える方向性は、どのように生きるかということ——よく生きようとすること、よい人生を歩もうとすること——にかかわる全体的目標の方向性であって、有徳に追求することも、悪徳をともなうかたちで追求することもできる、富や名声のような具体的な目標によって与えられる方向性ではない。

　次の二つの生活を比較してみよう。一つは、腐敗行為や強欲を退けながら、正直な仕方で富を追求する生活であり、もう一つは、正直か不正直かにかかわらず、富を増やすあらゆる手段を利用して、不正直な仕方で富を追求する生活である。前者の悪徳な生活には、一種類の対象、すなわち富を獲得することに執拗に意識を集中することのうちに、外見上はっきりと見分けることができる方向性が表れているにちがいない。そして、そうした視点から見れば、私たちはその生活にどのような意味があるのかを理解することができる。これに対して、後者の有徳な生活の方向性は、外から観察してもそれほど明らかにはならない。その方向性は、行為だけでなく、彼がどのような理由と感情をもっているのかを考慮に入れることができれば、そのとき初めて明らかになるかもしれない（私たちのなかでそれができる人はほとんど誰もいない。しかし、私たちはある人物の伝記を読んでその人の価値観が明らかになったときに、その人が歩んだ人生に対する評価を修正する場合がある。このようなかたちで彼の理由と感情も部分的に理解することができる）。そのため、当の有徳な生活は、一種類の目標を追求することによって与えられるような強力な方向性をもっているようには見えないかもしれない（それゆえ、富というこの目標の達成を重んずる視点からは、その生活が成功しているようには見えないかもしれない）。その生活の統一性と積極的な方向性はどちらも、彼が行なうことや、行なうなかで目指していることだけでなく、彼自身とその性格について何かを知ったときに初めて明らかなものになりうる。そのとき初めて、臆病ではなく勇敢に生きるとか、けちけちするのではなく気前よく生きるというような生き方に心を傾けることによって、彼の生活にはどのような方向性が与えられるのかということを、私たちは正しく理解することができるのである。

徳の説明は過度に単純化されることが多いが、私たちはいくつかの異なる角度から見ることによって、十分に詳細な説明(そうなっていることを願う)を手にしている。本書で私が示し、擁護している徳の説明は、実践的推論を中心に置き(この点は、技能からの類推の広範囲にわたる有効性から明らかである)、どのようにして徳は善に対する肩入れをともなうのかに関して、ある程度限定された範囲におさまる一連の立場を包含するものである。私が示してきた説明は、ある点で、つまり徳の習得と発揮にとって実践的推論が重要であることを強調する点で、アリストテレス的である。もう一つの点、つまり徳が表現しうる善に対する肩入れに関して、かなり多くの種類を認める余地がある点で、ある種の自然主義を支持するアリストテレス自身の説明(これに関してはアリストテレスに連なる長い伝統がある)よりもはるかに広い範囲に及ぶ。

いまや私たちは、徳は人の隆盛ないし幸福を(少なくとも部分的に)作り上げるという本書の第二の主題にさしかかっている。それゆえ、私たちは徳の考察に先立ってではなく、徳の考察を終えてから幸福に取りかかることになる。有徳に生きることは、蓋を開けてみれば、幸福に生きることに関係することがわかるかもしれないという点について、現代の人々は依然として理解に苦しむことが多い。徳と幸福はそれぞれ異なる理論的背景のもとで論じられることが多く、両者を結びつける試みは、無理があり、信じがたいという印象を与える。以下では初めに、私たちはある種の幸福概念をもっていて、その概念をよく知っているということを、そして、それは私たちにとって唯一の幸福概念ではないが、中心的なものであるということを論ずる。次に、私たちはこの幸福概念によって、徳は幸福な人生を少なくとも部分的に作り上げるという考えを理解することができるようになり、またそれよりもさらに強い立場を支える論証にどれだけの説得力があるのかを見ることができるようになる、ということを論ずる。

第8章　幸福に生きること

徳は隆盛ないし幸福に寄与するかもしれないという考えは、現代までのおよそ二〇〇年にわたって、とてもありそうにないことのように思われてきた。この時代の哲学者たちは、徳が幸福をもたらしうるという考えはまったくもってばかげているということをもっとも強く主張した人々のなかに含まれる。たとえば、徳は幸福の十分条件であるという考えについて、ベンサムはこう言っている。「そのようなナンセンスを吹き込むことからいかなる利益を得ることができるのか。自己矛盾をはらんだ命題からいかなる教えを得ることができるのか[1]」。ニーチェの次の言葉はさらに否定的である。「徳と幸福との一致について古代哲学者たちが行なったような、あるいはキリスト教の「何よりもまず、神の国と神の義を求めなさい。そうすれば、これらのものはみな加えて与えられる」〔マタイによる福音書6章33節〕というような主張と約束は、決して完全な誠実さでなされたわけではないが、いつも良心の疚しさなしになされた。人々はそのような命題を、それが真理であることをいたく熱望して、外見に逆らって大胆に真理として主張したのである[2]」。有徳な人は幸福であるという主張にはある種の無邪気な願望充足や過度の楽観主義が含まれているという考えは、それを支える実際の論証以上に力があり、なかなか消えることがない。ここまで私は幸福よりむしろ「隆盛」という言葉を暫定的に用いてきたが、ベンサムやニーチェが容赦なく指摘している問題を避けようと思ってそうしたわけではない。そこで、以下では幸福という観点から論ずることにしたい。

初めに、この問題にはおかしなところがあると考えなければならない。徳と幸福ないし隆盛にはもちろん概念上の隔たりがあり、そのために、幸福は有徳であることを要求しうるという考えは疑わしいものに、もしくはばかげたものにさえなる。これが一般的に見られる想定である。しかし、それにもかかわらず、徳とは何かについても、幸福とは何かについても、多少なりとも明確な説明をもっている人は私たちのなかにほとんどいない。どちらの概念にしても、それが何であるのかについて、（一般的に、あるいは哲学者たちのあいだで）意見の一致がこれほど少ないにもかかわらず、徳と幸福は相容れないにちがいないという確信はどこから生まれるのだろうか。ほかにもあるかもしれないが(3)、少なくともその源泉の一部は、徳とは何であり、幸福とは何であるのかについてのあやふやな理解にありそうである。徳に役割を与える倫理思想が復興したおかげで、私たちは以前よりも徳のことがよくわかるようになった。しかし、幸福の研究は、大衆文化のなかでも多くの学問分野のなかでも近年急激に増えているにもかかわらず、こちらについては同じように言うことができない。私たちは幸福が倫理学の重要概念であることを再認識するようになったが、幸福とは何かという話題になると、かつてないほどの不協和音があちこちから聞こえてくるのである(4)。

徳の場合と同様に、もっと前の時代の倫理的探究の伝統のうちに見出すことのできるアイディアの源に目を向けることが、ここでの考察の手助けになりうると考えられる。つまり、徳と隆盛を兼ねそなえた人生について考えるときに、ベンサムとニーチェのようにまるで異なる思想家たちが、みな一様に理解に苦しんだかもしれない時代ではなく、それに先立つ時代の倫理的探究のことである。そこで、まずはエウダイモニア主義者の説明に見られる隆盛ないし幸福の概念に目を向けることから始めよう。私は初めに、彼らの理論展開に応ずるかたちで幸福について考えることは、私たちにとって可能なことであるばかりか、自然なことでもあると主張する（ただし、この説明は、次章でそれを本書の徳の説明と結びつけるまでは完結しない）。次に、幸福とは何かについて、この説明と競合するいくつかの重要な主張に目を向ける。それらは、（もちろん調査対象は絞り込まざるをえないが、）近年のさまざまな見解を通覧したときに、そこから抜粋することができるものである。そのうえで、それらの主張がエウダイモニア主義者の説明に対して何らかの修正を示唆するものであるとすれば、それはどの程度の修正なのかについて問うことにしよう。

エウダイモニア主義

では、エウダイモニア主義者の説明とは何なのか。それは、幸福すなわちエウダイモニアを中心に置いた、人はいかに生きるべきかについての説明である。エウダイモニアは古代世界では単に「幸福」を意味するにすぎないが、もちろん私たちは、エウダイモニア主義者の説明のなかでどのような役割を果たすのかという視点からそれを理解しなければならない。そこでは、幸福は中心概念である（ただし、重要なことだが、それは他の概念の土台や基礎となる概念ではない）。しかし、それはその説明のなかで私たちが最初に出会う概念ではない。倫理的内省（ethical reflection）の出発点は、むしろ、自分の人生のあり方について考えることである。[5] この思考は、すでに大人であるか、大人に近づいている人々のなかで、自分の人生はあらゆる点で満足できるわけではないという意識をもっている人にしか生まれない。もっとも、私たちのほとんど誰もが、この内省にかかわりをもっている。なぜなら、完全に満足できる人生を送っていて、自分の人生のあり方について考える理由がないということはきわめてまれだからである。もちろん、一歩下がって自分の人生について深く考えるという気には決してならないように見える人もいる。たいていの場合、それはその人たちが恵まれた人生を送っていて、その人生のなかで幸運と自分の生き方が互いに対してどのような重要性をもつのかを問題にしないからである。

こうして、あなたは目の前の出来事から一歩下がって、自分の人生はどのようなあり方をしているのか、またそれはどこに向かっているのかという点についてあれこれ考える。ここからただちに明らかになるのは、自分の人生を眺めるときにとりうる視点には二つの種類があり、その二つは根本的に異なるということである。一つは日常的な視点である。そこから眺めると、あなたはあることをして、そのあとに別のことをする。ある行為は別の行為に時系列に沿って後続する。起床してから仕事に行くというように、あることが別のことに次々と続いていき、人生が終わりを迎えるときにこの過程も終わる。これは自分の人生についての直線的な思考であり、日々の生活を営むうえでも、それ以外の多くの点でも重要である。しかし、よく考えてみれば、自分の人生が思考の対象となる仕方にはもう一つあることがわかる。私たちはそれを自分の人生についての組織的な思考と呼ぶことができる。

あなたがいま行なっている、もしくはたったいま行なった行為を取り上げよう。あなたはその行為を直線的な仕方で考えることができる。つまり、それは一つ前の行為に続くもので、このあとには別の行為が続く（ひょっとするとそれを引き起こす）のである。しかし、あなたはその行為に関して、「なぜ私は（別の行為ではなく）この行為をしているのか」とみずから問うこともできる。ごく些細な行為の場合には、その問いに対して中身のある答えはないかもしれないが、たいていの行為にはそれがある。たとえば、「なぜあなたは運動しているのか。体型を維持するためである。なぜ体型を維持しようとするのか。健康のためである。なぜ健康を目指すのか」というようにである。あるいは、「なぜあなたはその本を読んでいるのか。ソフトウェア・プログラムの作り方を学ぶためである。なぜそれを作ろうとしているのか。コンピューターの専門家になるためである。なぜコンピューターの専門家になろうとしているのか。よい経歴をもちたいからである。なぜよい経歴をもとうとするのか」という具合に問いと答えが続く。「なぜ」という問いをこのように続けることによって、あることをするときにそのなかであなたが目指していることが、いまだけではなく、広く人生のなかで目指していることが示される。このように、もろもろの行為は時系列に沿って結びついているだけでなく、「この行為はあの行為のためにある」という関係によっても結びついている。あなたが自分自身の人生のなかでもろもろの行為をこのような視点から考えるなら、いま行なっていることのなかであなたが目指していることが明らかになる。ここですぐに見えてくる一つのポイントは、私たちが人生のなかでもつ数々の目標は入れ子になっているということである。たとえば、なぜその本を読んでいるのかという問いに対する答えは次第に包括的なものとなり、それぞれの小さな目標はもっと大きな目標のためにあるということが明らかになる。あなたのもろもろの行為は、体系的な型のなかにきれいに収まる。ある時点であなたがしていることの描写は、あなたがこのような構造について考えるときに、人生のもっと大きな目的や目標が何であるのかを明らかにするのである。

このように、私は自分の日々の行ないを内省することで、自分にはもっと大きないくつかの長期的目標があることに気づく。当たり障りのない単純な例で言えば、健康を維持すること、よい経歴をもつこと、円満な家庭生活を送ることがそれに当たる。では、私たちはここから先には進まないのだろうか。一見すると、それはもっともなことのように思われるかもしれない。私にはいくつかの長期的目標がある。そのことに何か問題があるだろうか。多少なりとも複雑さをともなった人生であれば、そこには、日々の小さな目標を入れ子のように含んだいくつかの大きな目標があるにちがいない。しかし、実際には、行為についての組織的な思考がひとたび動き出すと、その思考は行為を統一的に捉えようとする。そのため、私たちは、その思考によって明らかになった人生の数々の目標について考えさせられることになる。第一に、私がもっている数々の目標は、互いに共存できるものでなければならない。なぜなら、よい経歴をもつことと円満な家庭生活を送ることを例に挙げるなら、私はその両方を望んでいる段階にじっととどまるわけではないからである。たしかに、その二つが衝突する可能性を心配することなく、両方の達成を目指すことができるような状況もある。しかし、多くの状況では、両方を同時に達成しようとするときに起こる衝突についていくらか考えなければならない。たとえば、働くのに好都合な場所で私の仕事が軌道に乗り始めたまさにそのときに、パートナーが引越ししたいと言い出すかもしれない。この種の考慮事項は、私たちのさまざまな目標に関して常に生まれる。そのため、私がどのような目標のために行為し、日々を送っているのかを明るみに出す思考は、それらの目標をどのようにして整合させることができるのかという問いを生み出す思考でもある。常日頃から私たちは、その答えが明瞭であるときには、大して考えることもなく目標を整合させる。たとえば、ある学位の取得にもはや価値を見出さなくなったり、別の学位が必要であると判断したときには、当の学位をとるための勉強をやめるだけである。しかし、衝突せざるをえない諸目標をもっているときや、曖昧な目標や自己破綻した目標が一つかそれ以上あるときには、内省的思考によってこれらの問題が表面化する。そのとき私たちは、諸目標を矛盾なく達成するためには、どのようにしてそれらを調整し、修正し、再編成すればよいのか、ということについて考えさせられることになる。

このように、内省は、(時間、お金、労力といった)制約と目標相互の達成可能性に照らし合わせながら、どのようにすればもろもろの目標を達成することができるのかを考えることのきっかけになるとともに、それを考えることの後押しもする。この思考は諸目標を統一的に捉えようとする。なぜなら、それらはすべて私の目標だからである。また、私はそれらを達成するための統合的、統一的方法をもっていなければならない。なぜなら、私の人生はただ一つ、すなわち私がいま歩んでいる人生だけだからである。ここで働いているのは、目標の種類とそれらがどのようにして調和しうるのかに関する抽象的な思考ではなく、人生のなかで私がもっている数々の目標をほかならぬ私がどのようにして達成できるのかに関する思考である。それは私の人生とそのあり方についての思考にほかならない。それは実践に通じる思考、すなわち私の人生と、人生をどのように組織立てるべきかについての思考である。(6)

こうして、あることを別のことのために行なうということについての当初の日常的な思考は、私の人生全体を組織立てて考えることに切れ目なくつながっている。これは私の人生についての包括的な思考である。私は達成しようとしているさまざまな目標をもっており、私がすでに歩んでいるこの一つの人生のなかでそれらの目標を達成するためには、それらを組織立てて統一性をもたせなければならないということが、私にはわかってくる。また、それは活動につながる思考である。私が自分の目標をどのように組織立てるのかは、私の生き方と行為の仕方を形作る。この思考は、それらを単に記録するものではない。行為を直線的に考えるときには、私は自分の生き方を観察することができるにすぎない。しかし、行為を組織立てて考えるときには、私はある課題に、すなわち私がそこに向かって努力しているもろもろの目標を組織立て、私の人生全体を形作るという課題に直面することになるのである。

私の人生が全体として目指しているもの、これこそが古代の倫理学理論のなかで「テロス」すなわち「人生の全体的目標」と呼ばれるものにほかならない。「私の人生には、私がそこに向かって努力するある目標がある」という見解を私たちが現代的な視点から考えるなら、「自分の行なうあらゆることが、ただ一つの目標ないし目的に寄与する」とは信じがたいと私たちは答えるかもしれない。しかし、このように考えるなら、根本的な誤りを犯すことになる。つまり、それは、人生の全体的目標が明確に定まったかたちですでに与えられていると考えることにほかならないのである。これはまるで、私の人生がある特定の目標を達成することに向けられていることを私はすでに知っているので、私はただどのようにしてそれを達成すればよいかを考え出しさえすればよい、と言っているようなものである。自分の人生をこのような仕方で考えることはないわけではないが、そうするのはほんの一握りの人にかぎられる。それは、芸術や政治や宗教上の事柄に対する使命感を若い頃からもっている人であるのが普通である。たいていの人は、自分の人生がどこに向かっているのかに関して、このような明確な理解をもっていない。私たちは、人生全体のなかで自分が何を目指しているのかについて、非常にぼんやりとした考えをもっているにすぎない。

まさにこれが、エウダイモニア主義の考え方にほかならない。エウダイモニア主義によれば、私たちの「究極目的（final end）」とは何かについて、私たちはよく言ってもぼんやりとした考えしかもっておらず、ひょっとすると混乱した考えをもっているかもしれない。私たちの究極目的としてもっとも見込みがあるのは、「よい人生（a good life）」ないしは「よく生きている人生（a life lived well）」であるが、これもまた漠然とした考えであり、それ自体としては役に立たない。これは、エウダイモニア主義を掘り崩すものではなく、むしろ支えるものである。というのも、倫理的内省を始める時点では、自分が人生全体のなかで何を目指しているのかについて、明確な考えをもっている人はほとんどいないからである。もし私たちがそれをもっているとすれば、倫理的内省も倫理学理論も必要がないことになるだろう。目的はすでにはっきりと見えているのだから、私たちが抱える問題は、現実にそれを達成することのうちにしかないであろう。ところが実際には、ほとんど誰もが、（いずれにせよ、ほどほどに思慮がある人なら誰でも、）自分がもっているもろもろの目的は正確に言ってどのようなものであり、それらはどのようなかたちをとるべきなのかということを明らかにしながら、それらの目的をある程度まで積極的に統一する、そのような人生をすでに歩んでいるということを私たちは見出す。この場合、究極目的は、人生全体のなかで私が目指していることについての漠然とした考えである。倫理的思考の役割は、それについてもっとはっきりと考えさせることであり、いずれにせよ私たちがすでに行なっていることを、もっと上手に、理路整然とこなすようにさせることなのである。

私たちは究極目的について何かもっと明確なことが言えるだろうか。この時点でアリストテレスは、もっと明確に言えることは何かに関して、あらゆる人の意見が一致していると言う。すなわち、究極目的は幸福（エウダイモニア）にほかならない。しかし、アリストテレスが言うには、幸福とは何かについて人々の意見が一致しない以上、この答えによって大きく前進するわけではない。現代の人々が幸福という概念にやきもきするのも、まさにこの点なのである。この話題はあとで再び取り上げることにしよう。さしあたり指摘しておきたいのは、ここでアリストテレスは、「あなたはいま行なっていることをどうして行なっているのか、あなたはどのようにしていまもっているすべての目標をもつことができるのか」という問いに対して常識のレベルで与えることができる唯一の答えとして、幸福という概念を持ち込んでいるにすぎないという点である。つまり、幸福は常にそのような問いに終止符を打つということが、常識のレベルで人々が訴える考えなのである。私は健康や経歴や家族を幸福の一部として望むかもしれないが、何か別のものの一部として、あるいはその手段として幸福を望みはしない。幸福はそれ自体として私が望んでいるものであり、私のその他の目標の終着点である。

しかし、究極目的ほどではないが、幸福もかなり漠然とした概念である。この点は、アリストテレスがすぐに次のように話を続けていることから読み取れる。すなわち、何が幸福をもたらすのかについては、（富と考える人もいれば、地位や名声と考える人もいるように、）単に日常的なレベルで意見が一致しないだけでなく、（幸福は快楽から成り立つと考える人もいれば、徳から成り立つと考える人もいるように、）理論的なレベルでも意見が一致しないのである。アリストテレス自身、幸福の本質は何かという問いに答えるために、倫理学の著作のかなりの部分を割いている。彼の答えは、幸福な人生のなかで、行為者自身の力で作り上げることができるものと、素材としてもっていなければならないものとの関係を正しく理解するという関心によって、著しい影響を受けている。アリストテレスの答えは、ほぼ間違いなく、のちにストア派などが展開した答えほどはうまくいっていない。[7]ここでの関心は、アリストテレス自身の答えにあるのではない。むしろ、エウダイモニア主義者の考える幸福が、私たちの人生は全体としてどの方向に進んでいるのかについての非常に曖昧で不明確な考えと、（お金、快楽、徳といった）日常的および理論的レベルでの明確な答えのあいだに位置し、両者を媒介する役割を果たすというポイントにある。幸福は、私たちの誰もが人生の一般的目標として望むものであり、人生の全体的目標をもつことという不明確な考えを明確にするものである。とはいえ、それはまだ十分には明確でないため、幸福の本質は何か、またそれを実現するにはどうすればよいのかについて、人々は互いに根本的に異なる見解をもっているのである。

幸福が果たすこの役割は、倫理学理論のなかできわめて有用である。常識のレベルでは、人生のなかで目指すに値するものは何かについて、人々の意見は分かれる。しかし、追求しているものが金儲けであれ、名利であれ、他者への奉仕であれ、誰もが幸福を目指しているという点では人々の意見は一致している。それゆえ、幸福は、倫理学理論の出発点となる考えに人々の常識が一致する、そういう地点を形作っているのである。幸福を注意深く、かつ厳密に考えるなら、それはいったい何であるのか。この点について、アリストテレス、エピクロス派、ストア派、後期プラトン主義、キリスト教は、それぞれ互いに競合する仮説を与えている。これらの理論はすべて、専門的な内容をどれほど多く含んでいるにせよ、一般の人々が自分自身にぶつける問いに対するより厳密な答えとして、誰でもすぐに利用することができる。倫理学理論を学び始めることは、倫理についての日常的な考えのすべてを捨て去ることも、あるいはその大半を捨て去ることも要求しない（もっとも、倫理学理論それ自体が非常に直観に反する結果をもたらすことはあるかもしれない）。倫理学理論は、私たちがすでにしていること――自分の人生はどのようなあり方をしているか、またどのようにすればもっとうまくやれるのかを考えること――を改善するために役立つのである。

もちろん、現代のエウダイモニア主義者の理論は、構造の点でもそれが生み出す結果の点でも、古代の理論と同じではない。なぜなら、当たり前のことだが、倫理学理論はその都度の時代と場所で生まれる関心に応じなければならないからである。しかし、古代か現代かを問わず、エウダイモニア主義者の理論は、日常の倫理的思考と倫理学理論を交わらせるという中心的な役割を幸福に与える。このことの一つのメリットは、私たちは自分が行なうことをいくつかの倫理学理論を用いて見つけ出すのではないという点にある。私たちは、自分がもっている概念や考え方ではうまくいかないと感じさせる問題に直面したときに、倫理学理論を必要とするようになる。倫理学理論は、当の問題を解決しようとするまさにそのときに、私たちの概念や考え方を理論から持ち込まれる別の概念や考え方に置き換えるよう命じるが、後者が私たちの問題とどのように関連しているのかは明らかでない。エウダイモニア主義は、このようなトップダウン方式の特徴をもたない。

　エウダイモニア主義者の考えでは、心のなかではっきりとそう思っていようがいまいが、私たちは幸福を求めている。なぜなら、私たちは、自分のただ一つの人生を歩むなかで、自分の数々の目標をどのように調整すればよいのかについて、誰でもそれとなく考えているからである。幸福は、それぞれの人にとって、あなたの幸福として、よく生きることをあなたがどのように達成するかの問題として位置づけられる。それは、外から押しつけられる何らかの計画ではなく、自分の人生についてのあなた自身の考えから生まれる要求とは別に、何らかの理論によって課される要求でもない。それと同時に、幸福は単に、あなたがそうあってほしいと思っているものでもない。幸福の追求の仕方には優劣がある。というのも、人生の数々の目標や目的をどのように組織立てるか、またそれらを全体的に達成する人生をどのようにして歩もうとするのかについては、うまいやり方もあれば下手なやり方もあるということは明らかだからである。

　一つの重要なポイントは、幸福の役割を私の全体的目標として展開するなかで、私の利益と他者の利益の区別はこれまでのところ当面の問題に関係していないという点である。幸福が私の全体的目標であるのは、当たり前のことだが、私の人生を歩んでいるのは私だからである。幸福が私の全体的目標であるのは、私が自分以外の人の利益や関心を考慮することができない、あるいは考慮しないからであると信じる理由は何もない。エウダイモニア主義者の思考のなかには、この考えを引き出すための源は存在しない（もっとも、このことだけで、エウダイモニア主義は利己主義に与するものであるという反論がやむわけではない。この問題は次の章で再び取り上げる）。

エウダイモニア主義と幸福

エウダイモニア主義者の思考のなかでこのような役割を与えられた幸福は、私たちが理解している幸福と同じものなのか。

この問題は、エウダイモニアと私たちの理解している幸福は同じものなのかというかたちで提起されることもある[8]。両者はある一つの点で異なっている。アリストテレスをはじめ、古代世界でこの問題を論ずる者たちはみな、何を行なうにせよ私たちの誰もがそのなかでエウダイモニアを追い求めているということは完全に明白であり、否定できないことであるとみなす。しかし、幸福の場合には、このことは私たちにとって同じくらい明白であるわけではない。明白であると思う人もいれば、そのことに同意はするが、明白ではないと思う人も、そのことを否定する人もいる。このような違いが生まれる一つの理由は、私たちの考える幸福が、エウダイモニア主義者の伝統のうちにある幸福よりも、（しばしば柔軟性にかなり乏しいかたちで）はるかに明確に定まっているからである。たとえば、ある人々は、何を行なうにせよ自分はそのなかで幸福を追い求めているということをきっぱりと否定する。そのような人々は、幸福を内容がすでにしっかりと定まった目的として理解し、自分は幸福を追い求めているかもしれないが、同時にそれとは別のもろもろの目的も追い求めていると主張する。その種の目的があらかじめ明確に定まっていることが、ここでの問題を形作っている。この考えの影響を何ら感じないことは私たちにとって困難である。そのため、幸福は、一般的なレベルでは、何を行なうにせよ私たちがそのなかで目指しているものであるということは、かつてとは違って、現在の私たちにとってはまったく明白なことというわけではないのである。(9)

とはいえ、この点は克服できないものではない。幸福について語るとき、現代ではたいていの場合、それは不確定の目的ではなく、すでに明確に定まった目的として位置づけられるというポイントに拘泥するのは誤りである。第一に、私たちはエウダイモニア主義者の考える幸福に現に合致する幸福観をもっている。よくある論争を例に挙げよう。ある同僚が自分の価値観に従って行為し、その結果として職を失った場合（たとえば、不正を告発したのかもしれない）、その人は人生を台無しにしたのか、それともそうではないのか。一方の人は、彼女は自分の幸福を台無しにしてしまったと言う。なぜなら、もう彼女は雇用してもらえず、これまでしてきた訓練も抱いてきた野望もすべて無駄になるからである。もう一方の人は、もしそのように行為しなかったとしたら、彼女の人生は不正直と欺瞞によって汚され、決して幸福ではなかっただろうと答える。これは、幸福についてのよく目にする有意味な論争である。この二人はどちらも、彼女の幸福の核心はどこにあるのかを論じているのであり、幸福とは何かについての考え方がそれぞれ違っていることを想定したうえでそうしている。幸福には物質面での豊かさが不可欠なのか、それとも正直な人であることの方が幸福にとってもっと重要なのか。もし私たちの誰もが、幸福とは何かについて、幸福の内容がすでに定まっている説明に賛成するとしたら、このような論争が起こるはずがない。彼女が幸福を台無しにしたのかそうでないのかは、起こったことを見ればそれだけで明らかになるだろう。

幸福の内容はすでに定まっていなければならないと私たちが想定しがちなのは、一つには社会科学の分野での幸福研究に原因がある。そこではその想定のもとで研究が進行する。というのも、もし幸福の内容が定まっていないとすれば、幸福を測定することができず、社会科学の方法論に則った実験のなかで調べることができないからである。実際、幸福に関する膨大なデータが、心理学者や経済学者によって、また幸福と同一視されるものを測定している人々によって集められてきた(10)。この種の研究が幸福を適切に理解しているのかどうかという問題は、ここでは論じない(エウダイモニア主義者のアプローチからすれば、答えはもちろん否である。しかし、いまはその点を追究することはできない)。現時点では、社会科学のなかで用いられる幸福概念が、個々人が自分の人生について考えるときに利用する概念としては明らかに不適切であるという点だけを指摘しておく。エウダイモニア主義者の考えでは、倫理的内省の出発点は自分の人生のあり方を内省することである。測定し算定することのできる明確な対象が社会科学にとってどれほど有用であろうと、あるいはそうでなかろうと、あなたが自分自身の人生について、またもっともよく人生を歩むにはどうすればよいかについて考えるとき、その幸福概念は適切でも有用でもないと思われる。私たちの各人が自分自身の人生を考えるときに動き始める内省は、むしろ次のような考えに結びついている。すなわち、幸福はすでに私たちが漠然としたやり方で目指しているものであり、内省の課題は、それを達成することができるように私たちをもっと明確なやり方に導くことにあるという考えである。

エウダイモニア主義者の考えにもとづく幸福の説明には、一つの有力な批判がある。その批判に答えることは、幸福の重要な特徴を示すのに役立つ。まず、私たちはみな自分の人生全体のなかで、前もってその内容を明確にすることはできないが、ある何かを漠然と目指しているとしよう。さらに、その何かとは幸福のことであり、それは、私たちがさまざまな仕方で達成しうるごく一般的な目的として理解されるとしよう。ここでも幸福は、私たちの普通の考えが理論に接する地点を形作っている。というのも、幸福を達成するためには、それを達成するために自分は何をしているのか、またそのやり方はどのようにして改善できるのかについて、私たちは深く考えなければならないからである（ここでは、自分の数々の目標はうまく組織立てられていて、自分の人生はいまのままでも完全に秩序立っていると考える人はほとんどいないと想定している）。この時点で、さまざまな倫理学理論が、幸福を達成するにはどのようにするのがもっともよいのかについて、さまざまな選択肢を私たちに与える。すでに確認したように、ここには、幸福を達成しようとする方法には優劣があり、互いに異なるさまざまな倫理学理論が互いに競合する答えを私たちに与えるという前提がある。しかし、その場合、ある人々は別の人々よりもよい答えを見つけることができるということにならないだろうか。もしそうだとすれば、その他の大勢が彼らの言うことに耳を傾けるのは賢明なことであろう。そうすると、彼らは、どうすれば幸福になれるのかを別の人々に教える立場にいることにならないだろうか。とはいえ、一部の人々が別の人々にどうすれば幸福になれるのかを教える立場にいるということは、直観的に不快であるだけでなく、理論のレベルで考えても、反対すべきパターナリズムにほかならない。哲学者のなかには、ここにエウダイモニア主義から生まれる不安材料、つまり一部の人々がよい人生についての自分の見方を他者に押しつける危険性を見て取り、あとずさりする者もいる。

この反論は、生活の環境と生きることとそれ自体を区別しそこなうことにもとづいている。すでに見たように、これは決定的に重要な区別であり、もろもろの徳について、またそれらが生活全体のなかでどのように統合されるのかについての混乱を避けるために必要となる。この区別は、エウダイモニア主義者の考える幸福に関して混乱を避けるためにも留意しなければならないが、そのことは驚くに値しない。なぜなら、彼らの考える幸福も生活の全面にかかわるものだからである。あなたの生活のいくつかの側面は、それらが生活のなかに存在することを自分ではどうすることもできない要素である。すでに見たように、徳はこの種のもののうちには含まれず、むしろあなたが自分の人生をどのように歩むのかということのうちに、つまり、無視することはできないが、緩和したり対処したりすることのできるこれらのさまざまな要素をどのように扱うか、ということのうちに見出すことができる。

これと同様に、エウダイモニア主義者の考えでは、幸福は、あなたが自分の人生をどのように歩むのか、あなたの人生に含まれる素材をあなたがどのように扱うのかの問題である。幸福は、あなたが何をもっているかの問題ではなく、美しいか、健康であるか、力があるか、裕福であるかの問題でもない。幸福な人生は、単にこうしたものをもっている人生ではないのである。実際、いま挙げたものをすべてもっていながら、少しも幸福に生きていない人もたくさんいる。幸福な人生とは、もしあなたがそれらのものをもっているなら、それらのものをうまく扱いながら生きる人生であり、もし病気や貧困や地位の喪失が降りかかるとするなら、それらにうまく対処しながら生きる人生なのである。このような考え方にもとづいた幸福の説明は、どのように生きるべきかを教えているのであって、生活の環境を維持することや変えることを促しているのではない。したがって、それは、幸福な人生には健康や大金や教養といったものが必要になるとは言っていない。その説明が私たちに告げているのは、どのような環境のもとで生きているか、たとえば健康か不健康か、裕福か貧乏か、学があるか無学かということにかかわりなく、私たちは、単にこれまでと同じように生活の環境に対処し続けるのではなく、自分の人生について考え、よく生きるよう努力しなければならないということである。注目に値するのは、まさにこの点で、その種の幸福の説明は現代の社会科学の理論から得られるアドバイスとよい対照をなしていることである。たとえば、既婚者は未婚者に比べて、教会に通う人はそうでない人に比べて統計上いっそう幸福であるのだから、もしあなたが幸福になりたいのなら、結婚したり教会に行ったりするのが賢明であるというようなアドバイスである。これは明らかに、生活の環境とどのように生きるかを混同している。たとえば、もしあなたが情緒不安定の状態にあるなら、幸福の観点から見ても、別の観点から見ても、結婚することはたいてい非常にまずい考えであり、教会に出入りするようになることもおそらくそうであろう。ましてや、幸福になるために**こういう**ことをしようというのは、なおさらまずい考えである。

同様に、いくつかの幸福理論も、私たちの環境がどのようなものであれ、そのなかでもっともよく生きるにはどうすればよいのかについて私たちに指針を与える。快楽主義者の教えによれば、私たちが裕福にせよ貧乏にせよ、学があるにせよ無学であるにせよ、私たちは、何をするにしてもそこから快楽を得るようにして生きるべきである。アリストテレスの教えによれば、私たちの生活がどのようなものであるにせよ、私たちは有徳に、つまり勇敢に、節度をもち、正義を守り、知性を働かせて生きるべきである。ただし、アリストテレスは生活の環境にいくつかの制限を加え、あまりにもみじめな環境のもとでは私たちは有徳に生きることができないと主張する。ストア派はこれを否定し、環境に恵まれていようがいまいが、どのような環境のもとでも私たちは有徳に生きることができると言う。これらは、幸福に生きるためには何をする必要があるのかについての対照的な見方である。しかし、それらはどちらも、(結婚することや教会に通うことといった)何らかの特定の生活を私たちに強いるものではない。なぜなら、アリストテレスもストア派の哲学者も、どのように生きるかという意味での幸福について論じているのであって、どのような環境のもとで生きるかについて助言を与えているのではないからである。古代ギリシアのポリスやローマ帝国、また中世のキリスト教国家やユダヤ教国家やイスラム教国家のもとで生きた人々とまったく同じように、私たちはこんにちこれらの理論に従うことができる。アリストテレス自身は、非常にかぎられた環境のもとで生きている人々に向けて書いていた。しかし、その種の事情はここでの議論にとって重要ではない(11)。幸福は活動にかかわるものである。つまり、幸福は、何を行なうにしてもそれをどのように行なうかの問題であり、自分の人生について深く考え始めるときに、置かれている環境がどのようなものであっても、とにかくその環境のもとでどのように生きるかの問題なのである。私が倫理的内省を始めるときに、私の人生には、手を加えるための素材とみなさなければならないものが数多くある。倫理面から見てこのとき最初の一歩となるのは、自分の置かれた状況から注意をそらすことではなく、ましてやそれを無視することでもなく、その状況の本質は何かを理解し、できるかぎり自分のことを知り、それからこのような環境のもとでもっともよく生きるにはどうすればよいかを考えることである。そうすることによって初めて、私はさまざまな倫理学理論が与えるさまざまな選択肢を検討することができる位置に立つのである。

以上の簡潔なコメントだけでも、エウダイモニア主義の伝統に含まれるさまざまな幸福理論が、生活の環境に対してさまざまな態度をとりうるということは明らかである。アリストテレスは、生活の環境によって幸福が届く範囲は制限されると考える。別の理論では、生活の環境は重要であるが、アリストテレスが言うのとは違った意味で重要であるとされる。(お金や健康などの点で)恵まれた環境は、それ自体ではただの素材にすぎず、それだけで私たちを幸福にすることはできないかもしれない。しかし、ことによると、それはよい人生をさらによくすることができるのではないか。ひょっとすると、それはよく生きることや幸福であることとは別の種類の価値をもつかもしれない。古代の理論は、選択肢となるこれらの考え方を実り豊かな手の込んだかたちで展開している。現代の理論は、これらの問題、とりわけ徳は幸福の必要条件かそれとも十分条件か[12]という問題をようやく取り上げ始めたところである。いずれにせよ、幸福とは何かを明らかにし、またそこから幸福と徳の関係を明らかにしようとするなら、生活の環境と生きることそれ自体を区別することが決定的に重要になるということだけは少なくとも明らかである。

ここまでエウダイモニア主義者の説明の概要を述べてきたが、幸福に関するある重要なポイントには注意を向けなかった。すなわち、幸福な人生は、あなたにとって楽しく、快く、励みになる人生であり、あなたがそれを続けたいと思う人生である。他方、不幸な人生は、みじめな人生で、楽しいところがほとんど、あるいはまったくなく、できることなら避けたいと思う人生である。言い換えれば、幸福は快楽との何らかのつながりを含意するように見える。エウダイモニア主義者の説明はこの点を否定しない。アリストテレスが言うように、あらゆる人が幸福の説明のなかに「快楽を織り込んで」いる。[13] とはいえ、エウダイモニア主義者の説明において、幸福とはまさに快楽にほかならないという結論は出てこないことは明らかである。なぜなら、快楽は私たちのあらゆる目的と価値観を統一する究極目的という身分にはふさわしくない以上、幸福は快楽ではありえないからである。この目的は最初のうちは不明確であり、さまざまな理論がさまざまな仕方でそれを確定することによって、いかに生きるべきかについて私たちに指針を与える、という点を思い出してもらいたい。快楽主義者の教えによれば、幸福とはまさに快楽のことであり、それゆえ私たちは、何をするにしてもそのなかで何らかの仕方で快楽を追い求めることによって、もっともよく生きることになる。しかし、この理論は、何らかの制約の有無にかかわらず、有徳に生きることを目指すべきであると告げる、そうした理論の代案となるものである。つまり、ここでも幸福は不確定の目的なのであり、快楽はその目的を明確にする一つの候補として提案されているにすぎないのである。

快楽と幸福

現代の幸福の説明では、幸福と快楽はこれとは違ったやり方で結びつけられることが多い。このやり方が使われるようになったのは、せいぜいのところ一八世紀後半からである。その説明では、幸福は快楽と同一視され、快楽はある種の感覚として理解される。幸福を論じた近年のある著者によれば、「幸福とはいい気持ちを感じていること」にほかならない[14]。幸福は一義的には感覚をもつことや感覚が生じることとして理解され、そのような感覚を含んだ人生という意味は、たとえあるにしても、二次的なものにすぎない。幸福についてのこの特定の考え方は、いまではすっかりありふれたものとなっている。何の脈略もないところで、「あなたは幸福ですか」と不意に尋ねられたら、まずは幸福に感じているかどうかを考え、そのあと初めて長期的な幸福に目を向けるだろう。私たちは、はっきりと人生全体に適用される長期的な幸福概念ではなく、短期的な出来事や感覚に結びついた幸福概念をもっている[15]。このようなことが起こったということは注目に値するが、それはある程度までは歴史と言語に生じた偶然の出来事かもしれない。全体にわたる幸福と感覚の両方に使える一つの単語をもたない言語もある。英語の場合にしても、幸福という言葉を感覚に当てはめるようになったのはせいぜい一八世紀後半からのようである。とはいえ、この使い方は、いまでは幸福に関する私たちの考え方の一部になっているので、その点は考慮に入れておく必要がある。

幸福な人生の基礎を形作るものとして、快い感覚は適切な種類の代物になりうるのか。これは最初からうさんくさい感じがする。たらふく食べたときに快い感覚をもつことや、散歩や読書などの活動を楽しむのは結構なことであるが、これらの感覚はその対象が消えたときに消失する。食べることの快楽は食事を終えたときになくなり、散歩や読書から得られる楽しい感覚もその活動を終えたときになくなる。いかに生きるべきかを真剣に考えるときに、快い感覚はどうみても私たちにとって重要なものにはならない[16]。快楽は、人生のなかでもっとも重要なもの、あるいはそれを中心として人生が組織立てられる目標となるにはあまりに取るに足らない代物である。人生のなかでもっとも重要なものは快楽であり、快楽こそが最優先の目的であると考える人のことを聞いたと想像しよう。私たちは、この人はわがままな二歳児と同じ精神構造をもった大人であると結論するだろう。また、この人はどのようにして現実の世界を生き抜くつもりなのだろうかと不思議に思うだろう（わがままな二歳児の方ですら、あまりうまくいかないにちがいない。どの子育て本でも指摘されているように、常に快楽を与えようとすることによって子どもを幸福にしようとしても、実際のところそのやり方では功を奏さない）。

快楽について何か否定的なことを言うと、ピューリタニズムの表れであるという誤った印象を与えることがよくある。この点に応じるために、私たちが自分の子どもに歩んでほしいと思う人生のなかで、快楽がどのような役割を果たすかを考えることは価値がある。私はピューリタンではないと仮定したうえで、自分の子どもが幸福な人生を送ることを望んでいるとしよう。この場合、私は自分の子どもがいろいろな活動を楽しみ、快い感覚をもつことを望むにちがいない。しかし、楽しむことや快く感じることは、その子の人生を幸福な人生にすることができるだろうか。この考えは二つの点で見当違いである。第一に、もし私の子どもが低俗な活動や中毒性のある活動を楽しみながら生きるなら、私は自分の望みがかなったとはまず思わない[17]。次に、たとえ活動がまじめなものであっても、人生が活動そのものによってではなく、そこから得られる快い感覚によって幸福になるとすれば、それには何か間違ったところがある。たとえば、人助けをすることを快く感じ、その快い感覚のゆえに自分の人生は幸福であると考え、人助けをしても快く感じることがなくなれば、ためらうことなくそれをやめる人がいるとしよう。自分の子どもが成長してこのような人になったとすれば、どの親でも困惑するにちがいない。先に挙げた例と同様に、これも大人にふさわしい態度ではない。私たちは、なぜ間違っているのかを説明できるようになる前から、たしかにそのとおりであると思うのである。

それがなぜ間違っているのかを説明するための一つの手がかりは、快楽は私たちの道徳心理のその他の部分と適切な種類のつながりをもたないという点にある。これは、「因果連関の深さ（causal depth）」の欠如と呼ばれている[18]。幸福を単にいい気持ちを感じていることと考えるなら、私たちは、たとえばいやな出来事が人に及ぼす影響の種類の違いを区別することができなくなる。ダニエル・ヘイブロンのわかりやすい例のなかから、次の二つのシナリオを取り上げることにしよう。一つは、私が快い感覚をもっていて、いい気持ちを感じているときに、タイヤがパンクする。もう一つは、私がいい気持ちを感じているときに、自分の子どもが死ぬ[19]。もし幸福が快い感覚をもつことにすぎないとすれば、この二つの出来事が及ぼす影響は同じであるように見えるだろう。つまり、私は最初に快い感覚をもっていたが、そのあとそれをもたなくなり、代わりに苦しい感覚をもつようになるのである。どちらのシナリオでも私はもはやいい気持ちを感じていないが、そのあり方には違いがある。その違いを理論的に区別できないとすれば、それはばかげたことである。そこで快楽主義者は、最初のケースよりも二番目のケースの方が、快い感覚の喪失感がいっそう強いと言わざるをえない。しかし、これが正しい区別でないことは明らかである[20]。真の違いは、二番目のケースの出来事の方が、いっそう広範囲にわたる影響と波及効果を生むという点にある。私にとってその出来事の何が悪いのかと言えば、それはいい気持ちの喪失感が強いことでも、苦しい感覚が生じることでもなく、子どもを亡くしたことが私の人生の全面にわたって幅広く一貫した影響を及ぼすからである。パンクの場合にはこのようなことは起こらない。それは快い感覚を失わせるが、私の人生に広範囲にわたる衝撃や深い衝撃を及ぼしはしない。

幸福は究極目的としての役割をもち、私たちは幸福を達成しようとするなかで自分の人生を形作るという点を忘れないようにすれば、幸福の本質は快い感覚や活動を楽しむことのうちにあるかもしれないという考えは、ちっとも説得力がないものになる。快楽はこの役割を果たすにふさわしい種類の代物ではない。幸福を快い感覚と解釈するなら、エウダイモニア主義者の幸福概念と根本的に異なるだけでなく、著しく卑小化された幸福の概念を作り出すことになる。

幸福と欲求

幸福は、欲しいものを手に入れ、欲求不満に苦しまないということと関係しているにちがいない、という考えに私たちが従うなら、もっと説得力のある候補が見えてくる。この点は、たとえば幼い子どもにとって大切なことのように思われる。私たちは誰でも欲求をもっている。それゆえ、幸福な人とは欲求が満たされている人であると思うのは容易なことであろう。こうして、幸福とは単に快い感覚をもつことであるという考えよりも一歩進んだ説明として、欲求充足に着目した幸福の説明が出てくるのである。

欲求充足説は、まったく異なる種類の人生を歩んでいる人々がみな幸福でありうるという点に注目する人にとって、魅力的な説明である。もし私たちがこの点を真剣に受け止めるなら、幸福な人生に対して何であれ特定の具体的な内容を要求することは望めないように思われる。誰もが受け入れることのできる内容をもった人生をどのようにして挙げることができようか。幸福な人生とは静かで穏やかな人生でなければならないと考えるなら、身体活動や政治参加を旨としながら幸福に生きている人々のことがすぐに思い浮かぶ。幸福はさまざまな難題を乗り越えることを要求すると考えるなら、平穏な観想的生活のことが思い浮かぶ。幸福とは欲求が充足されることであるという考えは、幸福な人生の内容に関して適切にも中立的な立場をとっているように見える。あなたの欲求が何であれ、欲求するものを手に入れるなら、あなたは幸福なのである。これとは別の根拠を挙げてすでに確認したように、万人の人生に当てはまるような、単一の環境的内容にもとづいた幸福の説明を考え出すことは誤りである。それゆえ、欲求充足説は展開の見込みがある考えのように見えるかもしれない。

この考え方にはすぐに一つの問題が生まれる。欲求充足説は、まさにそれが中立的であるがゆえに、どのような内容の欲求であれ、とにかくそれが満たされれば人は幸福でありうると考えることになる。よこしまな欲求や反吐が出るような欲求をもつ人もいるが、私たちは本当にこのような人々を幸福とみなしたいのだろうか。この点はその説明にとって問題にはならないと私たちは答えるかもしれない。なぜなら、その種の欲求に対する批判はすべて、それを満たすことが私たちを幸福にするという点ではなく、（そうした欲求をよこしまで反吐が出るものに、あるいはよこしまないし反吐が出るものにしているものが何であれ、）その種の欲求に関する別の事実にその矛先を向け変えることができるからである。これよりもっと深刻な問題がある。よく知られているように、欲求には順応性がある。生活のある側面に関して、あるいは生活の全面に関してさえ多くを期待できない人々は、それに応じて弱まった欲求をもつようになる。たとえば、社会的な圧力が原因で、多くの女の子は、自分のために何かを望む以上に兄弟のために望むようになり、自分がそれほど大事にされず、それほど機会も与えられず、ときには食事もそれほど与えてもらえないような生き方をしていても、その生活に甘んじるようになる（このことはもはや西洋には当てはまらないとしても、いまでも世界の多くの地域に当てはまる）。しかし、もっと広く機会が与えられ、期待が高まるようになると、彼女たちは以前なら自分の欲求を満たしたはずのものに満足しなくなる。それゆえ、よく知られているように、ある時点で人々が抱いている欲求を幸福の指標として信頼することは、それが偽りなく表現されているときであっても危険である。伝統を重んずる社会で暮らす女性は、そこに順応して控え目な欲求しかもたないようになっているので、先進国で暮らす女性ほどには幸福になることを必要としないというような結論は、私たちを不愉快にさせるはずである。さらに、欲求は取り消すことが不可能な、あるいは少なくとも容易ではない仕方で操作されたり、堕落させられたりすることがある。中毒がその一例である。私たちは、ヘロイン中毒の人はヘロインを打てるかぎりは幸福に生きているという考えにはとうてい満足できない（もっとも、みじめで破綻したいつもの生活のなかで、彼らがときどき幸福な感覚をもちうることはたしかである）。

欲求充足説のもう一つの問題は、これほどわかりやすいものではない。通常私たちは、欠乏を感じ、そこから欲求が生まれるがゆえに、欲求を充足することによって快楽を得る。私たちは腹が減っているときに食べることを快く感じ、喉が渇いているときに飲むことを快く感じる。すでに満たされている状態であれば、食べたり飲んだりしても快く感じない。それどころか、むしろ不快に感じるかもしれない。そうすると、幸福との関連で見るかぎり、欲求はまさに欠乏として知覚されている欠乏を私たちがもつことによって成立する。それゆえ、欲求が充足されることによって私たちが幸福である人生は、欠乏として知覚される欠乏をもつことのうえに幸福が成り立つ人生であるということがわかる。ここで私たちは疑問に思うかもしれない。本当に幸福はこのように欠乏していることに結びついているのだろうか。この点を最初に指摘したのはプラトンである。彼は、孔のあいた甕《かめ》をたえず満たそうとするかのように、欲求を満たすことによって幸福を追い求める人々を描いている[21]。人間が欠乏を感じる生き物であることは言うまでもない。飢えや渇きなど、私たちは繰り返し生じる自然な欠乏をもっており、文化に適応することで、地位や金銭に対する欠乏など、他の多くの欠乏をもつようになる。本当に幸福は、こうした欠乏を満たすときに私たちがもつものにすぎないのだろうか。このようなものの多くは、特に飢えや渇きのように最小限にしか文化に依存しないものは、私たちが何をしようとも、繰り返し生じる運命にある。そのため、孔のあいた甕という考えは、悲しいことに適切に思えてくるのである。もし私たちが、欲求を充足することによってしか幸福になることができず、そしてその欲求が、満たされるたびに繰り返し生じることを本質とする欠乏の存在にもとづくものであるならば、幸福になろうとすることは、実現の見込みのない課題であるように見える。私たちが何をするにせよ、甕がいっぱいになることは決してないからである。

この指摘に対して、ここでの問題は実は人間の欠乏的性質にあるのではなく、欠乏を満たそうとするときに直面するもろもろの困難にあるにすぎないと答えることができるかもしれない。欠乏を問題のあるものにしているのは、飢えや渇きの再発的な性質ではなく、たいていは不足し、見つけるのに骨が折れる資源を利用して、これらの欠乏を満たさなければならないという事実である。さらに、金銭や権力に対する欠乏といった社会のなかで生まれる欠乏は、人々の競争をともなうものであり、単に私たちの欠乏的性質それ自体によってではなく、その理由によっても厄介なものとなる。それゆえ、幸福が欠乏のうえに成り立つならそれには欠陥があるように見えるという点について言えば、その原因は欠乏それ自体の性質にあるのではなく、欠乏を満たすときに私たちが抱える困難にある。

非常に理想的な世界ならば、さらなる欠乏や別の問題を生み出すことなく、知覚されたあらゆる欠乏を満たすことができると私たちは考えるかもしれない。私たちの甕は孔だらけだが、甕を満たすことにともなう困難を克服することができれば、私たちは幸福になることができるだろう。つまり、さらなる欠乏にもとづいたり、それにつながったりすることのないかたちで欠乏を満たし、そうすることによって快楽を得ればよいのである。これは興味深い考えであり、いくつかの幸福の説明に影響を与えている。

しかし、人間本性の本質的な特徴である欠乏を取り除くことは、蓋を開けてみれば、問題をはらんでいることがわかる。[22] ジュリアン・バーンズは、才気にあふれる文章でこのポイントを明らかにしている。彼は著作の一つのなかで、天国、というよりは「新天国」にいる男を描いている。これは最後の審判のない現代版の天国であり、そこでは欲しいものは何でも努力なしで手に入れることができ、それによって不都合な結果が生まれることもない。いつでも自分の欲しい食べ物があり、膨満感や消化不良や肥満などをもたらすこともない。ゴルフをすればいつも勝利する。どのようなスポーツや技能にしても、ずば抜けてよくできる。サッカーの試合ではひいきにしているチームが優勝する。好きな有名人の誰とでも会うことができる。世界は自分がそうあってほしいと望むとおりになっていて、人間が通常もっている欠乏から生まれるいかなる問題もともなうことなく、あらゆる欲求が満たされる。このような人生にはたして何か悪い面がありうるだろうか。しばらくのあいだは何もないように見える。しかし、物語の語り手はやがて次のことに気づく。自分自身も含めて、新天国にいる幸福な人はみな、どのようなやり方をしても、悪い結果を生むことなく、自分のあらゆる欲求を満たすことができるということに、最終的にはうんざりするのである。そうなったときに、それでも歩き続けるように彼らを促すものは何も残っていない。このことがはっきりとわかった人は、みずから進んで死を選ぶ。人間の欠乏的性質から生まれるはずの問題が何も生まれず、あらゆる欲求が満たされる人生は、人がそのために生きているもの、前に進むように人を駆り立てるものを何一つ残さない[23]。完全に欲求が充足される人生は、欠乏をもつことにともなう問題が何も生じないとしても、結局のところ後ろ向きの人生でしかなく、私たちを前方へと突き動かしうるものを人生から取り除いてしまう。さらなる欠乏を残さないようにして欲求が満たされるなら、そのとき生きる目的は何も残っていないとする幸福の説明は、それに反対するための理論をもっていなくても、何かが大きく欠けているということが私たちにはわかるのである。

幸福と生活満足度

驚くにはあたらないが、欲求充足説に含まれる問題は、幸福を研究する多くの人々をもっと理にかなった説明に向かわせることになった。それが生活満足説である。この種の説明では、幸福は欲求が満たされるときに人がもつそのときだけの心のあり方ではなく、生活全体に対して全面的に満足している心のあり方とみなされる。生活満足説は欲求充足説を改良したものである。なぜなら、生活に対する満足は、単に肯定的な感覚だけでなく、生活全体についてのある種の全般的な判断を含んでおり、それゆえ生活全体のあり方についてのある種の評価を含んでいるからである。もしあなたが社会科学の分野で幸福を研究しているのなら、これははっきりと定まった研究対象である。なぜなら、感覚について尋ねることや、欲求が満たされているかどうかを尋ねることは計測に適していないのに対して、私たちは人々に自分自身の生活に対する全体的評価を尋ね、その回答を記録することができるからである。社会科学の分野で、幸福を研究する多くの社会学者と心理学者が生活満足度の自己報告を研究しているのはそのためである。そして、これはしばしば、生活に対する満足こそが幸福にほかならないという想定にたどり着く。これこそ、「世界幸福度データベース」の背景にある想定である。そこでは、生活満足度についてのアンケート結果を二〇年以上にわたって蓄積しており、さまざまな国家のなかで、またさまざまな国家をまたいで、幸福に関する多くの結論を導き出している。[24]

このアプローチにはすぐに目にとまる問題がいくつかある。第一に、生活に満足しているとはどういうことかについて、人々の見方は多様であることが予想できる。ある人は、人生の主要な目標を達成したことを理由にして、感情面では特に起伏がなくても、あるいは悩みを抱えているときでさえ、生活全体を肯定的に評価していると答えるかもしれない。別の人は、それまで自分の人生を捧げてきたものを達成しそこねたか、あるいは失ったにもかかわらず、ちょうど幸せを感じているときに質問を受けたので、肯定的な答えを出すかもしれない。自分の生活を肯定するためには個人で何かを成し遂げることが重要であると考える人もいれば、家族のきずなやつながりを重んじる人もいるだろう。それゆえ、特定の時点で生活満足度を尋ねられた人たちが、みな同じ質問に答えているのかどうかは少しも明らかではない。当然ながら、このことは、回答を集めることで何が達成されるのかを不明確にする。たとえば、アンケートのなかには、にこにこ顔からしかめっ面まで、一列に並んだ単純な顔のマークをどれか一つ選ぶことによって、自分の生活がどれくらい幸福であるか（ここでは、この問いが生活満足度を測定するものとみなされる）という問いに答えさせる形式のものがある。回答者のなかには、そのときの気持ちのありように応じて顔を選ぶ人もいれば、現に目標を達成しているかどうかという視点から自分の生活のあり方を考え、その考えにもっともよく一致する顔を選ぶ人もいるだろう。興味深いことに、満足できる生活についての考えが二つかそれ以上あり、それらが矛盾するときに、回答者は一列に並んだ顔をどのようにして選び出すと想定されているのか、この点は少しも明瞭ではない。たとえば、私は人生の目標を達成したが、つい先ほど家族が事故で亡くなった場合はどうなるだろうか。あるいは、人生の目標を達成したが、その方法で達成したことをいまでは後悔しており、情けない気持ちになっている場合はどうか。あるいは、目標の多くを達成することができなかったが、人生の後半になって暖かい家族生活を見出した場合はどうか。この種のケースでは、どれを選んでも正しい答えにはなりえない。どちらか一方の端にある顔を選んでも、あたかもこれらの要素を足して二で割ることができるかのように、真ん中の顔を選んでも、どちらも正解ではないのである。

ある特定の時点での答えには以上のような問題があるが、それに加えて、私たちは次のような疑問をもつかもしれない。自分の生活のあり方に対する評価はさまざまな仕方で変わりがちであるという事実を、私たちはどのようにして考慮に入れればよいのだろうか。評価は時間とともに変わる。たとえば、私が若い建築家として奮闘するものの、依頼を果たすことができず、仕事がうまくいかない場合には、私は自分の生活を否定的に評価する。後年になって、仕事が入るようになったり、あるいは自分の限られた才能と運の悪さに折り合いをつけるようになったりすると、私は自分の生活をもっと肯定的に評価するかもしれない。また、生活のあり方に対する評価は、見る角度に応じて変わる。仕事にともなうストレスのせいで、私は仕事のある平日には生活を否定的に評価するだろう。しかし、週末にはもっと肯定的に評価するかもしれない。先と同様に、それにはさまざまな理由がある。仕事のおかげで物質的に豊かな生活を送れることを今度は正しく評価するかもしれないし、平日に働き、週末に遊ぶというメリハリのある生活に価値を見出すかもしれない。あるいは、教会や礼拝堂に行き、そのおかげで人生を広い視野で眺めることができるようになったことに価値を認めるかもしれない。

このように、私は生活の全体に対して自分がどれくらい肯定的な、あるいは否定的な態度をとっているのかを観察しているのだが、そのとき私は何らかの特定の視点から観察せざるをえない。言うまでもなく、自分が人生のどの地点にいるかによって、またそれぞれの地点で際立っている多くの要因によって、私の見方は影響を受ける。これは十分に明白なポイントではあるが、社会科学における生活満足度アンケートの利用と、そこから無理なく引き出しうる結論について考察するときには、そのポイントを忘れないようにすることが重要である。[25] また、幸福とは何かという問いに対して生活満足度を調べることが有用であるのかどうかを考えるときには、そのポイントはなおいっそう重要になる。生活満足度に関する回答は、人生の物語のなかで自分はいまどこにいるのか、またどのような視点から生活満足度を考えた生活のさまざまな要因をどれくらい重要視するのか、またどのような視点から生活満足度を考えるのかに応じて、多種多様な仕方で変わりうる。このことは、仮に生活満足説を幸福の説明とみなすなら、私たちは次のように結論せざるをえないということを明らかにしている。すなわち、人の幸福は、つまり生活に対する肯定ないし否定の態度は、時間とともに変わるのであり、どの要因を重要視するか、また回答の時点で（さまざまな種類の重圧はもちろん、）どの角度からの見方が本人にとって際立っていて、重要であるのかによって左右されるのである。しかし、そのように結論する権利を私たちがもたないのは明らかである。私たちがしてもよいことは、人々がもっている自分の幸福についての意見が、時間とともに、また回答の時点で彼らにとって重要である要因に応じて変わると結論することだけである。とはいえ、これは耳慣れない話ではない。アリストテレスにとって、それは耳慣れないことではなかった。「一般の多くの人々にとっては、快楽や富や名誉といった目に見える明白なもののうちの何かを、しかもそれは人によってまちまちで、同じ人でも、病気に罹ったときは健康を、貧乏なときは富をといったように、しばしば意見が変わるからである」[26]。幸福の本質はどこにあるのかについて、人々は考えを変えたり、入れ替えたりするのであり、支離滅裂な考えをもつこともよくある。だからといって、このことは、幸福そのものが変わったり、内容が入れ替わったり、支離滅裂であったりすることを示してはいない。

　注目すべき点は、生活全体に対する評価が、その評価をする人について多くのことを教えるかもしれず、あえて言うなら、その点で評価者の側を研究するのに役立つことがわかるかもしれないということである。メンタルヘルスに関する近年の研究では、自分の生活をどう感じているかに関する人々の自己報告、つまり自分の快い感覚をたどる報告には限界があることがわかっている。しかし、これは、別の種類の自己報告、すなわち自分が生活のなかでどのように機能しているかに関する報告の重要性を示している。この種の研究の先駆者であるコーリー・キーズは、このような自己報告によって、彼の用語で言う生き生きした（flourishing）人とだらだらした（languishing）人がどのようにして区別されるのかを明らかにしている。生き生きしていることとだらだらしていることは、全体として効果的に機能している、もしくはしていない状態であり、精神疾患の有無との相関関係は驚くほど弱い[27]。生き生きしていることとだらだらしていることの研究は、自分の生活についてどう感じているかだけでなく、文化的・社会的文脈がどのようなものであれ、自分の生活のなかでどれくらいよく自分が機能しているかについての全体的評価を真剣に受け止めることが、どれだけ私たちにとって重要であるかを示している。幸福に狙いをつけた有用な社会政策に対する望みを抱かせるのは、前者ではなく後者である。

主観的と客観的

このような、生活のさまざまな面でよく機能しているという意味での生き生きした状態は、明らかに、エウダイモニア主義のうちに見られる幸福概念と多くの共通点がある。あなたが自分の生活に対して肯定的な態度をとっているかどうかは、あなたが幸福であるかどうかという問題の一部であるか、少なくともその問題に密接に関連する。とはいえ、肯定的態度を幸福そのものと考えることは、少なくともエウダイモニア主義者の考える幸福を問題にしているときには危険なことであり、いい気持ちを感じていることよりもっと複雑な肯定的態度であってもそのことに変わりはない。肯定的態度――自分の生活をよしとすること、肯定的に感じること、支持することなど――は私次第で決まることであり、それゆえ私が幸福かどうかは私次第で決まることになる。なぜなら、私が自分の生活をよしとしたり、肯定的に感じたり、支持したりするかどうかは、私自身と私が置かれている状況次第だからである。私は自分の生活の重要な特徴を見誤ることがあるが、私が自分の生活をよしとしたり、肯定的に感じたり、支持したりするなら、この見解に従うかぎり、私は幸福であることになる。ここでのポイントは、ある具体例によってはっきりさせることができる。[28]スーザンは自分の生活が幸福なものであると思っている。彼女には夫も子どももいる。夫が仕事でたびたび家を空けることを除けば、すべてがうまくいっている。やがて彼女は、家を空けるのは実はもう一つの家族と過ごすためであり、夫が数年にわたって、二つの家族のあいだを行き来していたことに気づく。この場合、スーザンはその事実に気づく前には自分の生活を肯定的に評価していたが、気づいたあとにはもはやそのように評価しない。この点に論争の余地はない。問題は、その事実に気づく前の時点で、彼女の生活は幸福だったのか、それとも幸福ではなかったのかである。自分の生活を肯定的に評価することが幸福の本質であるならば、スーザンは事実に気づくまでは幸福な生活を送っていたことになる。しかし、この考えは次のような問題にぶつかる。つまり、その一方で私たちは、当の事実に気づいたあと、スーザンはそれまでの生活が決して幸福ではなかったと気づくはずであり、彼女は騙されて幸福な生活を送っていると思い込んでいた、と言いたくなるのである。私たちの反応は二つに分かれる。自分は幸福な生活を送っていると彼女自身が誤って考えていたときでさえ、彼女の生活は幸福なものではなかったという主張には説得力がある。しかし、彼女自身が自分の生活に対してどういう態度をとっていたかは、彼女が自分の生活を肯定的に評価することにとって重要であるという主張にも一理ある。いずれにせよ、ここにあるのは、スーザンが幸福だと思っていれば、それだけでスーザンは幸福であることになる、というような明快な答えではない。

現代の論争では、これは「主観的」幸福観と「客観的」幸福観の対立とみなされることが多い。「主観的」および「客観的」という言葉は非常に多くの異なる意味で用いられ、そのうちのいくつかは特定の理論にもとづいて定義される。しかし、ここでは、スーザンの例や同様の例に対する異なる反応だけに関連づけて考察しなければならない。幸福とは自分の生活に対する肯定的評価であるという見解は、これらの言葉を用いて言えば、幸福とは何かについての主観説ということになる。つまり、スーザンが自分のことを幸福と考えるなら、またそのように考えているときには、夫が彼女と子どもを欺いている何年ものあいだ、スーザンは幸福なのである。多くの人がそう感じるように、この考えは何か間違っているような感じがするならば、わかりやすい別の選択肢があるように見えるかもしれない。すなわち客観説である。幸福とは何かについての客観説に従えば、夫が別の家族をもち始め、スーザンに嘘をついてしまえば、彼女がそのことを知っているかどうかにかかわらず、彼女は幸福ではないことになる。この考えは、スーザンの例に関して多くの人が受け入れられるとみなす答えであり、私たちがもっている別の数々の直観とも一致する。

とはいえ、(スーザンの話に対する反応から得られる) これらの観点にもとづいて客観説を受け入れるとしても、私たちはやはり困難にぶつかるように見える。スーザンの置かれている状況に何かまずいところがあるということは明らかである。しかし、自分では幸福だと思っていても、実は不幸であるということがありうるという見解をひとたび受け入れるなら、人が自分のことを幸福だと思っているときに、その人を不幸ではなく幸福にしているとみなされるものは何かについて、体系的な説明を考え出すという課題を抱えることになる。そこで私たちは、本人がどのように感じるかとは無関係に、幸福であるためにもっていなければならないもののリストを、あるいは幸福であるためにうまくいっていなければならない生活の側面のリストを見つけ出そうとする。この考え方はときに「客観的リスト説」と呼ばれる。そのようなリストを見つけ出す試みは失敗せざるをえない。なぜなら、どのようなリストを作成しても、説得力のある反例が待ち構えているからである。たとえば、慢性的に病気の人や絶望的に貧しい人は幸福ではありえないと私たちは考えるかもしれない。しかし、このような状況で生きているにもかかわらず、幸福と呼ばなければ理屈に合わないような生活の事例を見つけることができる。もしここで、病気や貧困の状態にある人は幸福ではありえないと言い張るならば、そうすることで私たちは、健康で裕福な人々が不可欠とみなす要件を彼らの生活に課しているように見える。しかし、私たちがたまたま健康と富の両方を、あるいはそのどちらか一方をそなえているというだけで、どうして私たちは、幸福を説明するときに特権的な地位に置かれるのだろうか。

さらに、これとは別の種類の問題もぼんやりと見えてくる。幸福であるためには健康や活力や強い愛情等々が必要であるという意見はもっともらしく聞こえる。しかし、これらのうちの一つかそれ以上を拒否しながら、それにもかかわらず自分は幸福であると一貫して主張する人がいるとしたらどうだろうか。自分が価値を見出す生き方をするために、豊かな生活を捨てる人もいれば、健康を危険にさらす人さえいる。ここでもまた、裕福で健康な人々がそのような生活は幸福ではありえないと言うとき、彼らが正しいことを言っているかどうかは少しも明らかではない。このように、幸福についての主観説にしても、客観説にしても、説得力のある反例が見つかるということがすぐに明らかになる。[29]

この事実は、ここでどちらか一方を選ばせること自体が誤りであり、どちらの案に従ってもうまくいく見込みはなさそうであるということを示唆している。アリストテレスなら、「袋小路（アポリア）」に入り込んでしまったと言うであろう。私たちは、二つの選択肢のどちらか一方を選ばなければならないように見える。しかし、どちらの選択肢も受け入れがたいだけでなく、この二つの選択肢を与える論争の視点の内部にとどまるかぎり、私たちには問題を解決する手立ても尽きている。このことは、幸福とは何かを考えるときに、このアプローチをとること自体に全面的に見込みがないことを強く示唆している。

エウダイモニア主義再論

ここまで、幸福とは何かの説明として、快い感覚、欲求充足、生活に対する肯定的評価という三つの候補を取り上げ、それらのどこにどのような問題があるのかを指摘してきた。最初の二つは、哲学の学術的な議論のなかで盛んに論じられているが、私がここで挙げている主要な反論を退けるには至っていない。三番目のものは、哲学よりも社会科学の分野でよく目にする考え方である。また、近年ではヘイブロンがこれを取り上げて論じている。[30] 幸福をめぐる現代の議論で注目されているのはこの三つの選択肢である（哲学の外部に目を移すと、これらの選択肢があるということすら知らない著者もいるように見える）。このなかでもっとも洗練された選択肢、つまり三番目の考え方でさえ、結局のところ、退ける手立てをもたないジレンマに直面しており、それを乗り越えて先に進むことができないままである。

もちろん、これがエウダイモニア主義を支持する完全な論証になるわけではない。しかし、それはこのような論証が進むべき主要な道筋をたしかに示している。幸福をめぐる現代の議論では、幸福とは快い感覚をもつこと、あるいは欲しいものを手に入れること、あるいは生活全体に対して肯定的な態度をとることにほかならないという考えからスタートすることが多く、これらの概念はどれも問題を含んでいるということや、これらは互いに大きく異なる概念であるということや、エウダイモニア主義者の幸福概念は有力な代案になるということが認識されていないことがある。エウダイモニア主義者の考える幸福は、快楽を排除しないが、幸福は快楽そのものでありうるという見解は退ける。これは私たちの次のような考え方と一致する。つまり、アリストテレスが言うように、幸福は快楽を、たまたま付随するものとしてではなく、必然的にともなうものとして、何らかの仕方で自分自身のうちに「織り込んで」いなければならないのである[31]。しかし、エウダイモニア主義者の幸福概念は、それと同時に、快楽は幸福と同一視されるには不適切な種類の代物であることも明らかにしている。もちろん、私たちが快楽主義者の論証に納得する場合は別である。とはいえ、エウダイモニア主義の枠組みのなかで、幸福は快楽から成り立ちうるということを人々に納得させるのは、快楽主義者にとって容易なことではない。なぜなら、そのためには、幸福は私たちが考えているほど活動に結びつくものではないということを認めなければならないうえに、私たちが快楽を人生の全体的目標とみなすことができるように、快楽の概念を非常に思い切った仕方で再構成しなければならないからである。[32]

エウダイモニア主義者の説明のなかでは、幸福とは、自分の人生について、それがどのようなあり方をしているか、またどうすればもっとうまく目的を達成することができるかということを問い始めるときに行き当たるものである。ここで問題になっている幸福は、ほかならぬ私の幸福であり、私が自分の人生をどう歩むかである。私の幸福を達成することができるのは私しかいない。なぜなら、私の人生を歩むことができるのは私しかいないからである。そしてまた、幸福は、私自身の内省とは別のところから私に押しつけられる何らかの構想から生まれるものではないからである。この幸福概念は、幸福は「主観的な」ものであるという現代の主張の背後にあるいくつかの考えと一致する。しかし、それはそのような「主観」説に向けられる反論の多くを免れている。エウダイモニア主義者の説明における幸福は、私の感じ方、つまり自分以外の人々とは無関係に達成されうる何かの問題ではない。私たちは、見てすぐわかるかどうかにかかわらず、誰でも幸福を追い求めている。なぜなら、私たちみな自分の人生を営んでいるからである。幸福を達成することには、何らかの感覚をもつことや、欲しいものを手に入れること以上のものがあり、人が自分の人生をどのように歩むかには優劣の差がある。これらの点で、エウダイモニア主義者の説明における幸福は、現代の「客観」説の背後にあるいくつかの考えと一致する。しかし、それは客観説に向けられる多くの反論を免れている。その幸福概念は、客観的な価値がある人生の要素を挙げたリストを要求せず、幸福な人生を歩むために誰もが必要とする万人向けの要件を示しうるという考えに肩入れすることもない[33]。それゆえ、この幸福の説明は、幸福は主観的なものか客観的なもののいずれかでなければならないという考えに多くの人々を導くことになった考慮事項を正当に扱いながら、その一方で、私たちはこの二つの選択肢のどちらかを選ばなければならず、それによってジレンマが生まれるという見解には肩入れしない。すでに見たように、そのような考え方をすれば袋小路に入り込むことになる。

私はここまで、徳についてのある種の説明を支持する議論を終えてから、幸福についてのある種の説明を支持する議論を展開した。どちらの場合にしても、これとは別の考え方を古代と現代の両方に見出すことができる。私はただ、自分が支持する見解にどのような強みがあるのかを明らかにしただけである。もし徳と幸福についての本書の説明が、私たちにとってなじみの薄いものであるならば、私がしてきたことはほとんど興味を引かないことになるだろう。しかし、いまや私は、徳と幸福のどちらにもそのことは当てはまらないと思っている。本書の徳の説明は、推論と行為に関する日常的な考え方から見えてきたものである。また、幸福の説明は、いまでは私たちがもっている一つの幸福概念にすぎないが、それでも私たちの幸福概念と言えるものを深く考えることから見えてきたものである。近年のエウダイモニア主義的徳倫理学の再興は、その倫理学が私たちの思考や熟慮にとって容易に手が届くものであることを示している[34]。むしろここでの問題は、この倫理学のなかで快楽を適切に位置づけることであり、それと同時に、一八世紀後半から現在まで私たちが受け継いできた、幸福と快楽を同一視する見解からその倫理学を区別することである。次の章では、徳と幸福の関係を考察し、両者に関する本書の説明の細部をさらに詰めることにしよう。

第9章 有徳に生きることと幸福に生きること

徳と幸福

本書で示している徳の説明と幸福の説明によって、有徳に生きることは幸福に生きるための近道であり、ことによると唯一の道でさえあるかもしれないという考えを私たちが十分に理解できるようになるということは、意外なことではないはずである。私は現段階で、それを意外なことのつもりで言ってはいない。本書の主たる目的は、徳と幸福に関する説明がどのようにして一つにまとまるのかを明らかにすることなのである。

そもそも徳は、人を幸福にするものの候補の一つとしてスタートラインに立っているのだろうか。いまでは明らかなことだが、幸福についての現代の説明、つまりいい気持ちを感じていることや、欲しいものを手に入れることや、生活に満足を感じていることという説明に従うなら、おそらく答えは「いいえ」であろう。しかし、すでに見たように、私たちは幸福をそのような意味で考える必要はない。もし幸福が、自分の人生をよく生きることによって達成しようとする全体的目標であるなら、徳がスタートラインに立っていることはあまりにも明白なことのように見える。というのも、不忠実で不誠実であることよりも、忠実で誠実であることの方が、いっそうよい考えであるように見えるからである。もっともよく生きるにはどうすればよいかを私たちが考えているときに、徳を身につけない理由がないのと同様に、実際私たちには徳を身につける理由もないと考えるのはばかげている。この点に関して、ロザリンド・ハーストハウスは説得力のある主張をしている。[1]私たちは、自分の子どもが狡猾な人や臆病な人ではなく、正直な人や勇敢な人に成長してほしいと思い、子どもを育てるときに、（できるかぎり）このような徳を身につけさせようとする。そうするのは、単に自分のために、つまり親が自分の利益を追求するときに、子どもを当てにすることができるようにするためではなく、子ども自身のために、つまり狡猾な人や臆病な人であるよりも、正直な人や勇敢な人である方が、よりよい人生を歩むにちがいないと考えるからなのである。

それゆえ、幸福な人生について考えているときに、私たちが自分自身にも子どもにも徳を身につけさせたいと思うのは、常識以外の何ものでもない。これは、幸福に生きることにとって徳が必要条件であることも、十分条件であることも示していない。むしろそれは、有徳に生きることは幸福に生きることを少なくとも部分的に作り上げるという予想が、控えめに言っても理にかなっていると私たちが考えていることを示している。徳を必要条件や十分条件とするようなもっと強い主張に私たちが確信をもつためには、さらなる論証が必要である。とはいえ、これは無理のある考えではなく、境遇の変化に対する私たちのありふれた多くの反応に一致する。私たちはみな悪徳を身につけるように子どもを育てようとはしないが、善人に悪いことが起こったとき、私たちの反応は曖昧になりがちである。ある善人が突然お金も家も健康もすべて失うとしたら、そのときその人は幸福を失うのだろうか。それとも、その人の幸福は、これらの喪失にどう対処できるか（あるいはできないか）によって決まるのだろうか。直観は二つに分かれる。アリストテレスがそうであったように、私たちは二つの考えのあいだで、つまり境遇の甚だしい悪化は幸福に影響を及ぼしうるという考えと、悪しき環境でもそれ自体ではあなたを屈服させることはなく、悪しき状況にうまく対処するかどうかはあなた次第であるという考えのあいだで悪戦苦闘するのである。(2)

本書で私は、徳は幸福な人生の必要条件（あるいは十分条件）であるとは主張していない。ここで私が試みているのはもっと控えめなことである。すなわち、本書の徳の説明と幸福の説明を前提として受け入れるなら、これらの問題は、自分の人生についての私たちの考え方から、哲学的議論にふさわしい問題として自然に生まれてくるということを示そうとしているのである。これらの問題は、ライバルとなるいくつかの説明のなかでは、私たちがかろうじて理解できる高尚な理論から、私たちの考え方とは縁もゆかりもないかたちで持ち込まれるように見える。しかし、本書の説明の場合にはそのようなことはない。

直観的に理解できる出発点は、概して言えば、人は徳をもっている方が――たとえば、気前がよかったり、勇敢であったりする方が――徳をもっていない場合よりも、人生はうまくいく（go better）というありふれた常識的な想定である。私たちは、この種の問題を深く考える前から、才能と美貌に恵まれることや立身出世することに加えて、善い人であること、つまり忠実で、正直で、頼りがいのある人になりたいと思っている。美貌や立身出世のような他の要素と比べて徳にはどのような価値があるのかという問いを掲げる前から、私たちはすでにそのような考えをもっているのである。では、その種の考えは、幸福についての考えと無理のないかたちで合致するだろうか。

すでに強調したように、ここで現代の私たちは、問題を含んだ幸福概念をもつに至っている。一方で、私たちはそれを、幸福な人生を歩むなかで達成される全体的目標とみなしており、このかぎりでは、よい人生を歩むことは幸福な人生を歩むことの一つのかたちであるという考えを容易に理解することができる。そして、ここからただちに、それは幸福な人生を歩むもっともよい方法なのか、あるいはひょっとすると唯一の方法なのか、あるいは単に一つの方法にすぎず、ことによると当てにすることさえできない方法なのか、という議論が自然に生まれる。これらの議論はすべて、有徳に生きることは、直観的に考えて、幸福に生きることの一つのかたちであるという想定の内部で展開され、そこではこの想定それ自体は論証の必要がないものとされる。

しかし他方で、私たちはこれとは別のもっと受動的な幸福概念をもっている。つまり、幸福とは快い感覚である、あるいは欲しいものを手に入れることである、あるいは生活に満足していることであるという比較的新しい考えをもっている。こうした新しい幸福概念のそれぞれの内部にある(すでに目を向けた)問題点はさておき、それらはすべて、幸福な人生に寄与するか、それを作り上げるものの候補として、徳がそもそもスタートラインに立っていると考えることを困難にする。幸福を快楽と結びつける見解は、いくつかの点でそれを困難にしている。第一に、快い感覚、欲求が充足された状態、生活に対する満足はすべて、特定の時点での人の状態である。どの時点をとっても、私はその時点で、快い感覚をもっていたり（もしくはもっていない）、欲求が充足された状態にあったり（もしくはその状態にない）、生活に満足したりしている（もしくは満足していない）。この見解に従うならば、私が勇敢さや忠実さという傾向性をもっていることは、私がこれらの感覚をもっていることやこのような状態にあることにどのようにして寄与しうるのか。その答えは、私が勇敢な行為や忠実な行為をしたり、勇敢な考えや忠実な考えをもったり、何かそのようなことをすることによって寄与するというものかもしれない。しかし、その答えでは謎は解消されない。どのようにして有徳な行為や有徳な思考は、有徳な傾向性以上に、快い感覚をもつことや満足した状態にあることをもたらすことができるのか。この見解に従うかぎり、私たちは説得力に欠ける突飛な想定をせざるをえなくなる。たとえば、有徳な行為によって、私が快い感覚をもったり、満足した状態になることは確実に予測できるというような想定である。幸福をこのような意味で考える哲学者が、徳を自分の枠組みとは相容れないもの、また信じがたい主張を持ち込む可能性があるものとみなし、一般に徳にほとんど触れようとしないことは、それほど意外なことではない。

　幸福を快い感覚や満足した状態と考えることには別の問題もある。幸福を快楽に結びつけることは、動きを不可欠とするものを静止したものと考えることにほかならない。快く感じることや欲しいものを手に入れることという視点から人生を考えることは、前章で見たように、人生について本質的に後ろ向きの考え方をすることなのである。このような説明のなかには、幸福は前向きのものであること、つまり幸福は私たちを前方へと駆り立てる目的であるという中心的なポイントに一致するものが何もない。古代の作者たちが指摘しているように、なぜあなたは別の目的を選ぶのではなく、快い感覚や欲求の充足を目指すのかという問いはたしかに意味があるのに対して、なぜあなたは幸福になることを目指すのかという問いは意味をなさない。エウダイモニア主義者の考えでは、幸福に生きることはそもそも全体的な目標であり、全体的な目標であるということが幸福に生きることを私たちの人生のなかに適切に位置づけるのである。幸福に生きることは、いい気持ちを感じていることでも、欲しいものを手に入れることでも、生活に満足を感じていることでもない。これらのうちのどれであれ、目標として役立つことが、つまり何かを行なうように意欲をかきたてることがどうしてありえようか。幸福に生きることを目指すとき、私たちは何らかのかたちで前に進むこと、何かを行なっているなかでどこかにたどり着くことを目指している。それゆえ、幸福を快楽とみなす静的な幸福概念は、徳との結びつきを理解するのに適さない場所に幸福を位置づけている。なぜなら、徳はそれ自体として、動きをともなうことと前向きであることを本質とするからである。重ねて言えば、静的な幸福概念をもつ哲学者たちが幸福と徳のつながりをほとんど見出さないことは意外なことではない。有徳な人になることが、（適切な理由にもとづいて、適切な態度で）有徳な行為をすることを目指すことが、いったいどうしてあなたを快く感じている状態に導くだろうか。

　幸福を快い感覚や満足した状態という視点から考えることによって生まれる、徳と幸福の関係に関するもっとも深刻な問題は、その考えが、人生の環境と生きることそれ自体を混同させることかもしれない。私たちは徳との関連でこの混同を見てきたが[3]、幸福に関しても同じことが起こる。快く感じることは、本来、私の人生の受動的な側面である。たしかに、空腹時に適当な食べ物を食べたり、興味のある活動に従事したりすることによって、私は能動的にその感覚を生み出すことができる。しかし、どの感覚にも当てはまることだが、快く感じることは、それ自体としては私がどのように生きるかということの一部ではない。私の人生のその他の環境と同じように、ある経験が快い感覚や満足をもたらすか、たとえば欲求の充足をもたらすかどうかは、私次第で決まることではない。私次第で決まるのは、このことにできるかぎりうまく対処することだけである。感覚や満足とみなされる快楽は、そもそも受動的なものであり、私の人生を作り上げる素材の一部ではあるが、人生を能動的に生きることの一部にはとうていならない。それゆえ、快い感覚や満足は、幸福をある種の「感覚」とする見解のもとでは、私の人生のなかで起こる挿話的な出来事とみなされることになる。しかし、そうだとすれば、それは私の人生をとりまく環境の一部にすぎない。快楽を目指すことが生きることそれ自体の一つのあり方と理解されるとすれば、それは、この見解のもとでは、その挿話的な出来事をできるかぎり多く経験できるように、他の環境をうまく操作することでしかないのである。

　このような仕方で幸福を考えるなら、幸福と徳の理にかなった結びつきが見えなくなる。それどころか、徳そのものが私の人生の単なる一つの品目とみなされるようになり、人生に不可欠の要素と考えさせるものさえ何も残らないことになる。ことによると、この立場に置かれるのは、善人になることを望んではいるが、お金も欲しいし出世もしたいと思っていて、人生のなかでお金や出世以上に徳が重要な品目であるのはどうしてかと問う人々かもしれない。徳は人生の環境の一部ではなく、生きることそれ自体の一部であるということにはっきり気づいていなければ、私たちが自分の人生を歩むときに、一貫して快楽よりも徳を優先する（あるいは、ついでに言えば、徳よりも快楽を優先する）理由を見出すことは困難になる。どちらに決めるかは、個人の好みの問題、ひいては恣意的な選択のように見えてくる。私は快楽より徳を優先するが、あなたは徳より快楽を優先する。これでは徳を真剣に考えることにはならない。また、このことは、人生の環境と生きることそれ自体をはっきりと区別することがいかに重要であるかを示している。

エウダイモニア主義者のアプローチのもとでは、これらの問題はどれも生じない。徳も幸福も、人生の環境がどうであるかの問題ではないからである（この点は、人生の環境が幸福を制限するかもしれないというポイントと矛盾しない）。有徳に生きることも幸福に生きることも、私の生き方の一つであり、これまでに歩んできた人生をできるかぎり生かしながら、素材として手元に与えられている環境に対処することである。有徳に生きることと幸福に生きることの関係をめぐる問題は、ある生き方と別の生き方の関係をめぐる問題にほかならない。私が自分の人生について、いまからできるかぎり幸福に生きるにはどうすればよいのかと問うとすれば、これは実践に通じる問いである。この問いに対する答えは、たとえば、「正直に生きること」、あるいは「不正直に生きること」というかたちをとる。どちらを選択するかは、私が幸福に生きるかどうかに違いをもたらす。その選択に応じて、たとえば、私がどのようにして暮らしを立てるかに違いが生まれる。「暮らしを立てること」は、それ自体としては、幸福に生きるにはどのようにするのがもっともよいかという問いに対する答えではない。それは、正直に生きるか不正直に生きるかに応じてかたちを与えることができる素材の一部である。そのうえ、幸福に生きるという意味での幸福は、明らかに、現在進行中の活動であり、一度達成すればそこで休むことができる静止した状態ではない。また、幸福に生きることとしての幸福は、静止した状態ではないのと同様に、確定した状態でもない。私は試合に勝ったり賞を獲得したりすることで、快い感覚が得られるかもしれない。徳はこれとは異なり、すでに明確に定まった目標に到達させることによって、私を幸福にするのではない。

それでは、徳はどのようにして私を幸福にするのか。人生のどの時点でも、私はすでに何らかの人生をもっており、その人生を歩んでいる。私の目の前にあるその人生は、与えられた環境のなかで、私がそれまでどのように生きてきたかによって大部分が形作られている。私がどのように生きるかは、私の性格によるところが大きい。つまり、生活のさまざまな場面で自分の価値観に従いながら、私がどのように行為し、推論し、感じる傾向があるのかによって、私の生き方の大部分が決まる。とはいえ、人生は常に進行中であり、内省の結果として、また環境のなかの変化要因に対する反応の結果として、私たちは常にさまざまなかたちで発達していく以上、私の性格は一定不変のものではない。一定のかたちの傾向性を維持したり保全したりすることもあれば、何らかの点で積極的に自分を変えようと試みることもあるが、そうすることによって、私は常に自分のあり方を調整しているのである。私が有徳な人であることに向かって前進しているのか、それとも後退しているのかは、多くの要因によって決まる。たとえば、私はどのようにしつけられたのか、そして熟慮のうえでどの程度そのしつけに従い、それを当てにしてきたのか、あるいはそこから受けた影響をどの程度退けたり、弱めたりしてきたのか。また、私はどれくらい頻繁に、またどれくらい深く、自分のことを吟味し、自分の生き方について問いただしてきたのか。また、自分自身と他者についての私の考え方には、理論が、あるいは想像と経験にもとづく推論が、あるいはその両方がどの程度入り込んでいるのか。これまで強調しなかったが、私が自分自身をどう考えるかの重要な一部は、もっと知的な見せ物に加えて、本や映画などに対して私がどう反応してきたかによって決まる。

これまで見てきたように、徳は性格がどのようなものであるかの問題である。つまり、生活のさまざまな領域で、さまざまな徳（と悪徳）が私の性格を作り上げるのである。エウダイモニア主義者の見解によれば、幸福とは、私が人生全体をどのように生きるかにほかならない。それゆえ、どの人生にも、徳（および悪徳）と幸福のあいだのダイナミックな相互作用が常にある。私が幸福に生きるかどうかは、私が人生を歩むなかで発達させたもろもろの傾向性に、またそれらが維持されたり衰えたりする仕方に、またそれらの相互関係によって、少なくとも部分的に決まる。人生に対する私たちの直観的な見方では、この程度のことまでは当然のこととみなされる。それゆえ、哲学的議論の対象となる問題は、幸福な人生を歩むことにとって、これらの傾向性がどれくらい重要なのかである。

実際、これに代わる選択肢はあるだろうか。私たちを幸福にしたりしなかったりするものが、人生の環境にすぎないなどということが、どうしてありうるだろうか。ただの素材が、どのようにしてあなたを幸福にしうるのだろうか。私たちがたびたび気がつくことだが、広い家も、車もお金も休日も、人生のなかでそれらを適切に使用することができなければ、私たちを幸福にはしない。それらはそれ自体としては、私たちにとって何の役にも立たない。どのようにしてそれ自体で役に立つことができるだろうか。私が目にしたチラシには、いくらか正しいことが書いてある。「あなたを幸福にするのはお金ではありません。買い物です」。素材は、ひいては買い物も、それを利用してあなたが何かを行なうのでないかぎり、幸福には関係しない。

この程度のことは、理にかなった幸福の説明であればどれにでも当てはまる。もっとも、以上のポイントは、「幸福研究」のなかでは無視される傾向がある。そこでは、あたかも誰もが従うことのできるアドバイスでありうるかのように、お金や教育や配偶者があれば、幸福になる可能性が高まると教えられる[4]。現代の幸福研究の非常に多くが、生活の環境のうちに幸福を探し求めていることからすれば、お金も、健康も、美貌も、ひいては人間関係も、私たちを幸福にしないという点は繰り返し述べる価値がある。幸福は、私たちが何かをすることに人生を費やしたり、人生とのかかわりにおいて行為したりしながら、自分の人生をどのようにして能動的に歩むか（あるいは能動的に歩まないか）によって、少なくとも部分的にもたらされる。幸福は、少なくともその一部は活動にほかならないのである。もし私たちが、幸福をいい気持ちを感じていることとみなす説明をいったん忘れて、この点を十分にわきまえるなら、私たちを幸福にするものが、生活のなかにある素材や、感覚や満足などの受動的状態それ自体ではありえないということが、もっと明瞭になるにちがいない。幸福に生きるためには、幸福それ自体にそなわる活動力と内的な駆動力と同じくらいの力をもった何かを私たちは必要とするのであり、徳はそれを私たちに与えるのである。

幸福と利己主義

エウダイモニア主義にもとづく徳の説明は、エウダイモニア主義が利己主義に加担するものではないことを示すという課題に取り組まなければならない。[5] 哲学においてこの批判にはいくつかのバリエーションがあるが、それらはすべて、現代の人々が抱く直観的な懸念に通じるところがある（もっとも、エウダイモニア主義が中心に位置する伝統のなかでは、その懸念は何ら引きつける力をもたない）。現代の私たちは、道徳ないし倫理はそもそも他者の利益や関心にかかわるものであり、どのようなかたちであるにせよ、自分自身を気にかけることは道徳的ないし倫理的なことではありえないという印象を何となくもつようになっている。この点は、エウダイモニア主義者の説明によれば、有徳な人は自分が有徳な人になることに心を砕く。この点は、エウダイモニア主義の考え方の全体に何か間違ったところがあるにちがいないという漠然とした印象を引き起こしかねない。この漠然とした印象の源を突き止め、道徳はエウダイモニア主義には適さない形式をもつとする伝統的な考え方から、私たちがその印象をどのように受け継いだのかを明らかにすることは、本書の範囲を超えている。[6] ここでは、エウダイモニア主義の枠組みに従った徳の説明に対して、その立場では徳は利己的なものになるという理由にもとづいてなされる特定の反論を取り上げるだけにしたい。当面の議論との関連で解釈される利己主義は、倫理的利己主義である。すなわち、私がしかじかの正しい行為を行ない、しかじかの傾向性を身につけ、しかじかの種類の人になる理由は、つまるところ私自身の善にほかならないという考えである。

ところで、その特定の反論は、帰結主義にもとづく徳の説明には当てはまらない。そこでは、ある特性を徳にするものは、それが一貫してもたらすよい結果であると考えられる。この場合のよい結果は、自他の関心に対する私の態度とは無関係である。なぜなら、そのよい結果は、私がどうあるかとは関係なく、世界がどうあるかによって決まるからであり、私の利益と他者の利益のどちらになりうるかに関して中立的だからである。また、当の反論は、多元主義にもとづく徳の説明にも当てはまらない。その説明によれば、私が徳を身につけるべきであるのは、徳に価値があるからであり、徳は多様な価値を、唯一の価値に還元しえないさまざまなかたちで増進するからである。この種の説明において、有徳に生きることはさまざまな数々の徳を涵養することにほかならないが、そうすることが私の利益になるという主張はその説明には含まれていない。それどころか、有徳に生きることは賞讃に値する生き方ではあるが、それが幸福な生き方であるという考えに向かわせる要素はその理論自体には含まれていない。ニーチェをはじめとする一部の思想家は、もろもろの徳を一つの人生のなかに衝突や動揺をもたらすものとみなし、(第8章冒頭の引用文で見たように、)徳に従って生きることは、あなたの利益になり、あなたを幸福にし、ひいてはあなたにとって有利になるかもしれないという示唆をあざけっている。この考えを受け入れるなら、私たちは一方で有徳に生きるべきであると結論し、他方でその生き方は幸福にはつながらないと認めることになるかもしれない。あるいは、私たちはニーチェ流の考え方にもっと寄り添って、いずれにせよ幸福は哀愁に満ちた目標であるとみなし、幸福を追い求めるという考えそのものを拒否するかもしれない。

　しかし、エウダイモニア主義者の徳の説明の場合には、利己主義に加担しているという反論を避けて通れない。というのも、有徳に生きることに価値があるのは、それが部分的に私の幸福を作り上げることによるように思われるからである。これは自己中心的な考え方ではないか。論点がよく見えるように、私の幸福とは快楽のことではなく、エウダイモニアすなわち私の究極目的であるということを明らかにしたとしても、反論を骨抜きにすることにはならない。なぜなら、それは私の究極目的であって、あなたのではない以上、私が徳を習得し、発揮する理由を私に与えるものは、私の善（利益、関心）であるように見えるからである（以下の議論では、幸福の方だけに言及する）。

この反論に関して二つの誤った見方がある。それらに対処しておくことは、論点をさらに明確にすることに役立つにちがいない。次のように考える人がいるかもしれない。私が徳を身につける理由は徳が私に利益をもたらすからだとすれば、自分自身の利益を特別視している以上、私は誤った理由にもとづいて行為することになる。また、そういう理由で徳を身につけるなら、私は誤った種類の行為の動機づけをもつことになる。さて、これらの非難はどちらも、ここで問題にしているのは徳の説明であって、その特性を獲得し、発揮する人の目的に合わせて自由に向きを変える特性についての説明ではないという点を見落としている。自己利益を理由として、あるいはもっぱら自己利益から行為する人は有徳な人ではない。利己主義に加担しているという批判の矛先は、むしろ真に徳を所有していて、かつエウダイモニア主義の枠組みで物事を考える人に向いており、その狙いはこの二つの組み合わせ自体に問題があることを示す点にある。批判の要点は次のとおりである。ある人が徳を身につけ、有徳な仕方で考えるようになると同時に、有徳に生きることは、たとえ一部分にせよ、自分の幸福の構成要素になると考えるとすれば、その人が有徳に行為し感じなどする理由は、つまるところ自分の幸福に対する関心から生まれ、その関心に動機づけられていることになる。その人がどれほど有徳であろうとも、これは利己的なことである。

この反論のおなじみの表現は——これがおなじみであるのは、一部にはこの問題を提起した人がよく知られているためである——その種の徳の説明は「利己主義が基礎にある」という主張のかたちをとる。エウダイモニア主義の理論における幸福は、有徳な動機づけの「基礎」ないし「土台」であり、それは幸福から「導き出され」、幸福という観点から「定義される」と言われる。(7) この種の非難は本書で与えているような説明には通用しない。すでに明言したように、本書の説明は全体論的な構造をしており、一部の概念を基礎に置くものではない。この種の非難は、本書で与えているような説明に対してプロクルステスの寝台を押しつけることにほかならない。

もっとも、このポイントによって反論が崩れるわけではない。幸福は本書の説明のなかで基礎的概念ではないとしても、有徳に行為したり、徳を習得したり発揮したりするあなたの理由と動機づけが、自分の幸福に対する関心から（「導き出される」のではないにしても）生まれるとすれば、依然として不安は払拭されないだろう。あなたはこう考えるかもしれない。有徳に行為し、有徳であるべき理由は、そこから生まれるとあなたが教わったものから生まれるはずである。つまり、あなたの生活のこの場面では、このように行為し、このようにあることがもっともよいとあなたは教わったのであり、だからこそあなたは有徳に行為し、有徳であろうとする。徳は、善だからという理由で善に肩入れすることをともなうからである。他方、あなたの幸福はこれとは別の関心事である。こうして、倫理学に関する「基礎づけ的な」考え方をまだ受け入れておらず、エウダイモニア主義にもとづく説明を、理論のある部分が別の部分から「導き出される」構造に押し込まなければならないとは考えない人々にとってさえも、先の不安が生まれてくるのである。(8)

現代の批判者たちは、「反論」と称されるものの内容を次のように説明する。徳の説明がエウダイモニア主義の立場をとるものであるなら、幸福は人生の全体的目標でなければならない。そして、その説明が徳を中心に置くものであるなら、人は有徳に生きることも目指していることになる。しかし、この二つの目標がどのように折り合うのかについて、何らかの説明が必要である。有徳に行為し、有徳な人になることを目指すとき、私がそうする理由は、幸福の達成に向けられているか、そうでないかのいずれかである。だが、どちらの選択肢にも難がある。有徳に行為し、有徳な人になるという私の目標が、（楽しく過ごすことや金持ちになるという目標とは対照的に）どれほど立派なものであろうとも、依然として私は私の幸福を目指している。批判者の主張によれば、これは徳の適切な説明と整合しない。徳は善に対する肩入れを含意する。善とは何かについて私たちがいかなる説明を与えるにせよ、もし私が有徳であるならば、私の善はもちろん私自身の幸福ではありえない。そのため、有徳に行為し、有徳になることを目指すとき、私は自分自身の幸福の達成を目指してはいないと言わざるをえないように見える。むしろ私は、有徳な人にふさわしい目標を目指している。すなわち、（私たちがそれにどのような説明を与えるにせよ、）善である。しかし、そうなると、その説明はもはやエウダイモニア主義の立場をとっていないのではないか。その説明がなおその立場をとりうるとすれば、それはエウダイモニア主義がいわゆる「自己秘匿的（self-effacing）」理論である場合にかぎられるように見える。つまり、当の理論が掲げる目標を目指すのではなく、まさに目指さないことによってその目標を達成するよう私たちに告げる理論である。その理論のもとでは、理論が命じることを行なったり、理論が推奨するたぐいの人になることによってではなく、それとはまったく異なることを行なったり、その推奨とはまったく異なる人になることを目指すことによって、その理論が掲げる目標を達成するよう命じられるのである。

この「ジレンマ」のうちの第一の選択肢を最初に検討しよう。すなわち、「有徳に行為することや善い人であることは、その人自身に焦点を合わせるものではない。しかし、エウダイモニア主義の場合、有徳な人が有徳に行為し、有徳な人になる理由は、現にその人自身の幸福に関係している」という考えである。いまや私たちは、ここでの幸福が何を意味するのかをはっきりさせれば、説得力があるように見えたこの批判がただちに力を失うことがわかる。批判者たちは、見込みのある幸福概念は快楽説か欲求充足説か生活満足説だけであり、このうちのどの説をとるにせよ、有徳な人にとって問題が生じることは明らかである、と想定することが多い。この見解のもとでは、そのような幸福概念とエウダイモニア主義者の幸福概念の違いを指摘すれば、ただちに反論は成り立たなくなる。

もっとも、この時点で反論を次のように作り直すことができる。「幸福を隆盛など、何か別の意味で考えることができるとしても、やはりそれは、徳がそれを達成する手段であるように見える目的なのであって、ここでも徳は単なる手段としての地位に置かれるおそれがある」。この反論を退けるためには、幸福は徳とは無関係に、環境の観点から――つまり、特定の環境を挙げることによって――定義されたり、特徴づけられたりする目的ではないという点を思い出せばよい。この反論は、有徳であるかどうかとは独立に、特定の環境の観点からあらかじめ幸福を定義したうえで、有徳であることは幸福を達成するための手っ取り早い（ことによると最良の）方法であると考える人々にしか当てはまらない。その種の定義の具体例は、立派な経歴を築くこと、金持ちになること、有名な映画俳優になることなどである。しかし、徳がこの種の目的を達成する手っ取り早い方法ではなく、ましてや最良の方法ではないということは、火を見るよりも明らかである。そのため、現実的な見解としてこのような考えをもつ人は、(幻想から目を覚ます前の)世間知らずの人々だけである。

第8章で見たように、エウダイモニア主義者の考える幸福はこの種の目的ではないのであり、そうであると考える正当な理由は実際のところ存在しない。なぜなら、エウダイモニア主義的理論の二〇〇〇年に及ぶ伝統のなかで、このかたちをとるものは一つもないからである。(9) 幸福は不明確な全体的目標であり、私たちは、自分が何かをしているときに、何らかのかたちでその目標を念頭に置いていることに気づく。これこそが幸福であると私たちが疑いの余地なく考えるものは、私たちが有徳になる前の時点では与えられていない(もし与えられているとすれば、有徳になることによっておそらくその内容は変わるだろう。それはちょうど、幸福とは裕福であることにほかならないと考えるように育てられた人が、より善い人になったときにその見方を変えるようなものである)。私たちの究極目的は、私たちが人生を歩み、性格を発達させるなかで、より明確なものになる。私たちの考える幸福は、善い人で、かつ物質面でほどよく豊かであることかもしれないし、単に善い人であることかもしれないし、ひょっとすると、単に楽しく過ごすこと、あるいは金持ちであることや有名人であることかもしれない。私たちは、性格を発達させるまさにその過程で、このような見方を作り上げるようになる。徳に対して、すでに合意済みの明確に定まった目的に対する手段という評価を与えることはできない。

この反論の最後のあがきは、次のように考えることである。「私たちが幸福の本質をどう考えるにせよ、とにかく幸福は行為者の何らかの状態であることに変わりはない。それゆえ、徳は、環境の観点から特定される目的としての幸福に対する手段でなければならない」。この反論は成り立たない。すでに見たように、幸福はそもそも状態ではないからである。幸福は静的なものではなく、動的なものであるがゆえに、幸福の本質は活動にある。もちろん、幸福は私の人生のうちにある活動である。そこで、反論の窮余の一策は、次のように主張することかもしれない。「それは私の人生であって、あなたの人生ではないのだから、幸福の根底には何か利己的なところがある」。しかし、私の幸福は、私が幸福に生きることである。私の人生以外に、私はどのような人生をもつことができるのか。私があなたの人生を生きようとすることは、単に好ましくないだけでなく、ばかげたことでもある。エウダイモニア主義者の説明は、ある人々に価値観と優先事項を押しつけることによって、別の人々の人生を歩むように努力させようとするものではない。その理由は、私の（そしてあなたの）人生を歩むことそれ自体と人生の環境とを区別するなかですでに見たとおりである。私はあなたの置かれた環境を改善することによって、あなたがあなた自身の人生を歩むために手を貸すことができる。しかし、その環境のなかであなたの人生をどのように歩むのかは、常にあなた次第のことでなければならない。

「ジレンマ」のもう一方の選択肢についてはどう考えればよいだろうか。厳密に言えば、第一の選択肢が成り立たない以上、それを考察する必要はない。とはいえ、自己秘匿性の問題を追究することによって、本書の徳の説明はもっと明確なものになる。この問題に関しては、次の問いから始めることができる。「自己秘匿的であることの何がまずいのか。たしかに、それは理論の特徴としては一風変わったところがあるように見える。しかし、いったいどうして、その特徴は理論の評価を下げるのか」。

ここで、自己秘匿性の点でもっとも悪評の高い理論、すなわち帰結主義にとって、それがどのようにして現れるのかを考察するならば、問題は明確になるにちがいない。私はここで帰結主義を攻撃しようとしているのではない。むしろ、自己秘匿性がある種の理論にとってどのように、またどうして問題になるのかを明らかにするために、帰結主義のよく知られた特徴を指摘しようとしているだけである。そうすることで、私が描いているたぐいの徳の説明にとって、自己秘匿性はそれ自体としても、またエウダイモニア主義の文脈でも問題にならないのはなぜかを、帰結主義と対照させながら指摘することができる。

帰結主義者自身が一世紀半にわたって認めてきたように、私たちの目的が何らかのよい結果を最大化することであるとすれば[10]、ただちに次の点が明らかになる。すなわち、もし私たちが、私たちの実際の考え方とはかけ離れた方法を用いようとするなら、よい結果が生まれないばかりか、帰結主義の視点から見て、その理論の方法を用いない場合よりもいっそう悪い結果が実際に生まれることになる。それゆえ、帰結主義が掲げる目的は、その目的を直接的に目指すのではなく、間接的に目指すことによって、つまり、あらゆる人がその理論の方法を用いて直接的に目的を達成するのを妨げることによって、もっともよく達成されるように見える。

ここでただちに決定せざるをえないのは、誰がその理論の目的を達成しうるのかという点である。この点についいては、帰結主義を考案した人たちが、このようにして目的は達成されるだろうと期待していたもともとの考えを、二つに分けて答えなければならない。一つ目の筋書きは、一部の人々がその理論の掲げる目的をはっきりと認識したうえで[11]、達成に向けて他の人々をうまく誘導することによって、その目的を達成するというものである。その際に彼らは、人々に情報を与えないようにするか、人々を欺いてある種の動機づけ――理論の目的に対する言及を含まないが、それがあることで目的の達成に役立つような動機づけ――をもたせようとする。魅力的ではないこの筋書きは、「総督邸の (Government House)」帰結主義というぴったりの名で呼ばれるが、このままのかたちで採用されることはほとんどない[12]。

これよりも広く共有されているもう一つの筋書きは、次の二つの点を考慮に入れている。第一に、帰結主義は万人に適用されるように意図されており、それゆえその理論には、少なくとも原理上は、誰でも帰結主義者の掲げる目的を理解しうるという想定がある。第二に、私たちの実践的推論ではその目的は達成されない[13]。ここから、人々は次の点を理解しているものとみなされる。すなわち、人々はたいていの場合その理論を思い出さないようにすべきであり、その内容ではなく、そこから生まれる結果が理論と合致するような理由に従わなければならないという点である。ときには、当の理論それ自体に直接目を向けて、それについて深く考えることも許される。しかし、たいていの場合、人々は間接的に、つまり当の理論が認めない内容を含んでいるが、それがあることで目的の達成に役立つような理由に従うことによって、目的を達成しようとする。それゆえ、人々の実践的推論は、かなりはっきりとしたかたちで分裂している。実践的推論の一部分は、別の部分をうまく誘導し、それに従うことが帰結主義の目的の達成に寄与するような理由——ただしその内容自体は寄与しない——に別の部分が従うように尽力する。では、恵まれないその別の部分とやらはどうなるのだろうか。その部分は、自分が誘導されているということに気づかないほど愚かであるか、口をつぐんでそのことを忘れるか、気にかけるのをやめるかのいずれかである。

　実践的推論のうちにあるこの分裂は、たびたび比較されるある種の分裂とは似ても似つかないものである。後者が起こるのは、ときどき私たちが、「冷めているときに」一歩下がって、進行中の推論から距離を置き、込み入った、またしばしばあわただしい生活のなかで自分がどのように推論しているのかについて内省するときである。私たちは、超然とした内省的な見地に立って、その視点からいま行なっている推論を批判するかもしれない。しかし、これは、日常レベルの経験に関して何らかの困難を感じ、それによって内省が誘発されるケースである。解決に通じる内省を引き起こすのは、日常的な推論から生まれる重圧にほかならない。この状況は、日常レベルではうまくいっていると考えていて、何の問題も見当たらないのだが、日常生活の外側で行なわれる熟慮によって「問題」と「解決」が持ち込まれるような、そうした状況とはまったく似ていない。この場合、当の外的な熟慮は、日常の推論が抱える問題を解決することもなければ、明確にすることもない。それは、日常の推論の視点に立って論じ合うことなく、単純にその思考を退けるのである。

　ある理論がこのような仕方で自己秘匿的である場合、何が主要な問題となるのかは十分に明らかである。すなわち、実践的推論について統一的な説明を与えることができなくなることが問題なのである。自己秘匿的な理論は、その理論が認めない内容を含んだ理由に私が従うことを奨励する。その理論のことを知らないままそうした理由にもとづいて行為するかぎり、私は何の問題も抱えない（ただし、一つ目の筋書きの場合には、無知であることは危険かもしれない）。しかし、私が当の理論の存在に気づいたときには、その理論が支持する理由と、その理論がそれにもとづいて行為するように私に命じる理由を統一することは、私にはどうやってもできない。ある理論が自己秘匿的であることにともなう問題は、（少なくとも、それが私たちに行為の指針を与えることを標榜する倫理学理論である場合には、）私たちは行為の際にどのように推論すればよいのかについて、筋の通った説明を与えることができないという点にある。実践を導くことを目指す理論にとって、これははっきりと目につく欠陥である(14)。

ここで、エウダイモニア主義者の徳の説明が抱えるとされる例の「ジレンマ」に戻ろう。いま述べたような形式の理論にとって、自己秘匿性は深刻な問題となる。しかし、エウダイモニア主義者の徳の説明は、ある種の自己秘匿性を現に必要とするにもかかわらず、それはまったく害をもたらさない。実際、自己秘匿性は、二つの段階でエウダイモニア主義者の徳の説明に入り込んでくる。

第一に、徳はある仕方で、有徳な人の動機づけのなかで自分の姿を隠すようになる。有徳な人の場合には、彼自身を有徳な行為に導く思考のなかで、徳に関する思考ははっきりとした場所をもはやもっていない。他方、徳の初学者（たいていは若い人である）は、有徳になろうと努力し、有徳な行為をしようと努力しなければならない。その人の熟慮には、これが有徳な（たとえば勇敢な）人であればするであろうことであるとか、あれが有徳な（たとえば勇敢な）行為であろうというような考えがはっきりと含まれている。その人が発達し、真に有徳な人になったときには、勇敢であることや勇敢な行為をすることについてはっきりと考える必要がなくなり、また実際に考えなくなる。むしろ、経験と内省と習熟の結果として、彼は単に「傾向性から」状況に反応する。なぜなら、彼が考えているのは、ある人々に危険が迫っているとか、助けを必要としている人がいるということだからである。勇敢さや勇敢な人に関する思考はもはや必要とされない。ここで私たちは、思考が自分の姿を隠したと言うことができるだろう。しかし、その思考は消えなくなったわけではない。必要なときには、それを呼び戻すことができる。自分が行なったことをあとから――たとえば、勇敢になることを教わっている子どもに――説明しなければならないときがその一例である。それどころか、ある人が勇敢な行為をしたとしても、その行為について尋ねられたときに、適切なことを何一つ言うことができないとすれば、私たちはその人は本当に勇敢だったのだろうかと疑うかもしれない。ある種の危険は冒すに値するが、別のものはそうではないのはなぜかについて、その人が何も答えられないとしよう。その場合、彼が行なった行為は、彼が勇敢だったのか、それとも単に向こう見ずなだけだったのかを決定しないのである。[15]

技能からの類推によってこのポイントが明確になるということは、いまや明らかである。私たちはただ、徳の学習が実践的技能の例を通じてどのように紹介されたか、また徳は実践的技能と共通する多くの特徴をどのようにして表すのかという点を思い出すだけでよい。熟練の配管工やピアニストやマラソン選手は、配管や演奏や競走について、どうすればうまくできるのかをはっきりとしたかたちで考えることなく、自分の課題に直接的に反応する。私たちはこの事実に疑問の余地があるとは思わない。初心者であれば、技能を磨いて、その点を考慮せずに発揮できるようにするために、そのような思考が必要とされる。しかし、これとは違って、熟練者はそのような思考を必要としない。実践的技能の発達に関するポイントとして、日常生活のなかでこれ以上によく知られていること、あるいはありふれたことはほかにない。本書の徳の説明に従うなら、そのポイントは徳の場合にも疑いの余地がないということがわかり、またその理由もわかる。ここで私たちは、あらゆる目的にかなう「ザ・有徳者」は存在しないという点を思い出さなければならない。徳の初学者もいれば、熟練者のような人もいる。徳は常に発達にかかわる問題であり、初学者の場合と、習得済みの人の場合とでは、徳のあり方は同じではないのである。

第二に、有徳な人の幸福に関する思考についてはどうだろうか。有徳な人は、幸福のことすら考える必要がないのだろうか。これはありそうにないことのように見えるかもしれない。なぜなら、これまで何度も強調してきたように、最初のうちは幸福の内容は定まっていないからである。しかし、ここでもまた、私たちは発達の観点から考えなければならない。私たちが勇敢であることと公平であることを学習しているとき、初めのうちは、この二つを結びつける理由はほとんど、あるいはまったくないように見える。生活のどのような場面で見られるのかに関しても、どのような感情や態度にかかわるのかに関しても、両者には共通するところがほとんどない。多元主義者の説明によれば、一つの生活のなかで徳の全体を結びつけるという観点から見て、私たちはこれよりも先には決して進まない。この見解を退ける理由は第6章で確認した。その理由は、もろもろの徳の発達のなかで、実践的推論が果たす中心的な役割に依拠するものであった。ここで私たちは、実践的推論の全体的な発達が、どのようにして幸福にも当てはまるのかという点に注目する必要がある。

この点は、個々の徳のレベルですら明らかにすることができる。たとえば、勇敢になることを学習しているが、幸福についての考えは何一つもたない人がいるとしよう。すなわち、その人はいじめに立ち向かったり、耳障りな意見を述べたり、目標の達成に必要なときには、苦難や困難を耐え忍んだりするようになっている。彼が単なる頑固さではなく、勇敢さを習得しようとしているかぎり、彼が学習していることのなかには、どの目標がそのために苦難を耐え忍ぶに値するのかという点や、耳障りな意見を弁護することが本当に要求される状況と、ぶしつけや目立ちたがりにしかならない状況の違いは何かという点について学習することが含まれていなければならない。すでに見たように、その他の点も同様である。要するに、彼が学習しているのは、勇敢に行為することや勇敢な人であることの価値である。このことは、自分の全体的な幸福に関していかなる見解ももたないということとどのようにして両立するのか。価値、行為、反応、感情に関するこうしたポイントを学習しておきながら、自分の生き方に対してそれらがどのような含意をもつかについては何の考えももっていないということが、いったいどうしてありうるのか。もし彼が、自分の人生全体について、またどの目標が目指すに値するのかについて、本当に何の見解ももっていないのなら、そのことに関するかぎり、彼は徳をもっているのではなく、生活の一部分にのみかかわる機械的反応の習慣を教え込まれたにすぎないと思われる。その習慣が自分の生き方に対してもっている含意がどれほど明白なものであろうとも、彼はそこからいかなる含意も引き出さないのである。

幸福に関して彼が何らかの見解をたしかにもってはいるが、それが明らかに見当違いである場合にも同じことが言える（この例に関して言えば、「見当違い」の意味は、ある程度多くの倫理学理論のなかで明らかにそうみなされるというだけで十分である）。たとえば、人生のなかで何よりも重要なことは楽しく過ごすことであると彼が考えているとしよう。もし彼が本当にそう考えているならば、やはり私たちは、彼の発達させた性格は間違いなく勇敢な人の性格であると考えることはできない。というのも、勇敢さはしばしば、楽しく過ごすことをあきらめるように要求するからである。それゆえ、本当にそのような見解をもっていて、楽しく過ごすことに肩入れする人は、勇敢さを発揮すべき多くの場面にそもそも気づかない。この場合も、その人がもっているのは徳ではなく、局所的な機械的反応の習慣であるように見える。その人が発達して真に勇敢な人になるためには、最初にしなければならないことは、自分の人生のなかで何が重要なことなのかについて、また自分の幸福に関して自分がどのような見解をもっているのかについて、改めて考えることであろう。

ここから読み取れるのは、有徳な人は幸福に関する考えを現にもっており、その考えはより有徳になるにつれてより明確なものになるということである。勇敢になるためには、自分の人生のなかに価値のあるものとそうでないものがある、ということを認めることが必要である。それに応じて、あなたの人生は、性格がそのように発達する前にはもっていなかったかたちを得ることになる。これは、徳の発達に関するポイントとしてすでに示したことである。しかし、もし私たちが、私たちは常に発達の過程にある――人生を歩んでいるかぎり、私たちの仕事は決して終わらない――というポイントを受け入れるなら、徳の発達と自分の幸福に関する考えとのあいだには力動的な関係が常にあるということが明らかになる。価値観が根本的に変わる人の場合のように、この動きが非常に活発になることもある。たとえば、傲慢な人が謙虚になるとき、謙虚さの発達は、他者に払うべき敬意に関して意見を修正することを要求する。謙虚さのそのような発達は、どのような生き方を目指すのか、またどのような人になることをいまや目指すのかに関して、その人がそれまでとは違った考えを発達させることをともなう。他者自身と他者の見解に対して払うべき敬意を見出すことは、自分の人生に対する見方の発達と密接に関連している。つまり、いまやあなたは、他者の見解に配慮しないときには自分を非難し、以前は軽んじていたことを積極的に志向し、以前は軽んじていたような人に積極的になりたいと思っているのである。

この点は、個々の徳ではなく、徳全体の発達について考えるならば、さらにはっきりする。性格の全体が発達するとき、それが全体的に統一性のあるかたちに向かって発達するかぎりは、幸福観も同じように統一性をもつようになる。性格が発達し、衝突する諸価値に関連するもろもろの徳を相互に結びつけるようになれば、そのような衝突する諸価値に対する肩入れは弱まる。理想的な発達を遂げた場合には、自分の人生のなかで価値のあるもの、追い求めるに値するものに関する統一的な見方が、すなわち自分の幸福に関する明確な考え――それは性格の統一的な発達を促進するものであると同時に、その発達によって深まるものでもある――が生まれる。もちろん、これは理想的なあり方である。私たちは常に、ここからいくらか離れたところにいる（重ねて言えば、ここで問題にしているのは、徳との関連、つまり生き方との関連から見た幸福の統一である。それは、人生の環境に含まれる衝突を常に取り除くよう試みるべきであるということも、そうすべきでないということも含意しない）。

このように、有徳な人は、徳の点で発達するときに幸福に関する考えをもっており、その考えは、性格が発達するのに応じて、その人の幸福概念をますます明確なものにする。このことには、徳は問題を含んだかたちで自己秘匿的であるにちがいないという非難に本書の説明をさらすような点が何かあるだろうか。何もないことは明らかである。というのも、徳に関して先に見たのと同じ説明が、幸福に関しても当てはまることは一目瞭然だからである。あなたがより有徳に（勇敢に、でも何でもよい）なるにつれて、幸福に関する考えはより明確になってくるが、それと同時に、その考えはあなたの熟慮のなかで明示的な役割を果たす必要が少なくなる。その理由は、勇敢なことをすることや勇敢な人であることに関する思考がそのようになる理由とまったく同じである。なぜそうなるのかと言えば、つい先ほど見たように、あなたの幸福概念が、最初は個々の徳に関する考えとともに、それから次第に性格全体に関する考えとともに発達するからであり、またそれらの考えに応じて発達するからである。それゆえ、幸福に関するあからさまな思考は、徳に関するあからさまな思考とともに、はっきりとした熟慮のなかでだんだんと姿を隠すようになるが、説明や教授のために必要になるときには、その思考を呼び戻し、再び活性化させることができる。ここには、自己の内部で生じる分裂や、統一的な熟慮にとっての困難のきっかけになるものは何もない。

それゆえ、私たちには例の「ジレンマ」を解消する手立てがあることがわかる。徳と幸福の関係を深く考えるとき、私たちは、これらがどちらも人生についての考え方の中心にあることに気づく。徳を発達させる過程で、私たちは幸福との関連で生まれる理由から、両者の関係を深く考え始めるかもしれない。しかし、それが実情であるときでさえ、そのことは、「利己主義に加担する」という正当な非難を生み出すことも、「その理論は、悪い意味で、徳と幸福に関する思考が熟慮のなかで自分の姿を隠すようになることを要求する」という非難を生み出すこともないのである。

ここで私たちは、エウダイモニア主義者の説明には多くの異なる種類があるということを頭に入れておかなければならない。それらは、徳と幸福の関係（部分的に作り上げるのか、必要条件か、十分条件か）をめぐって意見が異なるだけでなく、すでに見たように、徳はどのようにして善に対する肩入れを表すのか、また徳はどのような種類の善に肩入れするのかに関する説明の点でも異なる。したがって、徳の説明にも徳と幸福の関係の説明にもさまざまな種類があることを考慮すれば、私が先に述べたことは、きわめて概括的なレベルの説明にとどまる。エウダイモニア主義者の徳の説明が利己主義に通じることは、ありえないことではない。たとえば、異論はあるかもしれないが、おそらくはエピクロスの説明がそうである。とはいえ、先に述べたことから読み取れるように、そのことが含意するのは、徳の説明に関しては論争の余地のある事柄がまだ残っているということにほかならない。

技能からの類推再論

エウダイモニア主義者の徳の説明のなかで、徳と幸福はどのように調和するのか。この点を探究したことによって、技能からの類推の強みと豊かさが明らかになった。つい先ほど見たように、徳は実践的技能と同じような仕方で「自己秘匿的」である（つまり、徳の視点に立ったあからさまな理由は、熟慮のなかにはっきりと姿を見せることがなくなる）というまさにその事実によって、エウダイモニア主義者の説明における徳は少しも利己的なものではないということがわかるようになる。また、その事実のおかげで、有徳に生きることが幸福に生きることを（少なくとも部分的に）形作ると考えるようになることが、私たちにとってどれほど自然なことかもわかる。私たちの幸福概念は、私たちがいっそう有徳になるにつれて、いっそう明確なものとなる。なぜなら、性格が発達するにつれて、人生のなかでもつに値するものや行なうに値することは何かについて、私たちはいっそう統一的な見解をもつようになるからである。そして、ここでも徳の場合と同じことが起こる。つまり、その統一的な見解は、熟慮のなかにあからさまに姿を見せることはなくなるが、必要なときには思い出すことができるかたちでそこに残っているのである。

技能からの類推のもう一つの強みは、徳を考察しているときに、教授と学習を強調することができるようになることである。技能からの類推は、徳がどのように教えられ、どのように学習されるのかの説明を手にするまでは、私たちは徳の十分な説明を手にしていないという点に気づくように私たちを促す。そして、今度はそのことが、十分に発達した大人だけに注目した説明を展開しないように私たちを促すのである。大人だけに注目する理論のなかでは、徳の発達は徳の説明にとってまさに不可欠の部分でありうるという考えが見落とされがちである。すでに見たように、発達という側面を重視することによって、私たちは徳に関するさまざまなポイントに適切な役割を与えることができるようになる。その一つは、たとえば向上心に関するポイントである。徳は常に、私たちが志向する理想であり、それゆえ私たちの発達は常に、そこに近づくか、そこから遠ざかるかのどちらかである。このことに関連するのが、徳はそもそも力動的なものであるというポイントである。徳は人の静止した状態ではなく、よりよい方向かより悪い方向に常に発達し続けている、人の一側面にほかならない。有徳に生きるという点から見れば、私たちの任務は決して完了しないのである(このポイントによって、意欲をかきたてられることもあれば、意欲を失うこともあるだろう。どちらになるかはその人の気質次第である)。それに加えて、いまや私たちは、エウダイモニア主義者の説明の枠組みのなかで、幸福は受動的な経験ではなく、活動のなかで達成されるものであるという考えに真実味を与えることができる。

それればかりか、発達を重視する技能からの類推によって、私たちはある種の問題を避けることができる。それは、私たちが常にさまざまな発達段階にいる人々を論じているということを忘れて、「ザ・有徳者」のことだけを考えるときに生じる問題である。私たちは徳の説明に対して、置かれている環境や徳の発達段階に関係なく、あらゆる人に何をなすべきかを教えてくれる、単一の汎用的な決定手順なるものを期待してはならないが、技能からの類推は、どうしてそうなのかを理解するのに役立つ。そして、今度はそれが、この種の理論は、なすべき有徳なこととは独立に、「正しい行為の理論」や「なすべき正しいこと」の説明を与えるものではなく、あらゆる人に何をなすべきかを教える何らかの決定手順を与えるものでもないという点を認識することにつながる。また、徳は組み込まれた文脈のなかで習得され、発揮されるという点を十分に考慮に入れながら、同時に相対主義に陥らずにいることができるのは、技能から類推が照らし出す徳の諸側面のおかげである。というのも、私たちは、徳は共同体や文化の壁を越えて私たちが志向する理想であるという点を見失わないからである。以上のすべての点を通じて、私たちが手にしている徳の説明は、有徳に生きることは幸福に生きることを（少なくとも部分的に）作り上げるという考えを自然なものに、また実り豊かなものにしているということがわかる。

以上のすべてのポイントは、幸福な人生を魅力的に描き出している。本書の説明に従えば、幸福な人生は、私たちがそれを実現するために奮闘し、実現したあとはそこでくつろぐような、ある種の楽しい状態ではない。それではまるで、引退し、そこにたどり着くために自分がしてきた仕事を忘れることを目的として、好みに合わない仕事に日々取り組んでいるようなものである。むしろ幸福は、つまり幸福に生きることは、常に進行中の活動にほかならない。それは進行中のプロジェクトである。それゆえ、本書の説明は、いい気持ちを感じていることや、欲しいものを手に入れることや、満足していることという観点からの説明とはまったく異なる。それは、受動的な経験ではなく、活動と従事を強調する幸福の説明である。

徳、善、幸福に生きること

読者は本章の議論のなかで、第7章で探究した徳に関するポイント、すなわち技能からの類推にもとづかないポイントが論じられることを期待していたかもしれないが、ここまでの議論ではその期待ほどにはそれを強調してこなかった。というのも、本書の説明では、さまざまな種類の善に対する徳の肩入れを包括的に論じており、それゆえそのポイントに関する考察は、非常に概括的なレベルにとどまらざるをえないからである。第7章で論じたように、有徳に生きることは、人の生を超越した善の概念――宗教的ないし超自然的な善の概念であることが多い――に対する肩入れをともなうことがある。他方、有徳に生きることは、人間らしい生活を送るなかで達成しうる善の概念に対する肩入れをともなうこともある。後者の自然主義的理論にも二つタイプがあり、特定の環境を重視するものもあれば、重視しないものもある。それゆえ、エウダイモニア主義にもとづく本書の徳の説明は、世俗的なものも宗教的なものも含めて、有徳な人生とはどのようなものであり、またそれは幸福な人生とどのように関係するのかについて、いま私たちが手にすることのできるさまざまな種類の説明をカバーしている。本書で示しているような説明にとって、このレベルの包括性は利点であると私は思っている。というのも、本書の目的は、エウダイモニア主義の立場をとる特定の徳の説明を紹介し、支持することにあるのではなく、その立場の一般的な考え方を明らかにすることにあるからである。エウダイモニア主義のさまざまなバージョンは、それぞれが自分自身を支える論証と証拠を必要とするが、そこで考え方の対立が生じたとしても、それは共有された枠組みのなかでの対立である。この点で、それらはすべて、帰結主義的な理論ともカント主義的な理論とも根本的に異なっており、どちらか一方の一種にすぎないものと考えることはできない。私たちが手にしているのは、帰結主義とカント主義にしか適していない分析によってねじ曲げるのではなく、それ自身の観点から理解しなければならない一群の独特な理論なのである。

それは「幸福」なのか

しかし、ここまで論じてきたものは幸福なのだろうか。それはよろこびを与えるものだろうか。私たちの関心の対象が、快い感覚や欲求充足ではなく、エウダイモニアとしての幸福であるという点は、もはや指摘するに及ばない。とはいえ、これらの受動的概念をすっかり取り除いたあとに、私たちがなお必要とするものは何か。ここには何が欠けているのか。幸福は（少なくとも部分的には）有徳な活動から成り立ち、すでに強調したように、幸福それ自体もある種の活動である。また、その活動はそれ自体としてよろこびを与える。どのようにしてそれがよろこびを与えるのかについては、すでに見たとおりである。技能からの類推が徳と幸福の両方を理解するのに役立つ最後の場は、よろこびは快い感覚を漫然と待つことのうちにあるのではなく、自分が行なっていることに、また自分の生き方に積極的に関与することのうちにあるということを私たちが見出すところにある。

有徳な人は、有徳な人生を歩んでいるかぎり幸福である。これは、現実味がなく、途方もなく高尚で、受け入れる理由が何一つない考えではない。それはむしろ、徳と幸福を浮き彫りにするある視点からスタートするならば、それらに関する私たちの考え方から無理なく生まれる人生観である。そのある視点とは、どのようにして私たちは、世界のなかで上手に、あるいは下手に行為しうるのかを考えることから始める視点、つまりは実践的技能の視点である。それは、単なる「ノウハウ」ではなく、それに関して私たちが熟練者になりうる技能である。技能を発達させるというこの考えは、すでに見たように、解き明かすには驚くほど複雑である。そして、これもすでに見たことだが、技能は徳に緊密に対応する。なぜなら、徳は結局のところ、どのようにして世界のなかで上手に、あるいは下手に行為しうるのかの一例だからである(16)。

私はここまでの二章を通じて、幸福に生きることは「少なくとも部分的に」有徳に生きることであると主張してきた。毎回付け足してきたこの留保条件は、責任逃れのための文言のように見えたかもしれない。私がこのような言い方を続けてきたのは、これこそが、徳と幸福を探究するときに、私たちの考え方から見えてくる立場であると思うからである。私たちは、善い人になりたいと思い、自分の子どもにも善い人になってほしいと思う。なぜなら、私たちにとっても子どもにとっても、その方がよりよいことだからである。とはいえ、私たちは同時に、立身出世すること、魅力的になること、有名になること、裕福になることなど、ほかにも多くのことを望む。私たちの大半は、真剣に内省し始める前の時点では、私たちが望むこれら多くのもののなかで、全体として矛盾のない見解をうまく作り出すことができない。それゆえ、一方では、私たちの大多数にとって幸福な人生がよろこびを与えるものであるのは、それが部分的には有徳な活動から成り立つからであり、かつ有徳な活動はよろこびを与えるものだからである。もっとも、それはほかのところから得られるよろこびも含んでいる。つまり、この種の人生を送る人は、自分の人生を振り返り、内省するときに、満足感を得る可能性が高いのである。しかし他方で、私たちの大半は、人生の環境のなかにも、幸福に生きることの一部になるものがあると考える。私たちは、お金や安全や地位があることによろこびを覚え、これらがなければ幸福に生き続けることはできないだろうと思う。それゆえ、私たちはよく生きることだけでなく、お金や地位といったものも幸福には欠かせないと考える。これらのものは、私たちの大多数にとって、有徳に生きることを可能にする環境として重要であるだけでなく、それ自体としても重要なのである（もちろん、この種のものはそれ自体で私たちを幸福にしうるという考えが――それほどよく見られる考えではないが――誤りであることに変わりはない[17]）。

　このように、徳と幸福に関する普通の考え方は混合的であることがわかる。私たちの大半は、幸福には善い人であることが欠かせないが、それに加えて、ある程度のお金、安全、地位といったものも（それ自体として）欠かせないとそれとなく考えている。ここが、哲学的議論が始まる地点である。善い人を目指すことだけでなく、お金や安全や地位もあなたを幸福にしうるのか。それとも、これは本質的に不安定な立場なのか。すでに見たように、物だけでは幸福になれないというのは、私たちの日常的な幸福観の一部である。それは、幸福に生きることに欠かせない部分でありうるのか。もしそうだとすれば、どれくらい重要な部分なのか。お金や地位といったものは、あなたが善い人であるならあなたを幸福にしうるが、悪い人であるなら幸福にしえないのだろうか。善くも悪くもない人はどうなるのか。これらのものによって幸福になるのだろうか。

　もし徳が幸福にとって必要であるならば、有徳に生きていない人は、どれだけ多くの物をもっていても、どれだけ多くの快い感覚と満足をもっていても、幸福ではないことになる。これは、哲学的論証によって私たちが納得させられる必要のある立場である。このような考えは、徳と幸福について深く考えるだけでは見えてこない。ただし、その立場を退ける場合にも論証が必要であるという点に注意しなければならない。日常的な内省のなかで、それが最初から除外されることはない。

ところが、驚くべきことに、しばしば哲学者たちは、その立場は最初から問題外であり、それを退けるために論証は必要ないと考える。もちろん、私たちはいつでも、悪い人が自分の目にはよろこばしいものに見える人生を送っている例を指摘することができる。とはいえ、ここでの主張に対する反例として考えるなら、その指摘は的外れである。私たちがもっている徳と幸福の概念の複雑さを考慮に入れれば、それは驚くべきことではない。バーナード・ウィリアムズの次の主張は、これまでたびたび引用されてきた。すなわち、ひどい悪党でありながら、まったく不幸には見えず、「キラキラした目とぴかぴか光るコートを基準にして」測るかぎり、むしろとてもうまくやっている人を私たちは目にするのである。しかし、一般にこの主張を引用する人々は、このような人が本当にいるのかどうかは明らかでないと考えるところまでは進まない。私たちはそのような人を想像するが、それは私たち自身の思考の投影にすぎないかもしれない。ウィリアムズは、これが事実そのとおりである証拠は、嫌悪感を起こさせるのではなく、むしろ魅力的な人物の例を私たちが想像できるというところにあると示唆しているが、その際に彼は、現代の例ではなく、なかば想像上の過去の例だけに目を向けている[18]。現にいま存在している悪党で、なおかつ幸福の説得力のある例を挙げることはきわめて困難である。

さらに、「有徳に生きることとは、実のところ幸福に生きることの十分条件であり、それゆえ幸福に生きるかどうかは、さまざまな種類の価値をもった環境――あなたの人生にとって重要であるが、それ自体としては幸福に生きることに寄与しない環境――のなかで、あなたが人生をどのように生きるかという点だけで決まる」という考えもある。この考えに私たちが納得するためには、さらなる哲学的論証が必要である。私たちがこの立場に到達するためには、幸福は一方で有徳に生きることから、他方でお金や地位のようなもの、つまり生きることそれ自体ではなく、むしろ人生の環境に属するものから成り立つ、という考えには矛盾が潜んでいるということに納得しなければならない。[19]

以上の二つの哲学的立場は、その背後に数千年に及ぶ議論の歴史がある。現代の議論では、エウダイモニア主義者の説明のなかでそれらの立場がどのように現れるかという点をようやく取り上げ始めたところである。[20] ここでもまた、幸福は私たちの通常の内省と哲学的論証が交差する場になっている。この道は両面交通である。一方の車線では、現実の状況から哲学的な考察を要する問題が生まれ、もう一方の車線では、哲学的な結論から私たちが生き方を再考するように要求されるのである。

第10章 結論

これまでの章で展開した説明は、幸福に関しても、徳はどのようにして善に対する肩入れをともなうのかという点に関しても、ごく概括的なレベルにとどまるものであった。私は善に対する徳の肩入れに関して、何らかの特定の立場を擁護することはせず、徳を幸福の一部とする主張と、必要条件とする主張と、十分条件とする主張のなかで、どれが正しいのかを決定しようともしなかった。むしろ私は、これらの問題に決着をつけるときの枠組みを作り上げようとしたのである。

とはいえ、ここまでの説明は、徳に関して、つまり徳の要素と構造に関しては明確な立場をとっている。その説明の中心にあるのは、徳の発達と発揮のうちに見られる実践的推論は、実践的技能の発達と発揮のうちに見られる推論に類似しているという考えであった。すなわち、説明の中心にあるのは技能からの類推である。まさにそれゆえに、徳は学習の過程を経ることによって、時間と経験を通じて習熟し、作り上げられるという事実が、徳は知にもとづいているという事実と矛盾しないことがわかるのである。有徳な人は、状況に即座に反応するかたちで行為するが、そこには、熟練の職人やアスリートのうちに見られるような実践的知性が表れている。その反応は、自動的反応や機械的反応の、つまり、それを引き起こすものが何であれ、頭を使うことなく、壁にぶつけたボールがただ跳ね返ってくるような反応の対極にある。

言うまでもなく、徳についてはもっと多くを語ることができる。すでに示唆したように、私たちは相対主義に追い込まれることなく、徳が社会に組み込まれているという事実を正当に扱うことができる。これと同じ考慮事項は、徳の説明それ自体にも当てはまる。当然のことだが、本書の説明も、この本やこの種の本が書かれる社会的・文化的文脈に組み込まれている。私たちは、本書と同様の説明でありながら、異なる社会や異なる視点にもとづくいくつかの説明を手にしたときに初めて、説得力と普遍性をそなえた説明を得ることになり、そこにどの程度まで意見の一致があるのかについて、事実にもとづく知見をもつことができるようになる。個々の徳の説明や描写は、社会や言語の違いに応じて違いがある。そうした相違はどのレベルで重要になるのか、またどの程度まで、私たちが目にしているものは同じ徳の異なる具体化なのかについて、私たちはやがて、いまよりもっと明確なことが言えるようになるかもしれない。その一方で、私が本書で示した説明が、徳についての、そしてこれとは異なる種類の徳倫理学理論における徳の役割についての、最終的な結論や確定的な結論になることを意図したものでないことは明らかである。また、本書の説明は、それを受け入れた読者が、それまでもっていた倫理的信念を捨てたり、そこから距離を置いたりするよう強いられることを目論むような理論として意図されていないことも明らかである。もちろん、この説明を受け入れることで、これとは異なる倫理的思考の枠組みに対して読者が批判的になることは十分にありうるが、それはまた別の話である。

最初からずっと強調してきたように、本書の説明は、徳とは何か、またそれは何でなければならないのかに関する理論的説明にもとづくのではなく、身近な事柄から組み立てられている。徳をたとえば帰結主義のような、壮大な理論の視点から定義する説明は、当の理論の形式的特性に部分的に依拠することによって、その理論がもつ独立した身分を自分自身ももっていると主張することができる。私はこのような仕方で徳が明らかになるとは考えない。徳と幸福の「理論」ではなく、「説明」という言葉を私が一貫して用いてきたのは、まさにそのためである。ここで再び、最初に言及した問い、すなわち本書はどのような身分をもった説明なのかという問いを取り上げよう。私は終始一貫して、徳と技能、そして快楽と幸福に関する私たちの日常的な見解に訴えてきた。この「私たち」とは誰のことか。また、どうして私たちは、徳の哲学的説明を作り上げるために、徳に関する私たち自身の日常的な見解に頼るべきなのか。

　この「私たち」とは実際のところ誰のことか。もしあなたがまだこの本を読んでいるなら、あなたは「私たち」である読者全体の一部である。私はそう願っているのだが、本書の読者は、この本やこの種の本を読み、それについて考えようとするほど徳を理解することに関心がある、開かれた心の持ち主であろう。すでに述べたように、私はこの「私たち」という言葉を、一部の人に限定する排他的な用法ではなく、広く読者を取り入れる包括的な用法のつもりで使っている。もしあなたが、「私たち」の日常的な見解に関する主張に同意しないとすれば、それは本書に関係する重要な証言になる。その証言は、本書の説明に対して修正の必要性を示唆するのか、それとも示唆しないのかを明らかにするというかたちで利用するのが最良である（これまで一貫してそうしてきたように、ここでの意見の不一致は、単に本書の説明にはない事前の理論的想定にもとづくものではなく、真っ向からの意見の対立であるとみなしている）。いまや明らかなように、単一の不一致だけでは、説明全体を退ける十分な根拠にはならない（もちろん、あなたは別の理由でそれを退けるかもしれない）。なぜなら、ここにあるのは、ただ一つの反例で覆されるような脆弱なタイプの理論ではないからだ。私たちが手にしているのは全体論的な説明である。その説明の説得力は、一部は徳と幸福に関する見解が私たちの経験にもとづいていることから、一部は説明全体の整合性から生まれる。また、この説明は全体論的であるがゆえに、私たちがもっているのは、基礎部分を崩すことで全体を崩すことができるようなタイプの理論ではない。

しかし、徳と幸福に関する私たちの日常的な見解は、その種の説明の出発点としてさえ適切ではないのではないか。私たちの自分自身や自分の心理に対する見方は、不正確であることも、ひいては誤っていることもあるのではないか。哲学者たちは、哲学の専門家としての立場から、私たちの日常的な「直観」にもとづく説明に疑いの目を向けるようになってきている。私は「直観」について語らないようにしてきた。というのも、この言葉は論争のなかで使われることを通じて、それ自体が理論的な専門用語になっているからである[1]。そのうえ、本書の説明は、道徳的直観をめぐる論争にはそぐわない。なぜなら、技能からの類推を用いた本書の説明は、その論争から遠く離れたところにあるからだ。道徳的直観がどのようなものであるにせよ、私たちはスケートや翻訳に関してそれをもってはいない。さらに言えば、私たちは、あたかも選択肢が二つしかなく、どちらか一方を選ばなければならないかのように、全体論的な説明のなかで直観と理論が対立しているとは思わない。よくあることだが、これは強制的な二択であり、これによって、いま使えるものの適用範囲を広げて、別の選択肢を見つけるという必要性が覆い隠されてしまうのである。本書では、単に説明全体の出発点として、配管工事やピアノ演奏の例とともに、私たちの日常的な見解に訴えているにすぎない。そしてその説明は、全体論的な理論が普通そうであるように、一部は全体の整合性によって支持され、一部は徳と幸福に関する見解が私たちの現実の経験にもとづいていることによって支持される。

　とはいえ、まだ問題は残っている。本書のような説明を作り出すときに、徳と幸福に関する私たちの見解は、理にかなったものとして当てにすることができるだろうか。ここで重要なポイントになるのは、本書の説明が、向上心にかかわる徳の側面を強調してきたことである。それゆえ、問うべきことは、この説明が徳に関するあらゆる見解によって裏打ちされるかどうかではなく、私たちが支持することのできる理想的目標になっているかどうかである。(2) 徳を体現している人はほとんどいないという返答は、この説明の命運を分けるものにはならない。しかし、理想的目標としてこの説明を受け入れることに圧倒的多数が反対するならば——たとえば、大半の読者が、自分の性格を改善することはできないと思ったり、ソクラテスやガンジーを敗者として率直にはねつけたり、幸福とは楽しく過ごすこと以外ではありえないと考えたりするならば——そのことは重要な意味をもつだろう。ここでは、当の理想的目標はあまりに理想が高すぎて、アリストテレスの言葉で言えば、「実践できるもの」ではないのか、それとも、私たちが生きているときに生活のなかで実践することができる理想なのかという問題は未解決のままである。本書の説明は、私たちがそれに従って生きることのできる現実的な考えとして述べられている。とはいえ、それが発達に重きを置く説明である以上、実践可能性に関してさまざまな反応を喚起するのも無理はない。

このように、本書の説明が頼っている見解は、他の見解を基礎づけるものではないが、哲学的議論の出発点である。このことは、その見解が支えとなるものをもたないということも、必要としないということも意味しない。ことによると、それは私たちの現実の経験を研究することから、特に心理学研究から別の種類の支えを得ることができるかもしれない。この考えは、現代の倫理学にある種の要請が現れるようになってから、最近ますます勢いを強めている。すなわち、倫理学理論は、私たちの「道徳心理」についての許容しうる説明——それが許容しうるかどうかは、心理学者による最近の実験結果と一致するかどうかと同一視される傾向にある——と両立することを示さなければならないという要請である。実際、本書の説明は、私たちの心理に関するそのような説明に一致しなければならないという要請にいっそうさらされやすい。なぜなら、本書の説明では、（理由は違うにせよ）心理学者の説明と同様に、「道徳に関連する」心理という特殊な領域ではなく、単に「実践に関連する心理」、つまりチェスや数学などの理論的能力と対比される、行為と実践的推論に関係がある私たちの側面を考察しているからである。

ここで私たちは、「状況主義」の立場に立つ社会心理学[3]の影響を受けた現代の一部の哲学者たちによる、徳の理論や説明に対する「状況主義」からの異議申し立てが待ち構えていることに気づく。異議の要点は、実際のところ徳は私たちの実践心理に対して何も答えてくれないというものである。つまり、私たちは徳がその一種であるような傾向性をもってはおらず、それゆえ徳の視点から考えたり、人生の指針を与えたりすることは、単純素朴な誤りを含んでいるのである。もしそうだとすれば、どう見ても、徳を倫理学理論の中心的な用語にすることはできない。したがって、この異議申し立てに答えることは重要である。私の考えでは、そうすることによって、徳は実際のところ心理学者にとって実り豊かな研究対象になるかもしれないということも示すことができる。

もっとも根本的な異議は次のものである。私たちは、徳をその一部として含むような性格特性を何一つもっていない。なぜなら、時間を通じて信頼できる、そしてさらに重要な点として、さまざまな種類の状況を通じて信頼できる、確固とした性格特性を私たちはもっていないからである。[4] このことは、心理学者の実験によって証明されたと考えられている。その実験に参加した大多数の人々は、彼らを困惑させる新たな状況に直面したときに、自分自身や他者が予想するような仕方では行為しなかったのである。これと同様の一連の実験から、私たちはたしかに性格特性をもっているが、それは私たちが想定する状況間一貫性を欠いているという結論を引き出す立場もある。私たちは、よく考えれば退けるかもしれない状況的要因や、ときには気づいてさえいない状況的要因によって、私たちが想定する以上に動機づけられる。それゆえ、私たちは同じような種類の状況のなかで特性を発達させるにすぎない。これらの特性は、私たちに異なる状況のなかでもその特性に応じた行為をさせるほど確固としたものではない。[5] 最初のものより穏やかなこの見解でさえ、行為の指針を与えることを標榜する倫理学理論にとって、徳を理論の中心に置くことを脅かすものを含んでいる。というのも、大多数の人々の行為がそのような傾向性の存在を示さないとすれば、徳に関する主張は引きつける力をまったくもたないように見えるからである。これらすべての実験のなかで、一部の人々は、現に正しく行為したり、立派に振る舞ったりした。それゆえ、私たちは少数の人のうちに徳を見出すように思われる。そして、このことが徳の理論にとって必要なことのすべてであると考える人もいる。なぜなら、徳の理論はある種の理想を提示するが、その理想はハードルが高く、それゆえ徳はめったに見られないということは、特に変わったことではないからである。[6]そして実際に、この結果は一部の議論が示唆するほど悲惨なものではない。[7]とはいえ、徳は誰でも知っているありふれたものであるという点が、これまで常に徳倫理学の魅力の一部となっていたのだから、ごく少数の人々を除いて徳を達成する見込みはまったくないのだとすれば、それはやはり徳倫理学にとって痛手となる結果であろう。

しかし、心理学者たちの実験は、徳がその一種であるような傾向性を本当に研究対象にしているのだろうか。いまではいくつかの議論から次のことが明らかになっている。状況主義の立場をとる心理学者が研究している特性は、人がすることやしないことに注目することから結果が得られる特性である。しかし、徳は単に行為の傾向性であるだけでなく、ある一定の仕方で推論し、反応し、感じる傾向性であるという徳理解にもとづくかぎり、これだけでは徳に関して主張するにはまったく不十分である。状況主義者の主張は、帰結主義者や多元主義者による徳の説明とは両立できるが、実践的推論を徳の不可欠の部分として位置づけ、徳を学習と習熟の問題と考える説明とは両立できない。なぜなら、そのような徳の説明の考察対象は、一定の仕方で行為することによって獲得されたり、表現されたりするにすぎない性格特性ではないからである。これらの実験によって、徳倫理学が私たちの心理に関する誤った説明にもとづいていることが明らかになるという主張は、いまでは論駁されたものと一般にみなされている[8]。

だが、これによって問題がなくなるわけではない。なぜなら、徳と実践的推論に関するポイントがひとたび明らかになれば、状況主義者の反論の矛先は、当面の問題に関連する実践的推論についての考えに向けられるからである。心理学者の実験のなかには、私たちは実は非常にずさんな推論を行なっているということを示すものがある。私たちは、ずさんな推論とわかっている推論をしたり、反対するためのはるかによい理由があるときに他者の推論に追随したり、まったく無関係であるとわかっている理由にもとづいて行為するように容易に仕向けられる[9]。このことは、徳の形成は実践的推論を介してなされるという点に徳倫理学が依拠するかぎり、徳倫理学は信用を落とすことになるということを示しているのではないか。この疑問に対して、まったくそのとおりであると答えることはできない。当の実験結果は、私たちの推論がいともたやすくしくじることを明らかにしている。しかし、そのことが示しているのは、実践的推論も含めて、私たちの推論は思った以上に多くの仕方で誤りを犯すということであり、それゆえ私たちはそれを発達させる過程でもっとよく注意しなければならないということであろう[10]。

ここで目につく一つのポイントは、以上のすべての議論のなかで、徳に関する心理学研究として、技能からの類推を重視した研究を誰も挙げていないことである。徳の理解に役立つモデルが実践的技能であるとすれば、私たちは、実践的推論とその発達に関してかなり明確なモデルをもっている。というのも、対象が明確に定まっているので、適切に設計された実験によって経験的に検証し、調査することができるからである。

この主張は誤っているように見えるかもしれない。というのも、徳と実践的技能を関連づける考察は現にいくつかあるからである。[11] しかし、これらの考察のなかでは、徳は、学習者と熟練者を一緒くたにする区別立てのないある種の「ノウハウ」として、もしくは即座の反応という側面を際立たせるある種の感受性として理解されている。倫理学の分野でも、経験科学や社会科学の分野でも、技能からの類推に照らして徳を考察する現代の継続的な研究は一つもない。[12] それどころか、無意識的な行動に関するいくつかの影響力のある研究は、習熟した行動は無意識的かつ機械的な行動でなければならないという早まった想定につながる点で、ネガティブな影響をもたらす傾向がある。[13] 他方、それ自体のために目標を達成するように動機づけられることと、さらなる目的のために目標を達成するように動機づけられることの違いに関する興味深い研究がある。[14] また、テュリエルとスメタナをはじめとする社会心理学者の仕事は、初期の倫理的発達は規則にのみかかわる問題であるという無批判な想定は捨てなければならないにせよ、さらなる研究のための興味深い道筋を示唆している。[15]

もし私たちが、徳の経験的妥当性に関心をもつならば、進むべき道は、もろもろの実践的技能と、徳はどのような点で実践的技能に似ているとみなしうるかに関する実証的研究を推進することであるように思われるだろう。その種の研究は、哲学者と心理学者の緊密な連携を必要とすることが予想される。なぜなら、徳を適切に理解し、機械的反応や自動的反応の観点から理解しないようにすることがきわめて重要になるからである。私たちは、実践的技能に見られる習熟のうち、自動的反応ではなく、むしろ知にもとづいた発揮をもたらす習熟とはどのようなものかを研究することによって、多くを学ぶことができるだろう。それを実証的に研究することによって、私たちは徳の習得と発揮に関する研究をよりよく進めることができるだろう。実践的技能にしても徳にしても、大人がそれを発揮する場面よりも、習得の段階を研究する方が容易であるにちがいない。というのも、大人が発揮する場面には、混同をもたらす可能性がある複雑な特徴が数多くあるからである。また、徳に関しては、活動に専心することに関するチクセントミハイの研究を進展させることも有益であるように思われる。自己利益にかかわる活動よりも、誰かによいことをするときの方が、人々の健康と気分は向上する傾向にあるということを示唆する多くの経験的な兆候が見つかっている[16]。有徳な活動のよろこびにかかわる側面に関して、綿密な実証的研究をすることができるとすれば、それは実りの多い研究になるだろう。

徳を独自に展開された理論との関連で研究するのではなく、それ自体として研究すればするほど、徳が教えられたり発揮されたりする実際の経験的文脈を研究する必要性は、それだけいっそう高まるにちがいない。現代の倫理学には、私たちの「実践心理」を研究する一般的な傾向がある。そのため、いま述べたような実証的研究はなおさら価値があると思われる。しかし、その一方で、文学や歴史のいくつかの部門で徳の研究に適したたくさんの題材を見つけることもできると私は考えている。個人の心理に関する詳細な考察を私たちに与えるような文学から、私たちは貴重な個別事例を得ることができる。歴史上の人物を扱ったある種の伝記にも同じことが言える。徳を研究するときの私たちの考察対象は、心理学のように現存の人々に限定されるわけではない。これまで多くの人々が、自分の人生と他者の人生に見られる徳と悪徳に興味をもち、研究対象となる多くの証拠を残してきた。この種のデータは科学的なアプローチを補完するはずである。なぜなら、方法論は異なるとはいえ、両者はどちらも経験に根差したものだからである。

それと同時に、徳の研究がこのように発展すれば、幸福の研究に関しても、もっと実り豊かな道が切り開かれるかもしれない。幸福の方には膨大な量のデータがあるものの、幸福とは何かについても、どのように研究すべきかについても、方法論にかかわる合意がまったくないなかで、そのデータをどのように使用することができるのかは明らかでない。私たちの幸福概念は雑多な要素を含んだ混成物である以上、この状況はおそらく今後も続くだろうが、私たちの混乱した概念に含まれる異なる要素を切り離し、それぞれの要素を区別して研究することができれば、幸福研究はもっと見通しのよいものになるだろう。たとえば、徳と快い感覚、もしくは徳と欲求充足ではなく、徳とエウダイモニアをはっきりと論じるならば、徳と幸福に関してもっと有用な結果を得ることができるにちがいない。

以上のことはすべて推測にすぎないが、現実味に欠けるとは思わない。徳倫理学の研究はここ二〇年のあいだ爆発的に増えており、いまでは倫理学の学習項目のなかで不可欠の一部になっている。さまざまな種類の徳の倫理が研究されるのに応じて、「徳倫理学」の範囲は拡大し続けており、アリストテレス的徳倫理学は、カント、ヒューム、プラトン、ニーチェのそれぞれの流れを汲む徳倫理学と、またもっと多くの種類の徳倫理学と結びつけられるようになっている。そこでは、徳と「正しい行為」、徳と行為の指針、徳と幸福をめぐる議論が途絶えることなく展開されている。本書では、説得力があり、擁護可能であると私が考える徳の説明を展開し、徳と幸福のあいだに成り立ちうるさまざまな関係を素描することによって、この議論に貢献しようとした。私の研究がこの種の議論に素材を提供しうるものとなっていることを願うばかりである。

原註

第1章

(1)Williams 1985には、「私たち」のこの用法に関する鋭い指摘がある。

(2)これが「直観」について語ることを避けるもう一つの理由である。なぜなら、徳に関する直観はしばしば「道徳的直観(moral intuition)」とみなされるが、それが何を意味するにせよ、建築や配管工事に関して私たちがその直観をもっていないことは間違いないからである。

第2章

(1)このほかにも、片づけ上手であることや時間を守ることや勤勉であることのように、徳でも悪徳でもないが、ある環境のもとでは人の中心的特徴になりうる傾向性がある。これらがどうして徳ではないのかがわかるのは、第7章に入ってからである。

(2)本書の徳の説明のなかで私が使っている用語は、誰でも使うことができる普通の用語のつもりであり、徳をめぐる「状況主義者」の議論のなかでおなじみの用語とは一致しない。徳を傾向性とみなすとき、私はその用語を彼らの文献のなかでの意味——そこでは、「傾向性」は通常、状況に敏感に反応する特性に対立するものとされる——よりももっと広い意味で使っている(Russell, 2009, pt. III参照)。同様に、私は「一貫して存続する」という言葉を徳の能動的側面を示唆するために用い、「当てにできる」という言葉を、型にはまった行為をたびたび繰り返すことにはとどまらない徳の側面を示唆するために用いている。一貫して存続することと当てにできることはどちらも、同じ種類の状況において反応が一貫していることと、異なる種類の状況において「状況間一貫性(cross-situational consistency)」があることを含んでいる。

(3)Thomson 1997, Hurka 2006.

(4)もちろん、いつだって多いに越したことはないということを自明視する場合の話である。気前のよさはこのことをいくらか疑わせる一例である。なぜなら、気前のよい行為をより多く行なう効果的な方法は、気前のよさによって満たされる必要性を取り除くことではなく、むしろそれを引き延ばすことだからである。しかし、どうみても、これは気前のよさから生まれることではない。

(5)この出発点は発達した倫理的思考を生み出すのに適したものでありうるのだろうか、と私たちが心配するのも無理はない。この問題は第4章で論ずる。

(6)アリストテレス『ニコマコス倫理学』第三巻第八章（1117a17-22)。

(7)徳に関してカントが感ずる問題の多くは、習熟がもたらすのは単なる機械的反応であり、有徳な行為は機械的に、それゆえ行為者の意志が適切に関与することなく行なわれるのではないかという疑いから生まれている。

第3章

(1)本書の説明は、徳を「ノウハウ」として強調する説明とも、有徳な人は世を渡るために直接的な感受性に頼ると考える説明とも、ほとんど共通するところがない。というのも、この種の説明はどちらも向上心に重きを置いていないからである。Churchland 2000, Clark 2000a, 2000b, Dreyfus and Dreyfus 1990 を参照。「ノウハウ」という言葉は、学習者と熟練者の違いをなくすかたちで用いられることが多いが、両者の違いは本書の説明において非常に重要である。

(2)アリストテレス『ニコマコス倫理学』第二巻第一章（1103a32-b2)。

(3)この点で、ここで用いられている技能の概念はあまりにも高い要求をともなっていると感じる人もいるかもしれない。なぜなら、靴ひもを結ぶことやその種のさまざまな活動に対して、私たちは上達への志向を要求しないからである。しかし、実のところこのポイントは、その種の機械的な活動を技能と呼ぶべきでないことを物語っている。

(4)技能(テクネー)に関するこのポイントは、よく知られているように、プラトンが『ゴルギアス』(463a-466a, 500a-501c)で指摘している。また、アリストテレスは『形而上学』の冒頭でこのポイントにもとづいた議論を展開している。

(5)習慣を身につけることと推論の関係についてのこれと対立する見解として、Pollard 2003 および Snow 2006 を参照。

(6)Hursthouse 1999a および Baier 1997 を参照。現代の倫理学理論のなかには、十分に発達した大人をもっぱら議論の対象とするものがいまだにある。そこでは、(十分に発達した大人とはどのような人かに関して、その理論がこれまでの見方を大きく修正するときでさえ、)どのような教育を通じて子どもはそのような大人になりうるのかに関する説明は必要ないものと考えられている。

(7)アリストテレス『政治学』第二巻第八章(1269a2-3)。

(8)たとえば、こんにちでは明らかなことだが、伝統的な社会で暮らす女性のものの見方が、社会全体の代弁者であることを主張する男性のものの見方とまるで異なることはよくある。

(9)Turiel 1983 参照。ピアジェとコールバーグは、子どもは発達段階のだいぶあとになるまで規則に盲従すると主張しているが、テュリエルはこの本の第7章で彼らの発達理論に効果的な批判を加えている。

(10)Annas 1993 および 2002 で強調したように、この考え方は古代の倫理学理論の一つの特徴となっている。現代の倫理学理論のなかには、倫理的思考は原理や善を抽象的に内省することから始まるとみなし、これらによって私たちは生き方を根本的に変えようとするとみなすものもある。そのことに私たちが困難を覚えるとすれば、それは単に倫理面で怠惰であるからだとされることが多い。しかし、倫理的な事柄を深く考えるようになるときには、私たちはすでに一定のかたちの性格をもっているという点を直視する方が、これよりもずっと現実的である。

(11)この批判能力が及ぶ範囲とその効力は、次の章で主題として論じられる。

(12)この力動的な性格こそが、単なる向上心ではなく、「駆り立てる向上心」という考えによって表現されるものにほかならない。本書が向上心を強調するからといって、その立場を「完成主義（perfectionism）」と混同すべきではない。完成主義のある種のものは、理論に含まれる何らかの独立した部分（たとえば、人間本性についての独立した説明）によってすでに打ち立てられた理想的目標を達成しようとするものとして徳を捉える（この問題についての詳しい議論は、LeBar and Russell 2013 を参照）。本書の説明における向上心は、徳に内在する駆り立てる力に由来するものである。

(13)アリストテレス『ニコマコス倫理学』第六巻第一三章（1144b4-14）。

(14)私たちが通常この手段に訴えるのは、無作法であることのように、問題となっているものが徳や悪徳ほど重要なものではない場合にかぎられる。

(15)これは、チェスや数学といった知的な技能に対して生まれつきの才能をもっている子どもの例とは異なる。これらの技能は、実践的技能や徳とは違った仕方で発達を遂げる。その結果、性格の残りの部分に統合されずに大きく向上するかもしれない（もしこの統合の欠如が大人になっても続くとすれば、その子どもはイディオ・サヴァン〔天才的な能力をもつ発達障害者〕になる）。

(16)身体的技能のなかには、これができないことに気づかされるものもあるだろう。それは、当の技能の大部分が生まれつきの才能に左右されるからかもしれない（ことによると、生まれつきの才能の点で劣るトレーナーやコーチの方が、技能の伝達にかけては有能である場合もあるかもしれない）。才能がどれくらい物を言うかは、技能によってさまざまである。

(17)Driver 2001, p. 54.

(18)普段は目に入らない窮乏や不幸について知ろうと努力することによって、共感の範囲を広げる努力をすることはもちろんできる。しかし、知的な仕方でそうするのでないかぎり、それが感傷ではなく、有徳な思いやりにつながると考える理由はない。思いやりや共感の感情は、それ自体としては、さまざまな方向に導かれうる。

(19)ドライバー自身が挙げている例はハックルベリー・フィンである。しかし、これは徳の適切な例にはならないという点で、私はHursthouse 1999a, pp. 150-3〔邦訳、二二八〜二三二頁〕に同意する。

(20)外的な機会が大きく欠けていても発達させることのできる技能もある。たとえば、有名なサッカー選手のなかには、小さい頃に道端でサッカーをして技能を身につけた人もいる。同様に、私たちは外的な環境のせいで発達の機会が非常にかぎられていた人々のうちに、親切さやその他の徳の顕著な例を見出すことがある。

(21)ポール・ブルームフィールドは、徳の発達に必要となる最低限の知力は、たとえばダウン症の人がもっていないものであると私に力説したことがある。そのような人は徳に類似したものを発達させることはできるが、それはそれ自体としては徳ではない。私が思うに、倫理的共同体を活発に推論を行なう人たちの共同体とみなすかぎり、いかなる倫理学理論であれ、この種の人々がその共同体の正式なメンバーになりうるためには留保条件がいると認めざるをえない（もちろん、配慮の対象としてなら彼らはその共同体の一員である）。

(22)この反論はHursthouse 1999aにもとづく。

(23)この第一の要求は、いまでは以前ほど頻繁には見かけない。ただし、なすべきことを私たちすべてに機械的に命じる倫理的決定手順という観念は、現代の倫理学理論のなかから完全に消えたわけではない。

(24)Hursthouse 1999a, pp. 36-9, pp. 58-9, pp. 80-1〔邦訳、五四〜五八頁、八九〜九一頁、一一三〜一一六頁〕。これは、倫理的指導はどの程度具体的であるべきかという問いに答えるものではない。

(25)勇敢さに関する諸問題は、プラトンの『ラケス』以来明らかになっている。正直さに関するいくつかの問題は、一九三〇年代に学童を対象に行なわれた実験によって明らかになった。その実験が示しているように見えるのは、ある状況での正直さは、別の状況での正直さとどちらかと言えば関連がないということである。Sreenivasan 2002はその実験と実験の方法論について論じている（残念なことに、当の実験はコールバーグに大きな影響を与え、徳に焦点を当てて道徳的発達を説明するという望みを断念させることになった）。

(26)Harman 1999, 2001, Doris 2002, Johnson 2003を参照。

(27)これには次のような原因があるのかもしれない。近代の多くの理論では、教育、つまり当の理論を習得し、それにもとづいて行為できるようになるプロセスは理論そのものの一部とはみなされない。そのため、かたくなに大人の有徳者から議論を始め、有徳になるプロセスの重要性を無視するのである。

(28) 普通これは明確で具体的な行為指針という意味に解されるが、ここではその側面には焦点を当てない。

(29) Hursthouse 1999a, pt.1〔邦訳、四二頁〕。

(30) ストア派は、理想的人物である「賢者」(実例はいまのところ一人もいない)を除いて誰も有徳ではないという厳格な考えをもっていたが、その彼らでさえ、有徳でない人でも正しい行為をなしうると考えていた。

(31)「濃い」倫理的概念と「薄い」倫理的概念の対比は、Williams 1985 によって導入された。

(32) 前記の註(26)を参照。

(33) これと似たような他の例にも同じことが当てはまる。真に有徳な人が、自分に落ち度はないにもかかわらず、有徳なこと、それゆえ正しいことをすることが不可能であるように思われる状況に置かれる例は、ここでは扱っていない。Hursthouse 1999a, ch. 3 はこの問題を印象深く論じている。

(34) Spark 1985. この物語は次のような会話で終わる。「私たちは正しいことをしたのよ」とルーは言った。「あの司祭だって、その子を置いておくことにどれくらい強く抵抗を感じているかを汲み取って、同意しないわけにはいかなかったんだから」「何だって? よいことだと彼は言ったのかい?」「いいえ、よいこととは言ってないわ。彼が言ったのは、もしその赤ん坊を置いておくことができたなら、それはよいことだけど、それができないから、私たちは正しいことをしたと言ったのよ。ここには明らかに違いがあるわ」〔強調はスパークによる〕。

(35) この問題は Tessman 2005 のなかで提起されている。これについてはあとで再び取り上げる。

(36) Anscombe 1958 はこのポイントを印象に残るかたちで指摘している。Murdock 1970, p. 42〔邦訳、六四頁〕も参照。その部分でマードックは、私たちは「これは正しい」という認識ではなく、「これはABCD(規範的-記述的表現)だ」という認識にもとづいて行為すると主張し、それに続けて、「空虚な選択は生じる余地がないから、空虚な表現の必要はない」と言っている。この点については、Hursthouse 1999a, p. 69〔邦訳、一〇六頁〕と比較してもらいたい。ハーストハウスによれば、徳倫理学は正しい行為の説明を考え出すことができるが、それは、「単に状況に迫られて、つまり、「正しい行為」という表現をごく自然なものとして受け入れることのできる、現代道徳哲学における圧倒的多数派と実り豊かな対話を続けていく、という目的があればこそ」なのである。

(37)私たちがこのことを実際に問うとき、あるジレンマを突きつけられることがある。もしこれらの「特徴」が「人のうちに」あるのだとすれば、徳それ自体が正しい行為の価値の源になる。他方、もしそれらが「状況のうちに」あるのだとすれば、正しい行為は徳から独立した価値をもつことになる。Das 2003を参照。しかし、私たちは、このジレンマのどちらの選択肢も受け入れがたいというまさにそのことによって、この二つのあいだで選択を強いられることはその問題にとって適切ではないのではないか、と考えることになる。

(38)これは広い範囲にわたる主張であるが、無理のある主張ではない。帰結主義者も、自分たちの理論を正しい行為の基準を与えるものとみなしている。

(39)徳と行為をめぐるこの難しい話題に取り組むなかで、私はフランス・スヴェンソン、ダニエル・ラッセル(特に二〇〇九年の著作)、リーゼル・ファン・セイルによって大いに助けられた。もっとも、彼らはそれぞれ私とは異なるアプローチをもっており、ここで私が与えている説明に対して何の責任も負っていない。自分でもわかっているが、本書の説明は、徳の理論にとっての正しい行為の理論の重要性を否定する点で、ハーストハウス、スワントン、ラッセルをはじめとする多くの徳倫理学者よりも一段と踏み込んでいる。

第4章

(1)第一次世界大戦のとき、平和主義者は戦うことを拒否したために、大きな苦難に耐えることがよくあった。そしてここから、戦争を拒否する彼らは臆病なのではなく、むしろ勇敢であるとみなされるようになり、その結果、第二次世界大戦に入るまで、彼らはより敬意をもって扱われたのである。

(2)この点はヴァーチュー・プロジェクト——これは早期教育に狙いを定めるものであるため、哲学者たちは軽視することが多い――のなかに見出すことができる。そのプロジェクトによれば、徳は異文化にまたがる言語を形作るのに最適な対象である。そしてこの主張は、異文化理解が継続的に必要とされる場所で成功を収めていることによって裏づけられている。

(3)Bradley 1962, ch. 5. 現代の例で言えば、直接会ったことはないが、共通の関心によって結ばれているインターネット共同体のメンバーは、互いに面識はなくともどれくらい人々は強力に結ばれうるかを示している。ここで私が説明しているのは、広範囲にわたる有徳な人々の共同体である。なぜなら、そこには徳の発達段階のどこかにいるすべての人々が含まれるからである。

(4)目に見える共同体の力を借りずに、個人で倫理的な事柄を開拓した人たちがいることを私たちは忘れるべきでない。しかし、その種の例が時折見つかるのはたしかであるが、人は書物や歴史や伝説のなかで出会う人々からなる目に見えない共同体の力を借りる方が普通である。

(5)Bradley 1962, ch. 5 と比較せよ。彼はそのなかで、「私の立ち位置とそれにともなう義務」を教えるいかなる現実の文脈も、私を満足させないと述べている。なぜなら、私たちはみな、「世界的視野に立った(cosmopolitan)」倫理を追い求める、自分の社会の外部にいる人々と倫理的一体性を感じるからである。それゆえ、善い人の理想像が、特定の社会の文脈内にとどまることはありえない。

(6)ここではこれに代わる理論を扱うことができないが、高い倫理的レベルにどうにか到達する人が私たちのなかにこれほど少ないのはなぜかという問題に関して、いま述べた説明は、私たちは理性よりも欲望を満たすものに従う傾向があるというカント的な主張や、私たちはあまりにも自己中心的であるという帰結主義者の主張よりも、直観的に説得力があると私は考えている。

(7)理想の国家を描いた古代の著作(たとえばプラトンの『国家』および『法律』、アリストテレスの『政治学』第七巻~第八巻)のなかでも、奴隷制を廃止するという考えはいっさい出てこない。オイノアンダで発見されたエピクロス派の碑文の断片は、エピクロス主義に見られるユートピア思想がことによるとここで例外になるかもしれないということを示している。

(8)アリストテレスは、ある現象が「常にもしくはたいていの場合に」生じ、かつそれが強制によるものでない場合には、その現象には自然的な基礎があると考える。大規模な奴隷制を維持するにはどれくらいのレベルの強制力が必要とされるのか、この点をアリストテレスは正しく認識していない。

(9)このような考え方を支えているストア派の倫理学(そして突き詰めればストア派の哲学全体)の広大な背景をここで事細かく説明することはできない(詳細な説明についてはAnnas, 1993を参照)。

(10)セネカの『倫理書簡集』四七および『恩恵について』第三巻第一八章〜第二八章では、奴隷は主人に恩恵を与えることができるという考えが擁護されている。なしうる行為の範囲がかぎられていても、有徳に行為することは妨げられないのである。

(11)セネカは『恩恵について』第三巻第二二章で、「終身の雇われ人」というクリュシッポスの定義を引用している。そのため、このポイントはストア派に最初からあったものであろう。古代の文献には、奴隷に対する酷い扱いや性的虐待を控えよという奴隷所有者への勧告が山のようにある。しかし、この勧告はしばしば、奴隷の福利を気にかけることと同程度に、あるいはそれ以上に、奴隷所有者の性格を気にかける文脈で与えられている。

(12)セネカ『倫理書簡集』四七、第一〇節〜第一一節。

(13)エピクテトス『人生談義』第一巻第一三章。奴隷の所有が合法的であることを主張する奴隷所有者は、神の法ではなく、死者たちの法に目を向けていると言われる。

(14)この点は、奴隷状態は身体に影響を及ぼすだけであり、そのとき精神はいかなる主人にも支配されていないという考えによって擁護することができる(セネカ『恩恵について』第三巻第二〇章)。

(15)ローマ帝国の奴隷制に関する法制定の研究は、マルクスが奴隷制をより人道的なものにするための機会を利用しなかったことを示唆している。Brunt 1998参照。『自省録』第一巻第一七章で、マルクスは「ベネディクタやテオドトゥスに触れなかった」ことに感謝の意を表している。この言葉は、文脈から考えて、奴隷に性的虐待をする奴隷所有者の権力を行使しなかったことを指すと一般に解釈されている。第五巻第三一章では、奴隷はマルクスが正しく行為すべき相手と考える人々のなかに入っているように見える。

(16)古代のもっと後期であれば、修道院に入ることが一つの選択肢であった。

(17)Hochschild 2005.

(18)Hochschild ibid. p. 5は、「請願者自身に影響を与える……いかなる不満の種や損害についても何も言わない」人々から議会への請願書が届いたときの、奴隷制を支持するロビイストの当惑に言及している。彼らは、自分自身の利益に反するにもかかわらず、倫理的な理由から奴隷制度を廃止しようとする人々に直面し、とても理解しがたいことだと思ったのである。

(19)Ibid. p. 3

(20)廃止論者の最初の申し出を議会が退けたとき、彼らは西インド諸島の砂糖の大規模な不買運動によって応戦し、成功を収めた。これは、議会のような伝統的な政治舞台に闘争が限定されないことを、初めて目につくかたちで示すものであった。

(21)規模の大きい世界的な不正義について有効に考えるためには、帰結主義のような何らかの理論的枠組みが必要であると主張されることがあるが、そのように考えることはまったくの誤りである。

(22)Peacock 1948. 強調はピーコックによる。

(23)Ibid. pp. 123-4.

(24)特に、元奴隷の有名な作家であり、演説者でもあるオラウダ・イクイアーノと、トマス・クラークソンの本である（後者はジェイン・オースティンの愛読書にもなった）。

(25)Hursthouse 1999a, pp. 147-53, esp. p. 148〔邦訳、二二三〜二三二頁。特に二二五〜二二六頁〕と比較せよ。「ある社会や宗教、さらには狂信的教団から人々が邪悪な信念を受け入れてしまったのはいったいいつなのか、あるいはまた、仮にそうした信念がまさにただ押しつけられただけのものだとしても、そもそもそれはいつのことだったのか、それを確定するのはきわめて困難なことと思われます」。

(26)Tessman 2005, p. 56がその一人である。彼女は、（「悪徳に染まっている」人は自分の読者のなかにはほとんどいないと考えるハーストハウスにこの点で意義を唱えて、）こう言っている。「世界的に広がっている正義に反した抑圧のことを考えるなら、また、抑圧の構造を維持することに大きく関与しており、支配に結びついた特性を意識的に捨て去ることは批判的な見方ができる人にとってさえ困難であることを考えるなら、不公正さとその他の悪徳をもつ人々はかなりありふれていると私は考える」。

第5章

（1）Hursthouse 1999a, ch. 4 を参照。カントの言う有徳な人を、アリストテレスならば単なるエンクラテースとみなすであろう人と考えるのは誤りである。

（2）正しい感情をもつようになることは、新たな動機づけを見出すかどうかの問題ではなく、すでにもっている動機づけを錬成し、教育するかどうかの問題であるということはすでに見た。しかし、ここで取り上げる特定の問題には、それに応じた特定の論じ方が必要である。

（3）情動の本性と、性格の発達のなかで情動が果たす役割についての議論として、Damasio 1994, Elster 2009, Griffiths 1997, Nussbaum 2001, Oakley 1992, Sherman 1989, 1997 を参照。

（4）このなかには「アリストテレス的」理論と「カント的」理論があり、両者は基本的な点で異なっている。前者は、感情と情動は私たちが理性を発達させることによって教育され、すっかり様変わりすることがありうると考える。後者は、感情と情動は決して完全には教育しえず、様変わりしえないものであって、私たちが最善のことと推論する行為に対する潜在的な脅威を常に表していると考える。

（5）ただし、徳をこれよりも些細なもの（人の性格の残りの部分と結びつかないことが可能な、単なる態度や特徴）と考える理論のなかでは、この要求はそれほど差し迫ったものとは感じられず、そのような理論は人の性格に対してはるかに少しのものしか要求しない。

（6）アリストテレス『ニコマコス倫理学』第二巻第三章冒頭。

（7）これは好ましくない自己中心的態度ではない。その人はベジタリアンであることによろこびを覚えるのであって、ベジタリアンであることに対する自己満足によろこびを覚えるのではない。
(8)古代哲学の研究者のなかには、私以外にも、チクセントミハイの研究と古代哲学の関連性を見て取る人々がいる（そのことに最初に気づいたのは、ナオミ・レショトコの論文を通じてである）。もっとも、彼らはそれを有徳な活動それ自体にではなく、幸福や隆盛に直接関連づけている。発展を続ける幸福研究の分野で、チクセントミハイの研究は非常に大きな影響力をもち続けている。
(9)Csikszentmihalyi 1991, p. 31〔邦訳、四〇頁〕。
(10)Ibid. p. 39〔邦訳、五一頁〕。
(11)自動車の運転によろこびを感じる人もいる。しかし、その人たちにとっては、その経験は習慣となった機械的反応にすぎないものではなく、むしろ技能の発揮である。
(12)「最適経験の圧倒的大部分は、目標を志向し、ルールによって拘束される活動――心理的エネルギーの投射を必要とし、適切な能力なしには行なえない一連の活動中に生じると報告されている。なぜそうなるのかについては先へ進むにつれて明らかになる。現在のところ、これがあらゆる場合に当てはまるらしいということを指摘するだけで十分である」(Csikszentmihalyi 1991, p. 49)〔邦訳、六三頁〕。この一節に注意を促してくれたクリス・フレイマンに感謝する。
(13)この点は慎重に細かく述べる必要がある。「自意識の喪失は……自己という意識の喪失にすぎない」(ibid. p. 64)〔邦訳、八二頁〕。
(14)経験を通じて技能を高める必要なしにフローを経験するような天才がいる可能性を排除したいとは思わないが、説得力のある具体例を実践的技能から取り出すことは非常に難しいだろう（それは純粋に理論的な技能の場合に起こるように思われる）。
(15)ストア派の術語は、この点に関してはっきりと区別する方法を与えてくれる。私の全体的な目標すなわちテロスは、有徳に生きることである（これがエウダイモニアを獲得する唯一の道である）。私はそれを、生計を立てることや家族を養うこと、また必要があれば、危機に瀕している人を救うことといった、さまざまな目標（単数形でスコポス）を有徳な仕方で実現することを目指すことによって目指す。（失敗の原因が私にはどうすることもできない環境のうちにあり、私の性格の欠陥にあるのでないかぎり、）特定のスコポスを達成しそこねても、全体的なテロスへの試みには失敗していないということがありうる。

（16）このことのもっとも明白な具体例となるのは正義と公平性である。ここで挙げた例は、ウォルター・シノット・アームストロングに由来する。私はこのポイントが、「フロー」の考え方に対する直観的な反論として非常に頻繁に用いられることに気づいている。

（17）Csikszentmihalyi 1991, p. 157, cf. pp. 155-7〔邦訳、一九六頁。なお、一九三〜一九五頁と比較せよ〕。この一節に注意を促してくれたクリス・フレイマンに感謝する。もちろん、それ自体でフローを約束する職業はない。外科医が自分の仕事を給料をもらう手段にすぎないものとみなすなら、彼はそれが割に合わない仕事だと思うようになるだろう。

（18）Ibid. pp. 59ff., pp. 201-13〔邦訳、七六頁以下および二五一〜二六七頁〕。

（19）この問題の重要性は多くの人が強調している。その重要性をこのうえなくはっきりと、また力強く述べてくれた本書の査読者の一人に感謝している。

（20）特に第6章と第7章を参照。

（21）実際、チクセントミハイ自身も（1991, p. 209）、自分の考察対象は有徳な人ではなく、一般に人は生活のなかで何によろこびを感じるのかという点であると考えている。このように言いながらも、彼は「自己目的的パーソナリティ」という考えに、つまり経験全体がフローを容易にするような人に関心を示し、どのようにしてそのような人は調和のとれた自然な仕方で逆境に対処することができるのかという点に関心を示している。「自己目的的な自己とは潜在的な脅威を楽しい挑戦へと変換し、したがって内的調和を維持する自己である」〔邦訳、二六一頁〕。

（22）フローの説明と、全体的調和の必要性の正当化は、相互に支え合っている。ここでも、私たちがもっているのは、その他の概念がそこから導き出される基礎づけ的概念ではない。

(23)スポーツの分野ではその種の語彙をある程度は開発しているが、まだそれほど進んではいない。また、それがどれくらいうまく達成されうるのかに関しては、それぞれのスポーツのあいだで大きな差がある。

第6章

(1)驚いたことに、Jacobson 2005 はこれを認めず、末期がん患者に見られる堅忍不抜の姿勢を勇気とみなすべきかどうかは明らかでないと言う。彼の示唆によれば、そのことは明らかであるという主張は、現代の知識人が軍事的徳――勇気は本来ここに位置づけられるように見える――を認めたがらないところからきているのかもしれない。プラトンは、軍事的徳を何ら軽視していないが、勇気は戦場だけでなく、「病気や貧困に立ち向かうとき」（『ラケス』191d）にも見られるということを明らかにしており、その点で常識に近い立場をとっている。

(2)アリストテレス『ニコマコス倫理学』第四巻第一章（1119b22-1121a10）。

(3)厳密に言えば、「徳の統一性」のテーゼとは、あらゆる徳は実のところただ一つのもの、すなわちさまざまな環境のなかで発揮される実践的推論にほかならないという主張のことである。（徳の統一性という名で言及される）徳の相互含意性に関する現代の考察として、Badhwar 1996, 2009, Kent 1999, Watson 1984, Wolf 2007 を参照。

(4)アリストテレス『ニコマコス倫理学』第六巻第一三章。

(5)弁護士は当事者主義関連の特性を無制限に発達させながらも、「善い人」であり続けることができるかもしれないという見解に対する的を射たコメントとして、Hursthouse 2008 を参照。

(6)ここで私たちは、おそらくトマス・ジェファーソンにはある奴隷とのあいだに隠し子がいたということが明るみに出たときに、それが彼の名声にどのような影響を与えたかを考えるかもしれない。また、死後に出版されたフィリップ・ラーキンの日記は、女性嫌悪と人種差別を含んでおり、彼の名声をひどく損なうものとなった。

(7)アリストテレスの徳の説明は、前四世紀アテナイのエリート男性の生活だけに当てはまることが意図されている、という考えがときどき見られる。これには驚かされる。なぜなら、アリストテレスの説明は、中世の世界と現代の世界はもちろん、古代の世界にかぎっても、まったく異なるさまざまな生活（たとえば、共和政ローマや帝政ローマでの生活）に関連性があるからである。

(8)Watson 1984, p. 65 が言うように、「徳の統一性の主張は、人がある特定の徳をもっているならば、その人はあらゆる徳をもっていなければならないということを含意する。しかし、その主張は、人がある特定の徳をもっているならば、その人の生活はあらゆる徳を等しく表示することができるということは含意しない。どの徳がよりはっきりと表現されるかは、運と文化的背景と道徳的人格次第である」。

(9)たとえば、Swanton 2003, Adams 2006 がそうである。ただし、Russell 2009, pt. II を参照。

(10)この説明は、このままではあまりに多くの特性を含む。実際、ヒュームは補足的な考察に依拠している。Hursthouse 1999b 参照。

(11)アリストテレス『ニコマコス倫理学』第四巻第二章（1122a18-1123a19）。

(12)Kraut 1988, Irwin 1988, Gardiner 2005 およびこの問題を詳細に論じた Russell 2009, ch. 7 を参照。

(13)Russell 2009, pt. II はこの点にかかわる重要な諸問題を詳細に論じている。

(14)多くの種類の徳倫理学理論には、何らかのかたちでこの想定が含まれている。残念なことに、この点に関する心理学者の考察は、性急で信じがたいほど限定された主張の影響を受けている。たとえば、Peterson and Seligman 2004 の徳リストに見られる主張がそうであり、Haidt 2006 はそれを支持している。

(15)ここで私は、もろもろの徳、少なくとも勇気のような主要な徳は、文化の違いにかかわらず理解可能であると単に想定しているだけではないか。しかし、徳は文化に相対的であり、ある文化における徳は別の文化にとって理解しがたいと主張する人々がいるとすれば、立証責任は彼らの側にあると私は考える。（本章で強調してきたように、）互いに異なるさまざまな文脈のなかで同じ徳を見出しうるという点は、一つの文化の内部でさえ徳の学習にとって中心的なことであり、ひとたびこれを明らかにすれば、彼らの主張は信じがたいものになる。

第7章

(1)ただし、何らかの意外な事実が明らかになったときには、片づけ上手ではなく強迫神経症であるとか、愛想がよいのではなく関心の欠如であるというように、分類の仕方を見直すこともある。

(2)行為の当面の目標(スコポス)と、これこれの種類の人間になるという全体的目標(テロス)は異なるとするストア派の区別は、このポイントを明瞭にしてくれる。現代の議論のなかにこの考えの反響がないのは残念なことである。

(3)フォールスタッフは、他の人々の名誉観は誤っていると主張する。ペーローレスは、自分の人生全体によいものを何も見出すことができない。彼は「恥に安住して」生きると言うが、しかし彼は以前と同じように生き続けることはできない[2]。

(4)Adams 2006, p. 41.

(5)Haybron 2002 を参照。そこでは、邪悪な人は善に同調しないという観点から論じられている。

(6)徳に対する私の論じ方からすれば、ここで「傾向性」という言葉を使うことが予想されるかもしれないが、私は「状態」という言葉を使っている。なぜなら、悪徳が徳と同じような内部構造をもっていると考える理由はないからである。悪徳をもつ人は、臆病になることや鈍感になること等々を目指してはいない以上、徳の発達の特徴となる実践的推論の発達は悪徳の場合には見られない。それゆえ、徳とは違って、悪徳は力動的であることを本質としない。また、もろもろの悪徳には統一へと向かう内的衝動も含まれていない。臆病な人は、それによって意地の悪い人や不公平な人になるように動機づけられはしない。

(7)「衝動をうまくコントロールできない」という表現は、ここから道徳性を除去した言い方である。

(8)ヒュームは傾向性ではなく「性質(quality)」といった言葉を使っている。また、徳とは何かの説明のなかに、当てにできるというポイントは組み込まれていない。しかし、ヒュームの論述の全体を見れば、彼が徳を当てにできる傾向性と考えていることは明らかである。

(9)Hursthouse 1999b 参照。ヒュームによる徳の説明は、『人間本性論』第三巻第二部および第三部と『道徳原理の研究』に見られる。

(10)ヒューム『道徳原理の研究』第九章第一節〔邦訳、一三五〜一三六頁〕。このように、ヒュームによる徳の描写は男性だけに適用されることが非常にはっきりしており、女性には適用されない。これは偶然ではない。なぜなら、彼の説明は、人々が自分の属する社会のなかである種の傾向性を実際に有用ないし快いと思うという以上のことは要求しないからである。ヒュームは、男性の有用性などが規定事項になっている社会に向けて書いているのである。

(11)驚くべきことに、ヒュームは悪名高いクレアンテスのくだりの少し前に、話の途中でソクラテスに言及し、誰もがソクラテスを賞讃すると主張している（『道徳原理の研究』第七章〔邦訳、一一七頁〕（もっとも、ここでソクラテスは普通の人よりも上に置かれているだけである）と第八章〔邦訳、一三〇頁〕（ここでソクラテスは、彼のいわば揺るぎない自尊心のために賞讃されている）を参照）。しかし、ヒューム自身の説明からすれば、私たちがソクラテスを賞讃するというのはまったく奇妙なことである。ヒュームはたしかに、人はさまざまな文脈のなかでさまざまな徳のゆえに賞讃に値すると考えてはいるが、どのようにしてソクラテスを「有用かつ快い」人の模範に仕立てることができるのか、理解するのは困難である。

(12)『人間本性論』第三巻第三部第一節。ぼろをまとった徳に対する私たちの尊重は、「一般的規則（general rules）」に従う私たちの傾向の特殊ケースである。「性格が、どの点から見ても社会に利益をもたらすのに適している場合、想像力は、原因を完全なものとするためにまだ欠けているいくつかの事情があることを考慮せずに、原因から結果へと容易に移行する」〔邦訳、一四六頁〕。それゆえ、ヒューム自身の観点から見る場合でさえ、ぼろをまとった徳に対する私たちの尊重は、せいぜいのところ不注意によるものにすぎない。

(13)ここで注目すべきことは、機知に富む人が機知に富むことに肩入れするというまさにその理由で「ぼろをまとう」結果になったとき、私たちはその人を賞讃しないという点である。この結果は単にその人の判断の誤りを示すにすぎない（片づけ上手や愛想のよさの場合には、なおいっそう突飛な例になるだろう）。このことは、これらの特性がこの種の肩入れに値しないという見方を反映している。
(14)もちろん、この賞讃は、当の人物を人生の何らかの種類の模範と現にみなすことにはつながらないかもしれない。生きることそれ自体ではなく、人生の環境に注目する親の多くは、教室にドナルド・トランプのポスターがあることを期待することはないにせよ、子どもたちがマンデラではなくトランプを成功の模範とみなすように無理強いする。人生のなかで賞讃されるものと推奨されるもののこのような分断は、のちに内的葛藤をもたらしたり、賞讃をリップサービスに弱体化させることにしばしばつながる。
(15)Driver 2001, ch. 4 参照。
(16)当然ながら、私たちがこれを正確に判断できることはめったにない。他方、私たち自身が対象である場合には、たとえば自分は気前がよいという私たち自身の判断は、よく言っても暫定的な判断という程度にとどまる傾向がある。なぜなら、私たちは、自分の理由や動機や感情に確信をもつことの難しさを知っているからである。
(17)Swanton 2003 および Adams 2006 がこの問題を論じている。
(18)ニーチェの考えでは、もろもろの徳を厳密に科学的な視点から理解するなら、それらは人の活動力を得ようと競い合うもろもろの衝動にすぎない。徳に関する彼の見解にはこのポイントの影響が及んでいる。私の論文（近刊）を参照。
(19)この種の理論については Adams 2006 を参照（本書では、人間らしい生活を送る場合の徳しか論じていない）。宗教にもとづく徳倫理学のなかには、二番目の善の概念の方に分類されるものもある。なぜなら、そこでは、宗教的ないし精神的達成を旨とする生活は、何らかの慣行を遵守するというような仕方で、明確に定まったある種の生活を送るなかで達成されるとみなされるからである。
(20)アリストテレス『ニコマコス倫理学』第一巻第六章（1096a11-1097a14）。
(21)自然主義の現代的な意味の一つとして、「ある説明は、それが現代の諸科学の方法と一致する方法をとる場合にのみ、自然主義的である」という狭い意味がある。ここでの自然主義的アプローチは、この意味では自然主義的ではない。この狭義の自然主義を受け入れる説明もあれば、受け入れない説明もある。

(22)アリストテレスの『ニコマコス倫理学』は、私たちが第一〇巻として読んでいる部分の後半にこのような記述を含んでいる。第一巻と第一〇巻が同一の本に属するように見せようとして、これまで夥しい数の創意工夫が凝らされてきたにもかかわらず、その記述が第一巻として読まれている部分の文章と相容れないことは明白である。プラトンはいくつかの箇所で、この世から逃れて（人間の徳をもたない）神のようになることを有徳な人の目的として描いている。この点にともなう困難については、私の本（1999, ch. III）を参照。

(23)繰り返し言うが、これを何らかの種類の完成主義と混同してはならない。完成主義の場合、私たちは達成すべき理想を事前に知っている。徳の理想としての側面は、ある目的を達成したら、あとは引退するというのではなく、たえず徳を志向するように私たちを導くものである。

第8章

(1)Bentham 1983, p. 300. これは、キケロの『トゥスクルム荘対談集』――最終巻に、徳は幸福の十分条件であるという主張がある――に対するベンサムの応答である。ベンサムはオックスフォード大学での最終試験に向けた研究のためにこの本を選び、どれだけすばらしい成績を収めたか（このように応答することによってではないだろうが）について父親に自慢しているが、ここではその点には触れていない。

(2)Nietzsche 1997, p. 456〔邦訳、三八一～三八二頁〕。

(3)たとえば、徳と道徳を同一視し、道徳は他者の利益と自分自身の幸福を対象にすると無批判に想定し、「他者の利益を単なる手段として位置づけないようにしながら、人は自分自身の利益を追い求めるべきである」という考えに問題があるように思わせることがその一例である。

(4)Haybron 2008, Kraut 1979, Layard 2005, Myers 1992, Seligman 2002, Tiberius 2008 を参照。これまで見てきたように、徳の説明も多岐にわたるが、幸福についてはさらにいっそう意見の一致が少ない。

(5)Annas 1993 において私は古代の倫理学理論の出発点をこのように特徴づけている。私は(主に授業で教える経験を通じて)、これを倫理的内省の出発点とすることは現代でも有効であり、説得力があると考えるに至っている。

(6)この点は、思考の結果として生まれるものは記述的言明か規範的言明のどちらか一方であって、その両方ではありえないという現代のドグマに一致しない。

(7)これらの議論の展開については、Annas 1993, pt. IV および Russell 2012 を参照。

(8)幸福はウェルビーイングと区別されることがある。しかし、少なくともこの区別が幸福は「主観的」でウェルビーイングは「客観的」であるという考えにもとづくかぎりでは、エウダイモニア主義のうちにその区別に対応するものはない。

(9)次の章で見るように、確定性についてのまさにこの想定こそが、究極目的としての幸福は何らかの意味で利己的なものでなければならないと主張する多くの議論の根底にある。

(10)ルート・フェンホーベンが主宰する「世界幸福度データベース」(〈http://worlddatabaseofhappiness.eur.nl〉, accessed 26 Nov. 2010) を参照。幸福を特定する方法論は、驚くほど細やかさに欠けることがある。Layard 2005, p. 6 によれば、「幸福とはいい気持ちを感じていることであり、不幸とはいやな気持ちを感じていることである」。ここからレイヤードは、人々の脳波を調べて幸福を測定することを提案している(もっとも、彼が念頭に置いている幸福の「科学」は経済学である)。

(11)アリストテレスが前四世紀アテナイのエリート男性市民を対象に教えていたという点は、彼が念頭に置いていた、またそのなかで幸福について考えていた生活の環境がどのようなものであったかを教えてくれる(この点は、たとえば、なぜ彼が男性だけを考慮に入れているのか、またかなり裕福な人でなければなしえないいくつかの活動を考察しているのかについての説明となる)。しかし、その点は、生きることそれ自体の視点から彼が幸福と徳をどのように考えるかを決定づけるものではない。だからこそ、これまで彼の倫理学理論は、多種多様な歴史的・文化的環境のなかで生きる女性と男性の双方によって重要な意味をもつものとみなされてきたのである。
(12)正確には「必要十分条件」である。
(13)アリストテレス『ニコマコス倫理学』第七巻第一三章（1153b14-15）。
(14)Layard 2005. 前記の註（10）を参照。
(15)心理学の研究のなかでは、「幸福」という言葉は怒りや妬みなどと同等に扱われるある種の情動を表すものとして使われることさえある。この場合、「幸福」はいい気持ちを感じている状態とみなされるのであろう。
(16)私がここで扱っているのは理論的な種類の快楽主義ではなく、私たちが人生における幸福の役割について問うときに、快楽がもっている魅力もしくは魅力のなさである。
(17)Kraut 1979 にこれと同様の指摘があり、大きな影響力がある。
(18)このポイントと用語は Haybron 2001 にもとづく。Haybron 2008, ch. 4 も参照。
(19)この具体例はヘイブロンが挙げているものである。この考えはさまざまな具体例を用いて探究することができる。
(20)快楽主義者は、別の一手として、「パンクを経験することに比べて、子どもを亡くすことはより多くの快楽を失うことである」というようなことを言うかもしれない。しかし、この場合にも種類の違いではなく、程度の違いが問題となっており、やはり正しい区別でないことは明らかである。
(21)プラトン『ゴルギアス』（493d-495b）。
(22)何も必要としない人生が幸福な人生かもしれないという考えをソクラテスが示唆したとき、対話者のカリクレスはそれに答えて、もしそれが幸福なら、石や屍《しかばね》が一番幸福であることになると言っている（『ゴルギアス』492e）（プラトンにとって話はこれで終わりではないが、ここでその話を続けるなら、私たちは大きく脇道に逸れることになるだろう）。
(23)Barnes 1989, ch. 10. この物語の語り手は、非常に単純で基本的な欲求しかもたない人物であり、それゆえ「もう十分生きたとみずから決める」〔邦訳、三八四頁〕時点にかなり早く到達する。もっと複雑な欲求をもつ人々はもっと長生きする。知識人にとってよろこばしいことに、この人々は「その辺に座ってあらんかぎりの本を読み、それからそれらについて論ずることが好きな」法律家や学究的な人である（p. 304）〔邦訳、三八六頁〕（他方、本を書く人の方はそれほど長生きしないと言われる）。とはいえ、やがては誰もが自分の欲しいものを十分に手に入れ、生きる目標が何一つないなかで死を選ぶことになる。これに関連する考えはヤナーチェクのオペラ『マクロプロス事件』で扱われている。このオペラについては、Williams 1973 を参照。

(24)前記の註（10）を参照。

(25)世界幸福度データベースのこの手の利用の一例として、「人は子どもをもつことが生活をより幸福なものにすると考えるが、実際には子どもをもつことで幸福になっていない」という主張がある（学会でこのような主張があったことを私は覚えている）。この主張では、後半の報告をしたときに、その人の子どもは何歳だったのかという点がまったく考慮されていないように見える。無理もないことだが、一般に小さい子どもをもつ親は、自分の生活はいろいろな点で悪化したと報告する。だが、数年後にその考えは大きく変わる。

(26)アリストテレス『ニコマコス倫理学』第一巻第四章（1095a22-25）。

(27)たとえば Keyes 2007 を参照。伝統的な心理学では、このような全体的状態にほとんど、あるいはまったく注目してこなかった。そこでは、特定の種類の精神疾患が注目され、それと同時に、私たちがポジティブな状態をどのようにして促進できるかではなく、心にかかわる問題や障害ばかりが取り上げられてきたのである。生き生きしているというこの概念とアリストテレスに関する考察として、Keyes and Annas 2009 を参照。

(28)この具体例は Summer 2003 から取ったものである。私はこの例を授業でよく使っている。その際に気づくのは、それに対する反応が概して二つに分かれるということである。

(29)繰り返しになるが、私は主観的説明と客観的説明に関する文献を詳細に論じようとはしていない。それをするためには、この二つの用語に包括される多くのさまざまな区別を取り上げるところまで進まなければならないだろうが、それは本書の範囲を超えている。私は単にスーザンの話に対する反応を扱っているだけである。主観的ないし客観的としばしば特徴づけられる幸福観のどちらを支持するかという点で、スーザンの話に対する反応はたしかに人々を二分するのである。

(30)Haybron 2008. ヘイブロン自身の説明は、豊かで洗練されているが、「感覚」説に含まれる難点を免れていない。LeBar and Russell 2013 を参照。

(31)このほかにも、アリストテレスは快楽と幸福の関係を表すために興味深い比喩を用いている。すなわち、快楽は、(魔よけの宝石をおそらくあしらった)首飾りとは違って、着脱可能な付属物のようなかたちで幸福にともなっているのではない(『ニコマコス倫理学』第一巻第八章 1099a15-16)。

(32)この点で悪名高いのは、古代世界では快楽主義者のエピクロスである。彼は非常に「受動的な」(なぜなら、快楽を究極目的とするからである)究極目的を掲げると同時に、快楽が私たちの幸福を形作りうるとすれば、そのかぎりで、快楽は心の平穏とみなされなければならないと主張する。この展開は一般に無理があると考えられている。Annas 1993, ch. 7, 11 s. 2, 16 参照。ジョン・スチュアート・ミルが、功利主義の枠組みのなかに徳とテロスを位置づけるのに苦心したことはよく知られている。

(33)このような試みは、結局のところ、誰にも向かない要件を示すことになるだろう。なぜなら、すでに見たように、人々の生活の環境はあまりに多種多様であるため、それらすべての環境にうまく対処するたった一つの生き方はありそうにないからである。

(34)ついでながら、私自身の長年の教育経験から言えば、大半の人がエウダイモニア主義を自分の人生について考える自然でわかりやすい方法と感じるようである。また、それを倫理学理論の一つの選択肢として紹介すると、帰結主義と義務論の両方よりも、あるいはそれらのどちらか一方よりも、エウダイモニア主義の方が説得力があり妥当であると思うことが多いようである。

第9章

(1)Hursthouse 1999a, pp. 174-6〔邦訳二六四~二六七頁〕。

(2)アリストテレス『ニコマコス倫理学』第一巻第八章〜第一〇章(1098b9-1101a21)〔下記の比喩は1101a3-5にある〕。アリストテレスの印象的な比喩によれば、苦境に立たされている善い人は、手持ちの軍勢を最大限に活用する将軍や、手持ちの革からできるかぎり最高の靴を作る靴作りに似ている。

(3)第6章の最後の段落を参照。

(4)Myers 1992, pp. 206-7は、「幸福を可能にする」ものを一覧にしている。すなわち、「引き締まった健康な身体、現実的な目標と向上心、建設的な自尊心、統制感、楽観主義、外向性、親密な交際と信頼とを可能にする協力的な友人関係、親密な交流と愛のあるセックスをともなう公平な結婚生活、十分な休息や休養を挟んだやりがいのある仕事と能動的なレジャー、共同の支援と目的と受容を含んだ信仰、自分の外部に目を向け、希望をもつこと」である。マイヤーズは、自分の本が「コンシューマー・レポート〔アメリカの消費者向け月刊誌〕のようなもの」であり、選択の場面で私たちに有益な情報を与えると付け加えている。彼が思い描いているのは、私たちが、幸福に関する自分自身の選択に合わせてお墨付きの項目を載せたリストから選び出す姿である。

(5)もちろん、利己主義的な形態のエウダイモニア主義もありうる(たとえばエピクロスのものがそうである)。しかし、エウダイモニア主義はそれ自体としては利己主義に加担しない。

(6)私たちが利用できる倫理学理論の選択肢は二〇世紀後半以降増加しているという点は、MacIntyer 1985が出て以来、明らかになっている。メタ倫理学の分野ではこの点にしかるべき注意が払われていない。そこでは、徳と幸福を大々的に扱う理論はいまだに誤解され、時代錯誤的な型に無理やりはめ込まれることが多い。

(7)Hurka 2001, ch. 8参照。私はAnnas 2007のなかで、ハーカの非難のこの側面と、その他のポイントを詳細に批判している。

(8)このほかに、「倫理学理論はどれも、あらゆる人に何をなすべきかを命じるある種の決定手順を与える」という想定もあり、ハーカをはじめ他の多くの人々がそのように想定している。本書第3章を参照。

(9)例外の可能性があるのはエピクロスである。

(10)この「結果」を何とみなすか――快楽か、福利か、あるいはその他のものか――はここでは重要ではない。

(11)もっとも、この仮説に従うかぎり、どのようにして彼らは、その他の人々とは違って、そのはっきりとした認識をもつことができるのかという点が不可解となる。

(12)この名称はバーナード・ウィリアムズに由来する〔『生き方について哲学は何が言えるか』、一八〇頁〕。植民者たちは、原住民を啓蒙することは不可能であるとみなし、その結果、自分たちが啓蒙されて知っていると考える目的を達成するように原住民を巧みに誘導するのである。

(13)通常の方法論に従うかぎりでは、これはその理論を退ける十分な理由になるだろう。その理論の擁護者がいつまでも消えないという点は、その理論は何をなすべきかに関する指令の源とみなされてはいるが、実際には私たちが実践しうるものとは考えられていないことを示している。私たちは、どのようにしてそれをいまだなお倫理学理論として理解することができるのか、その説明を与えてもらわなければならない。

(14)もちろん、帰結主義者にはたくさんの対抗措置があることを私は知っている。たとえば、実践可能と想定されている理論の真理性を実践可能性の問題から切り離すという措置がある（これらの措置に精通することによって、多くの哲学者は、それ自身が一般に実践に移されることを妨げる倫理学理論の奇妙な性質を心配しなくなっているように見える）。これらの措置について論ずるのは、ここでの議論の範囲を超えている。

(15)この考えは、本人以外の人がそれを常に決定できるということも、それどころかしばしば決定できるということも含意しない。

(16)この時点ですでに読者は、私たちのもとにあるのは「技能からの類推」なのか、それとも「徳はそれ自体としてある種の技能である」という結論なのかに関して、考えを固めているかもしれない。

(17)「どうすれば幸福になれるのか」に関して、健康を維持することやよい結婚生活を送ること等々を挙げることによって、コンシューマー・レポートのような示唆（前記の註（4）を参照）を与える「幸福研究」は、お金や地位などが多くの人々の幸福観の重要な構成要素であることに気づいている。しかし、人々の幸福観にはもっと多くのことが、すなわちこれらのものをどのように扱うかということも含まれていることを見落としている。

(18)Williams 1985, p. 46〔邦訳、七七頁参照。ただし訳語は大幅に変更した〕。いずれにせよ、キラキラした目とぴかぴか光るコートは、人間にふさわしい隆盛ではなく、動物的な隆盛の表れである。人間が生きているのは、住宅ローンや結婚生活など、平凡ではあるが、人間にとって本質的なもろもろの慣習がある世界である。

(19)私自身は、徳と幸福に関する私たちの概念だけでなく、(先に挙げたような)論証にもとづいて、徳を幸福の十分条件とする立場に傾いている(もっとも、その立場は実際には、どうしようもなく直観に反している——時々そう主張されることもあるが——というわけではない)。

(20)Russell 2012 は十分条件説の魅力と、その説と行為者性の概念の関連を論じている。

第10章

(1)「直観」にはまったく申し分のない通常の意味がある。それは、はっきりとした裏づけや正当化を与えることができないかもしれない判断という意味である。この意味で言うなら、私はここまで直観に訴えてきた。しかし、「直観」はいまや専門用語になっており、哲学的議論のなかでどう使われるかに応じて部分的に意味が定まるということを考慮に入れるなら、この言葉を避けた方が曖昧なところが少なくなると思われる。

(2)Tiberius and Swartwood 2011 の関連コメントと比較せよ。

(3)Ross and Nisbett 1991 が標準的な教科書である。

(4)Harman 1999, 2000, 2001, 2003.

(5)Doris 1998, 2002.

(6)DePaul 1999 を参照。

(7)Badhwar 2009 を参照。

(8)Athanassoulis 2000, Badhwar 1996, 2009, Kamtekar 2004, Miller 2003, Sabini and Silver 2005, Sreenivasan 2002 を参照。心理学者の実験結果に関する詳細な哲学的考察については、Russell 2009, pt. III を参照。ラッセルは

これらの実験結果に関して、哲学者たちの一般的な解釈よりももっと好意的で役に立つ解釈を擁護している。その解釈は、徳倫理学を弱らせるものではなく、むしろ支持するものである。ラッセルの研究は Snow 2010 によって補完されている。ここでも、心理学者の実験結果が洗練されたかたちで考察されており、それらは徳倫理学を弱らせるどころか、魅力的な種類の徳の発達を支持することが明らかにされている。

（9）もっと憂慮すべき実験結果として、たとえば次のものがある。同じグループの大半の人が誤った結論を導いたとき、被験者たちは、その結論が誤っていることを実際にはわかっていても、大半の人に容易に従ってしまう。また、人は別の人々が居合わせている場合には、それほど進んで人助けをしないのであり、そのことは彼らが人助けに関係することを何もやっていないときでさえ変わらない。

（10）Badhwar 2009, Kamtekar 2012 を参照。

（11）Churchland 2000, Clark 2000a, 2000b, Dreyfus and Dreyfus 1990 を参照。

（12）少なくとも私が知るかぎりでは一つもない。技能からの類推は、古代の倫理学では非常に重要であり、たびたび論じられている。古代世界では、生計を立てることにつながる実践的技能が至る所にあるため、どの種類の技能であれ、技能に対する言及は古代文化のなかで深く、また幅広く見出される。しかし、当然のことだが、現代の実証的研究にはこれに対応するものはない。

（13）Bargh and Chartrand 1999 には大きな影響力があり、一部の人は、私たちのあらゆる行為は意識的なものか自動的なものかのどちらかであると考えるようになっている。その研究は実際にはごくわずかなタイプの行為しか扱っておらず、習熟を自動的反応にすぎないものとみなす根拠を与えるものではない（倫理的習熟ならなおさらそうである）。Snow 2010 を参照。

（14）Ryan and Deci 2000 および Deci and Ryan 2000 を参照。

（15）Smetana 1993 および Turiel 1983, 2002 を参照。テュリエルとスメタナの研究は、子どもが驚くほど早い時期から慣習にすぎない規則と倫理的規則を区別できることを明らかにしている。しかし、その研究では道徳的規則の概念がいくぶん無批判的に使われており、（「不正直なことをしてはいけない」というような）徳規則と、（「嘘をつくことは間違ったことである」というような）義務中心概念を用いて述べられる規則が区別されていない。

（16）この点に関する実証的研究は増え始めており、いくつかの異なる視点から研究が行なわれている。社会心理学の分野で、Haidt 2006, p. 174 はボランティア活動が幸福を増やすことを示す長期的な研究（Thoits and Hewitt 2001）を引用している。McCullough 2008 は進化生物学の見地から寛大さを研究している。利他主義と健康の関連についての実証的研究として、Post 2007 を、特にそこに収められた Witvliet and McCullough を参照。実証的研究はこの分野で増え始めている。この種の研究は、研究者が異なる分野の研究も意識するようになるにつれて、ますます有益になるだろう。

訳註

第1章

〔1〕何かを実践することを目的とする推論のことで、実践的な目的をともなわない理論的推論（theoretical reasoning）と対比される。哲学の分野では、「実践的推論」は一種の専門用語として用いられ、二つ（もしくは二つ以上）の前提命題から「〜すべきである」というたぐいの結論を導くプロセス全体を意味することが多いが、本書ではそのような特定の形式に限定せずに、広く理性的思考（筋道の通った思考）全般を指している。本書のキーワードの一つであり、特に第6章以降に頻出する。

第2章

〔1〕チャールズ・ディケンズの小説『クリスマス・キャロル』の主人公。
〔2〕和音の各音を下から上へ、あるいは上から下へ順に演奏する方法のこと。

第3章

〔1〕この哲学用語とは「自分自身の姿を隠す（efface oneself）」という表現を指す。徳の一側面としての「自己秘匿性（self-effacingness）」の問題は、第9章で詳しく考察される。
〔2〕ベケットはT・S・エリオット『寺院の殺人』の登場人物。引用文については、高橋康也訳『寺院の殺人』、《リキエスタ》の会、二〇〇一年、三九頁を参照。

第6章

〔1〕「実践的知性（practical intelligence）」は実践にかかわる知性のことで、本書のキーワードの一つである「実践的推論」はこの知性の働きによって生まれる。なお、本書では「実践的理性（practical reason）」もこれと同じ意味で用いられる。

〔2〕当事者主義とは、訴訟の進行や審判対象の特定や証拠の提出などに関する主導権を当事者（被告人、弁護人、検察官）に委ねる制度であり、裁判官に主導権を委ねる職権主義と対比される。本章の原註（5）でアナスが言及している Hursthouse 2008 には、弁護士の職務として許される、もしくは要求される不道徳な行為として、たとえば「真実を語っている検察側の証人が嘘をついているように見せること」が挙げられている。

第7章

〔1〕『失楽園』第四巻一一〇行参照。邦訳はミルトン（平井正穂訳）『失楽園』、岩波文庫、一九八一年を使用した。

〔2〕（註（3）に対して）フォールスタッフはシェイクスピアの『ヘンリー四世』および『ウィンザーの陽気な女房たち』の登場人物。彼の名誉観については、『ヘンリー四世』第一部第五幕第一場の最後の台詞を参照。ペーローレスは同『終わりよければすべてよし』の登場人物。「恥に安住して」という言葉は、第四幕第三場の最後の台詞のなかにある。邦訳は、小田島雄志訳『終わりよければすべてよし』、白水Uブックス、一九八三年を使用した。

訳者解説

1　著者紹介

本書は、Julia Annas, *Intelligent Virtue*, Oxford University Press, 2011 の全訳である。著者のアナスは、一九四六年に英国に生まれ、オックスフォード大学を卒業後、ハーバード大学で博士号を取得。一九八六年からアリゾナ大学教授を務めている。プラトン、アリストテレス、ヘレニズム哲学など、古代哲学に関する多くの業績があり、この分野の大家であるとともに、現代を代表する徳倫理学者の一人でもある。アナスの著書は、共著も含めて以下の三冊が日本語に訳されている。

『1冊でわかる　古代哲学』瀬口昌久訳・内山勝利解説、岩波書店、二〇〇四年。

『1冊でわかる　プラトン』大草輝政訳・中畑正志解説、岩波書店、二〇〇八年。

『古代懐疑主義入門——判断保留の十の方式』（ジョナサン・バーンズとの共著）金山弥平訳、岩波文庫、二〇一五年（『懐疑主義の方式——古代のテクストと現代の解釈』藤沢令夫監修・金山弥平訳、岩波書店、一九九〇年の再刊）。

2 本書の位置づけ

現代の規範倫理学には、義務論、帰結主義、徳倫理学という三つの主要な立場がある。このうち、徳倫理学は、徳を中心概念とする倫理学理論（ないし立場）の総称であり、二〇世紀後半に、アリストテレスを中心とする古代ギリシアの倫理学を復興するかたちで生まれた。現在では、古代ギリシアとは別の起源をもつ多種多様な徳倫理学理論がある。

現代の倫理学研究のなかに徳倫理学が浸透するにつれて、徳倫理学者相互のあいだでも、義務論者や帰結主義者とのあいだでも、徳を中心に置く理論の魅力や難点をめぐって非常に活発な議論が展開されるようになり、いまでは徳倫理学関連の文献は夥しい数に上る。こうしたなかで、そもそも徳や幸福という主要概念はきちんと理解されているのだろうかという問題意識から、これらの概念を根本的なところから改めて考察するところに本書の特色がある。それゆえ、本書は徳倫理学というよりも、むしろ徳そのものを主題とする本である。

本書の中心的な問いは、「徳とは何か」、「幸福とは何か」、「徳と幸福（有徳に生きることと幸福に生きること）はどのような関係にあるのか」の三つである。これらの問いは、著者が数十年にわたって研究を続けてきたものであり、本書はその研究の集大成とみなすことができる。

難易度について言えば、やや難解な内容を扱った専門的な議論を一部含んではいるが、全体としては平易であり、前提とされる知識もほとんどない。徳と幸福に関心のある一般読者のすべてにお薦めしたい一書である。

以下、訳者による補足説明を加えながら、本書の概要を述べる。

3 本書の徳論の特徴（第2章から第7章）

技能からの類推

本書のメインテーマは徳であり、「徳とは何か」を明らかにすることが本書の一番重要な課題である。分量の面でも、徳に関する考察が全体の六割以上を占めている。

準備段階に当たる第2章で、「徳とは何か」という問いに対して大まかな答えが与えられている。すなわち、徳とはある種の傾向性であり、ある一定の仕方で推論し、感じ、行為する傾向性である（徳は単に行為の傾向性であるだけでなく、推論や感情の傾向性でもあるという点は、多くの徳倫理学者が指摘する重要なポイントである）。

この徳の説明は、このままでは悪徳も含みうるという点を除けば、多くの徳倫理学者が共有する標準的な説明であると言える（徳と悪徳、また徳とその他の性格特性の違いは、第7章で「善に対する肩入れ」というポイントが出てきたときに明らかになる）。

徳についての本格的な説明は第3章から始まる。議論の柱となるのは、徳を技能に類似したものとみなし、技能の特徴から徳の特徴を明らかにする「技能からの類推」——本書の一つ目のキーワード——である。徳と技能には類似点があるという発想は、プラトンやアリストテレスなど古代ギリシアの哲学者のうちにすでに見られるが、アナスは現代の徳研究においてもこの発想は有用であると考え、技能からの類推を中心にして徳とは何かを説明する。これが本書の徳論の最大の特色である。

技能の例として、本書ではピアノ、テニス、サッカー、スケート、建築、配管工事、電気工事、陶芸、翻訳などが挙げられている。「技能からの類推」という言葉で著者が念頭に置いているのは、「学習」と「向上心」を不可欠とする技能であり、またそれに関連して、「なぜそのようにするのか」、つまり「理由」を理解することが不可欠であるような技能である。それゆえ、本書の主張はあらゆる技能に当てはまるわけではないという点には注意しておかなければならない（三五頁）。

技能の特徴に照らし合わせることで、徳の数々の特徴が次々と明らかになる。そのなかでも特に重要なのが、徳の「発達的側面」と「知的側面」である。

徳の発達的側面

ピアノにせよテニスにせよ、初めから上手にできる人はいない。技能を習得するには、第一に、その技能をもつ人から指導を受けなければならない。しかし、言われたことや示されたことを頭で覚えたり理解したりするだけではだめである。技能の習得には、実際にやってみること、すなわち「活動」が不可欠である。

指導を受け、練習（活動）を繰り返すことによって、技能は習熟し、発達する。発達の度合いは人によって違いがあり、指導者と同じくらいのレベルやそれ以上のレベルにまで上達する人もいれば、少ししか上達しない人もいるだろう。いずれにせよ、技能には「発達を受け入れる」という側面がある。そしてここから、「初心者と熟練者」、「理想と現実」という重要な区別が生まれる。

ピアノにまったく触れたことのない人と、ピアノ歴一年程度の人は、ピアノを弾く技能の点ではっきりとした違いがある。両者を区別するためにも、後者は広い意味でピアノが弾ける人、つまりピアノ演奏の技能をもった人とみなすべきである。とはいえ、ピアノ歴一年の初心者の技能と、プロのピアニストの技能には雲泥の差がある。したがって、「ピアノ演奏の技能をもつ人」と言われる人々のなかには、初心者と熟練者の違いがあり、また発達の度合いに応じて、両者のあいだにさまざまなレベルの人がいる。

初心者や並のレベルの人から見れば、プロのピアニストの技能は理想的なものに見えるだろう。しかし、プロのピアニストであっても、向上心のある人なら、いまよりもっと高いレベルの技能を理想として掲げるであろうし、場合によっては、決して実現できないほど高い理想をもっているかもしれない。いずれにせよ、ここで重要なことは、初心者がもっているピアノ演奏の技能も、プロのピアニストの技能も、理想として掲げられる決して到達しえないレベルの技能も、どれもみな「ピアノ演奏の技能」と言うことができるという点である。

以上のポイントは徳にも当てはまる。初めから勇敢な人はいない。子どもが勇敢さを習得するためには、勇敢であるとはどういうことかを、たとえば親や学校の先生や友人から、あるいは本や映画などを通じて学ばなければならない。しかし、勇敢な人になるためには、勇敢であるとはどういうことかを単に頭で理解するだけでなく、広い意味で「勇敢な」と形容しうる行為を繰り返さなければならない。そうすることで、勇敢でない人は勇敢な人に近づき、勇敢な人はますます勇敢になる。技能の場合と同様に、「勇敢な人」と呼んでよい人々のなかには、勇敢さに関していわば初心者に当たる人もいれば、熟練者に当たる人もいる。またそれに関連して、勇敢であることにはさまざまなレベルがあり、現実的なレベルの勇敢さもあれば、理想的なレベルの勇敢さもある（一〇八〜一〇九頁）。

徳を発達する傾向性とみなすことのメリットは、徳倫理学理論に向けられるさまざまな反論や、一般の人が徳に関してもつかもしれない疑問に答えることができるようになるという点にある。たとえば、「有徳な人になることは、大多数の人々にとって実現の見込みのない理想である」と考える人がいるかもしれない。これは、理想的なレベルでのみ徳を考え、そのレベルに達していなければ徳をもっているとは言えないという見方にもとづいている。もしこの考えが正しいなら、徳を中心概念とする倫理学理論の魅力は大きく損なわれることになりかねない。徳を身につけなさいと言っておきながら、実際にそれができる人はほとんどいないことになるからである。しかし、発達度合いに応じて技能に幅があるのと同様に、徳にも幅がある。イチローのようなレベルの人だけを「バッティングの技能をもつ人」と呼び、そのレベルに達しない人は誰もバッティングの技能をもっていないと考えるのはばかげている。これと同様に、ソクラテスのようなレベルの人だけを有徳な人と考え、そのレベルに達しない人は誰も有徳ではないと考える必要はないのである。

これ以外にも、本書では発達という観点から徳を理解することによって、徳に関する多くの誤解や疑念に答えている。徳とは何かを考えるとき、発達的側面は決して見落としてはならない重要なポイントである。

徳の知的側面

本書の徳論の中核をなすのは、「実践的技能の熟練者による技能の発揮と同様に、真に有徳な人による徳の発揮は、状況に対する機械的反応ではなく、知にもとづいた反応である」という見解である。技能の発揮も徳の発揮も、機械的反応とは根本的に異なるという点は、本書のなかで繰り返し指摘されている。

機械的反応にはいくつかの特徴がある。第一に、即座になされること、第二に、頭を使わないこと、第三に、常に同じ反応をすることである。本書では具体例として自動車通勤が挙げられているが、ほかにも日常の習慣的行為のなかに多くの類例を見つけることができる。たとえば、風呂場で頭を洗うことも機械的反応（機械的動作）の一例である。私は毎日頭を洗うときに、「まず髪を濡らして、次にシャンプーのポンプを押して、それから頭をゴシゴシしよう」などとは考えないし、「後頭部が終わったから、今度は頭頂部をこすろう」などと考えることもない。一つ一つの動作は、思考を介することなく即座に行なわれる。そして、特別な事情がないかぎり、手順にしても力加減にしても、いつも同じようにやっているにちがいない。要するに、頭を洗うという私の行為は、それが習慣となったいまでは、機械的な、あるいは自動的な反応になっているのである。

私たちのなかには、たとえばプロのテニス選手の技能の発揮を目にするときに、「彼のプレーは不断の練習を通じて機械的反応になった」と思う人がいるかもしれない。しかし、熟練者による技能の発揮と機械的反応に共通するのは、即座になされるという点だけであり、頭を使わないという点と、常に同じ反応をするという点は技能の発揮には当てはまらない。プロのテニス選手は一つ一つのプレーを瞬時に行なうが、しかし彼らはその瞬間にも頭を使っており、いつもと違う状況に直面したときに、いつもどおりの反応をただ繰り返すのではなく、その状況にふさわしい反応をしようとする。機械的反応とは異なり、熟練者の技能の発揮には柔軟性と創造性がある。これと同じことが徳にも当てはまるというのが、技能からの類推のもっとも重要なポイントである。

では、技能の熟練者や、それに対応する真に有徳な人は、どうしてそのような仕方で反応することができるのだろうか。今度は徳の方を例にして説明しよう。真に勇敢な人による勇敢さの発揮は、それがどれだけ即座になされるものであろうとも、単なる機械的反応ではなく、知にもとづいた反応である。つまり、真に勇敢な人は、関連するあらゆる要因を考慮に入れて、当該状況のなかで何をするのがふさわしいのかを考え、それに応じた反応を示す。このように反応することができるのは、勇敢さの習得の過程で——つまり、勇敢さについて人から教わり、勇敢さとは何かを自分自身でも考え、実際に勇敢な行為を繰り返すことによって勇敢さを習得する過程で——すでに知性を働かせ、勇敢さに関連するさまざまな要因についての理解を獲得しているからである。このように、徳の知的側面は、徳を発揮する場面だけでなく、習得する場面にも見出すことができる。

徳の知的側面を強調することに対しては、「主知主義やエリート主義につながるのではないか」という反論がある（四九〜五二頁。アナスはこの反論に答えている）。しかし、ここで注目すべきことは、徳を知的なものとみなすことが、徳を教育可能なものとみなすことにつながるという点である。徳は生まれつきそなわっているものでもなければ、経験のなかで何となく感じとることによって身につくものでもない。技能の習得と同様に、徳の習得には、一方が説明し、他方がそれを理解するというプロセスが不可欠である。技能の習得との類似性を見抜き、徳の習得に知的側面を見出すことは、徳の習得過程を神秘的でよくわからないものにすることなく、教育の必要性を明らかにすることにつながるのである。

なお、本書のタイトル *Intelligent Virtue* は、徳の習得と発揮に見られるこのような知的側面を表現するものである（直訳すれば、「知的な徳」とか何かそのような感じの訳になるが、インパクトを考慮して「徳は知なり」と訳すことにした。したがって、原著のタイトルと訳書のタイトルは――それほどかけ離れてはいないが――厳密には対応していない）。

4　本書の幸福論の特徴（第8章と第9章）

エウダイモニアとエウダイモニア主義

本書の二つ目のキーワードは「エウダイモニア主義」であり、第8章と第9章の幸福論はこの立場にもとづいて展開される。エウダイモニア主義は、プラトン、アリストテレス、ストア派など、古代ギリシアに始まり、現代の一部の徳倫理学者に受け継がれている、徳と幸福に関するある種の考え方である。初めにこの考え方のポイントを三点に分けて説明しよう。

「エウダイモニア」とは、「よい（エウ）守護霊（ダイモン）に恵まれていること」を原義とする古代ギリシア語で、一般に「幸福」と訳される（英語では 'happiness' と訳されることが多いが、後述のように 'flourishing' も用いられる）。アリストテレスが指摘するように、古代ギリシアにおいて、この言葉は「よく生きること（エウ・ゼーン）」や「うまくやること、よく行なうこと（エウ・プラッテイン)」と同じ意味をもつ(『ニコマコス倫理学』第一巻第四章)。それゆえ、「幸福」と訳されるとはいえ、エウダイモニアは特定の場面での一時的な「感覚」や「気分」を指すのではない。むしろそれは、生活全体、ひいては人生全体にかかわる、長期的な視点から見たある種の「生き方」を指している。エウダイモニアは感覚や気分としての幸福(短期的幸福)ではなく、生き方としての幸福(長期的幸福)を指すという点が、エウダイモニア主義に関する一つ目のポイントである。

第二に、「よく生きる」という意味での幸福は、それ以上の目的をもたない「究極目的」である。私たちは、自分が日常的にしていることを反省的な視点から眺めて、「何のためにそれをしているのか」と問うことがある。たとえば、「私は何のために勉強しているのか。志望校に合格するためである」というような感じである(自分の行為を反省的な視点から眺める典型的な場面は、「志望校に合格したいが、部活の大会で結果を残したいし、アルバイトでお金も稼ぎたい」というように、両立が困難な複数の目標をもっているときや、複数の目標に優先順位をつけなければならないときである)。この問いをさらに続けて、「何のために志望校に合格したいのか。満足のいく就職をしたいからである」という具合に進んでいくと、最終的には、もはやそれ以上の目的をもたない目的、すなわち究極目的に辿り着く。それが「幸福」にほかならない(幸福が究極目的である一つの証拠として、「何のために幸福になるのか」という問いは意味をなさないというポイントがよく指摘される)。このように、幸福を生活ないし人生の究極目的として位置づけるのが、エウダイモニア主義の二つ目のポイントである。

第三の特徴は、この意味での幸福を、つまり「よく生きること」を「有徳に生きること」に何らかの仕方で積極的に結びつけようとする点にある。エウダイモニア主義が徳倫理学のなかの一つの立場とみなされるのはこのためである。以上の三点をまとめると、エウダイモニア主義とは、「究極目的としての幸福（よく生きること、うまくやること）を有徳に生きることと何らかの仕方で積極的に結びつけようとする立場」となる。

そこで問題となるのは、徳と幸福をどのような仕方で結びつけるかである。古代のエウダイモニア主義者たちは、徳が幸福の必要条件であるのはもちろん、（プラトンやストア派のように、）必要十分条件と考える者も多かった。現代では、「徳は幸福の必要条件である」ということ自体がすでに論争の対象となる。重要なことは、現代の倫理学の議論のなかで、「よく生きることと有徳に生きることはどのような関係にあるのか」という問いが出されるとき、「よく生きる」という概念は、いいいい、それ自体としては、「有徳に生きる」ことも「道徳的に生きる」ことも意味しないという点である。もしそれが前者を意味するなら、先の問いは完全なトートロジーになり、もし後者を意味するなら、（たとえば「義務論的な道徳観にもとづいて生きることは、有徳に生きることとどのような関係にあるのか」というような、）本来の問いとはまったく別種の問いになってしまう。むしろ、「よく生きる」の「よく」は、「上手である」もしくは「すぐれている」という観念と結びついている。現代の論争で問われているのは、「人生のなかでうまくやっていくことと、徳を所有し、発揮しながら生きることはどのように関係しているのか」なのである（ここで詳しく説明する余裕はないが、古代ギリシア語では「徳」と訳される「アレテー」に「卓越性」という意味があるため、いま述べたことは古代の論争には必ずしも当てはまらない）。

「生活の環境」と「生きることそれ自体」の区別

本書の幸福論の中核にあるのは、「生活（人生）の環境」と「生きることそれ自体」の区別、つまり「どのような環境のもとで生きているか」と「その環境のもとでどのように生きるか」の区別である。「環境」という言葉は広い意味で用いられており、年齢、性別、身長、文化、言語、お金、健康、容姿、地位、教育、配偶者などが例に挙げられている。

エウダイモニア主義における「幸福」は、生活の環境ではなく、生きることそれ自体にかかわる概念である。お金があることや地位が高いことや容姿が美しいことは、それ自体としては人を幸福にしない。つまり、それらをもっているだけでは「よく生きている」ことにはならない。肝心なことは、お金や地位をもっているなら、それらをどのように活用して生きるかであり、もっていないなら、それらをもっていないなかでどのように生きるかである。与えられた環境のなかでどのように生きることがよく生きることなのか、これこそがエウダイモニア主義者の問いにほかならない（二一六〜二一七頁）（ただし、与えられた環境のなかには、年齢や性別のように、自分の力では変えようがないものと、お金や地位のように、自分の力で変えることのできるものがある。エウダイモニア主義の幸福概念は、後者に関して現在の環境を積極的に変えようとすることを妨げるものではない）。

この幸福観は、「このような状態になったら幸福である」というのではなく、「どのように生きるか」を問題にする点で、アクティブな幸福観であると言える。また、この意味での幸福は、「どのような環境であれ、そのなかでどのように生きるか」を問題にする点で、恵まれた環境のなかで生きる一部の人々だけでなく、ほとんどすべての人に開かれている（もっとも、以上で述べたのは、プラトンやストア派など、徳を幸福の必要十分条件とみなすエウダイモニア主義者の考えである。アリストテレスは、幸福には財産等の「外的な善」も必要であると考え（『ニコマコス倫理学』第一巻第八章）、生活の環境にある種の制限を加えている。この点に関してアナスはアリストテレスよりもストア派を支持している）。

本書の中心的主張の一つは、「有徳に生きることは、幸福に生きること（の一部か全部）を作り上げる」というものである。「幸福」ないし「幸福に生きる」という言葉によって、裕福で、健康で、高い地位をもっているというような「生活の環境」を思い浮かべるなら、この主張にはあまり説得力を感じないだろう（有徳に生きることとお金持ちであることが強く結びついているなどと言えるだろうか）。その主張が意味するのは、「有徳に生きることは、与えられた環境のなかでよく生きることの一部か全部を作り上げる」ということにほかならない。この意味で「幸福」を理解するなら、当の中心的主張を擁護する本書の議論にはかなり説得力があることがわかる。

「私たち」の幸福概念

ここまでの説明を読んで、「私たちが使っている「幸福」という言葉が表すものと、「エウダイモニア」という言葉が表すものはまったくの別物ではないか」という疑問をもつ人がいるかもしれない（本書では英語の「ハピネス」とエウダイモニアの関係が問われているが、日本語の「幸福」に置き換えても同じような問いと答えを出すことができる）。

しかし、もしそのように問う人が、「幸福というのは快い感覚や満足感を意味するのであって、よく生きることとは関係がない」と考えているとすれば、それはむしろ偏った幸福観である。「幸福」は種類の異なるいくつかの意味を含んだ混合的な概念であり、一時的な感覚や気分を表すこともあれば、どのような言い回しをするかはともかくとして、「よく生きること」に相当する内容を表すこともある。たとえば、「ご多幸をお祈り申し上げます」とか、「末永くお幸せに」と言うとき、私たちは快い感覚や満足感を得ることを問題にしているのではなく、よく生きること、うまくやっていくこと、よい人生を送ることを願っている。はっきり意識しているかどうかは別として、長期的な視点から幸福を考えることは決して珍しいことではない。それどころか、もっぱらこちらの観点にもとづいて幸福という言葉を使う人もいるかもしれない。訳者がその一人で、食レポなどで高級チョコレートをほおばりながら「しあわせ〜」と言っているシーンを見ると、「幸福（幸せ）」というのはこういう文脈でも使えるのか」と感心するほどである（これはこれで、偏った幸福観かもしれないが）。

さらに、よく生きることと有徳に生きることは何らかのかたちで結びついているという考えも、私たちの幸福概念（もしくは徳概念）のなかに含まれている。このことを示すためによく使われるのが、「子育て論法」とでも呼ぶことができる説明で、本書ではロザリンド・ハーストハウスを引用するかたちで紹介されている（二四四頁）。すなわち、親は子どもをしつけるときに、悪徳ではなく徳を身につけさせようとするが、それは子どもによりよい人生を歩んでほしいと思っているからにほかならない。このように、エウダイモニア主義の基本思想は、私たちにとって決して異質なものではなく、私たちが漠然と考えていることを明確なかたちで表現したものとみなすべきである。

本書では、地位やお金はそれ自体では人を幸福にしないという考えも、私たちの幸福概念に含まれていると言われる。この辺りまでくると、本当にそうかしらと思う人が少なからず出てくるにちがいない。そもそも、「私たち」とは誰を指すのか。また、「それは私たちの幸福概念ではない」と読者が感じる場合にはどうなるのか。そのうえ、私たちの日常的な見解というような不確かなものを哲学的考察の出発点にしてもよいのだろうか。

方法論にかかわるこれらの問題は序論と結論で取り上げられており、特に最後に挙げた問題は比較的詳しく論じられている。というのも、アナスが言うように、近年哲学者たちは、私たちの日常的な見解や直観にもとづく説明に疑いの目を向けるようになってきているからである（二八六頁）。訳者自身は、「それは直観にもとづく説明ですね。はいアウト」というような姿勢は、倫理学研究の可能性を制限し、その魅力の一部を損なうことにつながると考えている。それよりも、本書の著者がやっているように、私たちの日常的な考えや直観を出発点として説明や理論を組み立てる一方で、（心理学などの）実証的学問の研究結果によって修正されたり、却下されたりする余地のあるものとしてその説明や理論を位置づける方が、ずっと生産的なのではないかと思われる。

5 訳語について

本訳書では、英語の「フラリッシング」(「栄える、繁栄する」などを意味する動詞「フラリッシュ」の名詞形)を「隆盛」と訳している。フラリッシングは、「エウダイモニア」を翻訳するときに、一時的な気分や感覚を示唆し、もっぱら主観的に決まるものであるかのような印象を与える「ハピネス」を避けるために、その代案として用いられることがある言葉である。

訳者の知るかぎり、哲学の日本語文献のなかでこの言葉は「繁栄」と訳されることが多い(ほかに「開花」や「開花繁栄」という訳語もある)。しかし、「繁栄」という言葉は個人に対してではなく、一族や民族、会社等の組織や国家など、何らかの集団や統一体に対して使うのが普通である。そのため、個人に当てはめてもそれほど違和感のない「隆盛」という言葉を使うことにした(個人には使わないという見解もあるようだが、訳者は個人宛ての手紙やメールで、「ますますご隆盛のこととお慶び申し上げ」られることがよくある)。

といっても、この訳語に強いこだわりがあるわけではない。そもそも、本書ではフラリッシングという言葉はそれほど重要な役割を果たしていない。「隆盛」と訳すにせよ、従来どおり「繁栄」と訳すにせよ、大切なことは、次の点を忘れないようにすることである。すなわち、エウダイモニアの訳語として用いられるフラリッシングは、何よりもまず「よく生きること」や「うまくやること」を意味し、訳語から想像される「経済的成功」や「物質的豊かさ」は、その意味を排除するわけではないが、直接的には意味しないという点である。

最後に、「訳者解説」の草稿にコメントを下さった立花幸司氏と稲村一隆氏に、この場を借りて感謝の意を表したい。お二人のおかげで、いくつかの重要な誤りを正すことができた。また、春秋社の小林公二さんには、企画の段階から刊行に至るまで大変お世話になったうえに、「幸福に生きるための倫理学」という、本書の内容にぴったりの副題まで考えていただいた。心よりお礼申し上げる。

二〇一九年二月

四〇歳の節目に、終わりゆく平成の世を惜しみながら

相澤康隆

索引

あ行

アーウィン（Irwin, T.） 311
アウン・サン・スー・チー（Aung San Suu Kyi） 182
悪徳（vice） 17, 19, 38, 100, 154, 165, 170, 172-178, 184-186, 196, 244, 252, 293, 297, 300, 306-307, 312
アタナスーリス（Athanassoulis, N.） 322
アダムズ（Adams, R.） 176, 311-312, 314
アナス（Annas, J.） 299, 305, 316, 318-320
アリストテレス（Aristotle） 3, 10, 13, 19, 27, 30, 39-40, 45, 47, 52, 67, 97, 99, 112-113, 115, 122, 141, 143-145, 158, 163-164, 192-193, 197, 208-210, 212, 218-220, 234, 239-240, 245, 287, 294, 298-300, 304-305, 307, 310-311, 314-320
生きることそれ自体（living of a life） 156, 161, 167, 190, 194, 216, 219, 248-249, 281, 314, 316
イクイアーノ（Equiano, O.） 306
イワン雷帝（Ivan the Terrible） 174
ウィブリエット（Witvliet, C.） 324
ウィリアムズ（Williams, B.） 280, 297, 302, 318, 321-322
ウッズ（Woods, T.） 134
エウダイモニア（*eudaimonia*） 201, 208, 212, 255, 277, 294, 308
エウダイモニア主義、エウダイモニア主義者（eudaimonism, eudaimonist） 5, 12, 第 8 章, 第 9 章, 316, 319-320
エピクテトス（Epictetus） 305
エピクロス、エピクロス派（Epicurus, Epicureans） 210, 272, 304, 319-320
エリオット（Eliot, T. S.） 76
エルスター（Elster, J.） 307
オークリー（Oakley, J.） 307

か行

ガーディナー（Gardiner, S.） 311
快楽（pleasure） 10, 104, 115, 209, 218, 220-224, 227, 229, 234, 240-242, 246-250, 255, 285, 317, 319, 321
学習の必要性（need to learn） 29-30, 35-36, 39, 44, 48, 91
カムテカー（Kamtekar, R.） 322-323
カリクレス（Callicles）〔プラトン『ゴルギアス』の登場人物〕 317
ガンジー（Gandhi, M.） 184, 287
カント（Kant, I.） 3, 113, 276, 294, 298, 304, 307
キーズ（Keyes, C.） 234, 318
機械的反応（routine） 23-27, 29, 32-33, 43, 50, 92, 118-123, 127-128, 144, 268-269, 284, 292, 298
帰結主義、帰結主義者（consequentialism, consequentialist） 3, 184, 186, 190, 254, 262-264, 276, 285, 290, 303-304, 306, 319, 321
キケロ（Cicero） 315
規則（rules） 4, 42-43, 62, 70, 87, 132, 292, 299, 323
基礎づけ的（foundational） 6, 257, 288, 309
共同体（communities） 53, 93-99, 101, 105-106, 274, 301, 304
キング牧師（King, M. L.） 184
組み込まれた文脈（embedded context） 38, 40, 89-90, 93, 158, 274
クラーク（Clark, A.） 298, 323
クラークソン（Clarkson, T.） 103, 306
クラウト（Kraut, R.） 311, 315, 317
グリフィス（Griffiths, P.） 307
クリュシッポス（Chrysippus） 305
クレアンテス（Cleanthes）〔ヒューム『道徳原理の研究』の登場人物〕 178-183, 313
傾向性（dispositions） 随所（特に第 2 章）
決定手順（decision procedure） 58-59, 274, 301, 320
向上心（aspiration） 9-10, 29-31, 35-36, 39, 41-42, 44, 48, 53, 63-64, 89, 91-92, 122, 158, 273, 287, 300, 320

幸福（happiness）　随所（特に第８章と第９章）
幸福の客観説（objective accounts of happiness）　237, 239, 241
幸福の主観説（subjective accounts of happiness）　237, 239, 241
コールバーグ（Kohlberg, L.）　43, 299, 301

さ行

最大化（maximizing）　4, 83, 185
サビーニ（Sabini, J.）　322
サムナー（Sumner, W.）　318
ジェファーソン（Jefferson, T.）　310
自然主義、自然主義的（naturalism, naturalistic）　192, 197, 276, 314-315
自然的な徳（natural virtue）　19, 45, 47, 143-144, 153, 158, 160
実践的技能（practical skill）　5, 6, 9, 13, 25-27, 29, 36-37, 41, 45, 47, 55, 69, 109, 116, 127, 266-267, 272, 277, 283, 292-293, 300, 308, 323
実践的推論（practical reasoning）　4-6, 10, 20, 49, 187, 190-192, 195, 197, 263-264, 267, 283, 288, 290-291, 310, 312
実践的知性（practical intelligence, *phronesis*）　143-149, 153-154, 160-161, 165-166, 283
シノット・アームストロング（Sinnott-Armstrong, W.）　309
シャーマン（Sherman, N.）　307
習熟（habituation）　9, 22-27, 122, 144, 266, 283, 292, 298, 323
状況主義、状況主義者（situationism, situationist）　13, 288, 290-291, 297
情動（emotion）　114, 136, 307, 317
ジョンソン（Johnson, R.）　301
シルバー（Silver, M.）　322
スヴェンソン（Svensson, F.）　303
スウォートウッド（Swartwood, J.）　322
ストア派（Stoics）　3, 99-102, 105, 107-108, 209-210, 218, 302, 305, 308, 312
スノー（Snow, N.）　299, 323
スパーク（Spark, M.）　76, 302
スミス（Smith, A.）　3
スメタナ（Smetana, J.）　43, 292, 323
スリーニヴァサン（Sreenivasan, G.）　301, 322
スワントン（Swanton, C.）　303, 311, 314
性格（character）　随所
生活（人生）の環境（circumstances of life）　156-158, 161, 167, 190, 193-194, 216-219, 248, 250, 253, 261, 278, 281, 314, 316, 319
生活満足度（life-satisfaction）　230-231, 233
説明（explanation）　34-35, 41, 46〔'account' の訳語としての「説明」は随所〕
セネカ（Seneca）　305
セリグマン（Seligman, M.）　311, 315
善（the good, goodness）　随所（特に第７章）
全体論的（holistic）　6, 8, 13, 286-287
専門技能（expertise）　→実践的技能
相対主義（relativism）　90, 274, 284
ソクラテス（Socrates）　65, 180-182, 287, 313, 317

た行

ダス（Das, R.）　303
正しい行為（right action）　9, 60-62, 70-72, 74-76, 79-80, 83-87, 106, 125, 185, 294, 302-303
ダマシオ（Damasio, A.）　307
チクセントミハイ（Csikszentmihalyi, M.）　117-119, 125, 293, 308-309
チャーチランド（Churchland, P.）　298, 323
チャートランド（Chartrand, T.）　323
直観、直観的（intuitions, intuitive）　6, 8, 13, 37, 63, 74, 117, 126-127, 131-132, 154, 163-164, 167, 172, 174, 210, 216, 237, 245-246, 252, 254, 286, 297, 304, 309, 322
チンギス・ハン（Genghis, Khan）　174
デシ（Deci, E.）　323
テスマン（Tessman, L.）　302, 306
デポール（DePaul, M.）　322
テュリエル（Turiel, E.）　43, 292, 299, 323
徳（virtue）　随所　→傾向性、幸福、自然的な徳、性格、正しい行為、理想としての徳
徳の情動的側面（affective aspect of virtue）

140
徳の統一性（unity of virtue） 7, 11, 143, 145, 147, 152, 154, 184, 310-311
徳の発達（development in virtue） 7, 78, 146, 161, 170, 267, 269, 273, 283, 301, 323
徳倫理学（virtue ethics） 37, 56, 242, 290-291, 294, 303, 314, 323
トムソン（Thomson, J.） 298
トランプ（Trump, D.） 184, 314
ドリス（Doris, J.） 301, 322
奴隷制（slavery） 99, 101-107, 304-306
ドレイファス（Dreyfus, H.） 298, 323
ドレイファス（Dreyfus, S） 298, 323
トワーツ（Thoits, P.） 324

な行

ニーチェ（Nietzsche, F.） 3, 189, 191, 199-201, 255, 294, 314-315
ニスベット（Nisbett, R.） 322
ヌスバウム（Nussbaum, M.） 307
ノウハウ（know-how） 277, 292, 298

は行

ハーカ（Hurka, T.） 298, 320
バージ（Bargh, J.） 323
ハーストハウス（Hursthouse, R.） 62, 86, 244, 299, 301-303, 306-307, 310-311, 313, 319
ハーマン（Harman, G.） 301, 322
バーンズ（Barnes, J.） 229, 317
バイア（Baier, A.） 299
ハイト（Haidt, J.） 311, 324
ハックルベリー・フィン（Finn, Huck）〔マーク・トウェイン『ハックルベリー・フィンの冒険』の主人公〕 301
バドワー（Badhwar, N.） 310, 322-323
ピアジェ（Piaget, J.） 299
ピーコック（Peacock, T. L.） 104, 306
ピーターソン（Peterson, C.） 311
ヒトラー（Hitler） 174
ヒューイット（Hewitt, L.） 324
ヒューム（Hume, D.） 3, 162, 164, 178-179, 182-183, 294, 312-313
ファン・セイル（van Zyl, L.） 303
フェンホーベン（Veenhoven, R.） 316
フォールスタッフ（Falstaff）〔シェイクスピア『ヘンリー四世』および『ウィンザーの陽気な女房たち』の登場人物〕 312
ブラッドリー（Bradley, F. H.） 94, 304
プラトン（Plato） 65, 180, 191-193, 227, 294, 299, 301, 304, 310, 315, 317
ブラント（Brunt, P.） 305
ブルームフィールド（Bloomfield, P.） 301
フレイマン（Freiman, C.） 308-309
フロー体験（flow experience） 118-120, 128, 131
ヘイブロン（Haybron, D.） 223, 239, 312, 315, 317, 319
ペーローレス（Parolles）〔シェイクスピア『終わりよければすべてよし』の登場人物〕 312
ベケット（Becket, T.）〔T・S・エリオット『寺院の殺人』の主人公〕76
ベンサム（Bentham, J.） 199-201, 315
保守的（conservative） 10, 91, 106, 第4章
ポスト（Post, S.） 324
ホックシールド（Hochschild, A.） 306
ポラード（Pollard, B.） 299
ポル・ポト（Pol Pot） 174

ま行

マードック（Murdoch, I.） 302
マイヤーズ（Myers, D.） 315, 320
マカロー（McCullough, M.） 324
マッキンタイア（MacIntyre, A.） 320
マンデラ（Mandela, N.） 182, 184, 314
ミラー（Miller, C.） 322
ミル（Mill, J. S.） 319
ミルトン（Milton） 175-176

や行

ヤコブソン（Jacobson, D.） 310
ヤナーチェク（Janáček, L.） 318
欲求充足（desire-satisfaction） 225, 227, 230, 239, 259, 277, 294
よろこび（enjoyment） 10, 第5章, 144,

149, 277-278, 293, 307-309

ら行

ラーキン（Larkin, P.）　310
ライアン（Ryan, R.）　323
ラッセル（Russell, D.）　297, 300, 303, 311, 316, 319, 322
ラン・ラン（Lang Lang）　134
理解（understanding）　随所
利己主義（egoism）　212, 253-257, 271-272, 320
理想としての徳（virtue as an ideal）　7, 11, 177, 194, 315
隆盛（flourishing）　4-7, 12, 167, 190, 193, 197, 199-201, 259, 308, 322
ルバー（LeBar, M.）　300, 319
レイヤード（Layard, R.）　315-317
レショトコ（Reshotko, N.）　308
ロス（Ross, L.）　322

わ行

ワトソン（Watson, G.）　311

参考文献

Adams, Robert M. (2006), *A Theory of Virtue*, Oxford: Oxford University Press.

Annas, Julia (1992), 'Ancient Ethics and Modern Morality', in J. E. Tomberlin (ed.), *Philosophical Perspectives* 6, Atascadero, Calif., 199-36.

——(1993), *The Morality of Happiness*, Oxford: Oxford University Press.

——(1999), *Platonic Ethics Old and New*, Ithaca, NY: Cornell University Press.

——(2001), 'Moral Knowledge as Practical Knowledge', in E. F. Paul, F. D. Miller, and J. Paul (eds.), *Moral Knowledge*, Cambridge: Cambridge University Press, 236-56.

——(2002), 'My Station and its Duties: Ideals and the Social Embeddedness of Virtue', *Proceedings of the Aristotelian Society*, 109-23.

——(2003), 'Should Virtue Make You Happy?' in L. Jost. (ed.), *Eudaimonia and Happiness, Apeiron*, special issue, 1-19.

——(2004), 'Happiness', *Daedalus* (spring issue on Happiness), 44-51.

——(2005), 'Virtue Ethics: What Kind of Naturalism?' in Gardiner (2005: 11-29).

——(2006a), 'Virtue Ethics', in D. Copp (ed.), *The Oxford Companion to Ethical Theory*, Oxford: Oxford University Press, 515-36.

——(2006b), 'The Phenomenology of Virtue', in U. Kriegel (ed.), *Phenomenology and the Cognitive Sciences*, special issue, 21-34.

——(2007), 'Virtue Ethics and the Charge of Egoism', in Paul Bloomfield (ed.), *Morality and Self-Interest*, Oxford: Oxford University Press, 205-21.

——(forthcoming) 'Nietzsche, Ethics and Virtue'.

Anscombe, G.E. M. (1958), 'Modern Moral Philosophy', *Philosophy* 33.

Aristotle (1995), *Politics*, trans. Ernest Barker, rev. R. F. Stalley, Oxford World's Classics, Oxford: Oxford University Press.〔アリストテレス『政治学・家政論』新版アリストテレス全集第 17 巻、神崎繁＋相澤康隆＋瀬口昌久訳、岩波書店、2018 年〕

——(2000), *Nicomachean Ethics*, trans. Roger Crisp, Cambridge: Cambridge University Press.〔アリストテレス『ニコマコス倫理学』新版アリストテレス全集第 15 巻、神崎繁訳、岩波書店、2014 年〕

Athanassoulis, Nafsika (2000), 'A Response to Harman: Virtue Ethics and Character Traits', *Proceedings of the Aristotelian Society* ns 100, 215-21.

Badhwar, Neera (1996), 'The Limited Unity of Virtue', *Noûs* 30/3, 306-29.

——(2009), 'The Milgram Experiments, Learned Helplessness and Character Traits', *Journal of Ethics* 13, 257-89.

Baier, Annette (1997), 'What Do Women Want in a Moral Theory?', in Crisp (1996: 263-77).
Bargh, J. A., and Chartrand, T. L. (1999), 'The Unbearable Automaticity of Being', *American Psychologist* 54, 462-79.
Barnes, Julian (1989), *A History of the World in Ten and a Half Chapters*, New York: Random House. 〔ジュリアン・バーンズ『10 ½ 章で書かれた世界の歴史』丹治愛＋丹治敏衛訳、白水Uブックス、1995 年〕
Baron, Marcia, Pettit, Philip, and Slote, Michael (1997), *Three Methods of Ethics*, Oxford: Blackwell.
Bentham, Jeremy (1983), *Deontology, together with A Table of the Springs of Action and the Article on Utilitarianism*, ed. A. Goldworth, Oxford: Oxford University Press.
Bradley, F. H. (1962), *Ethical Studies*, 2nd edn., introd. Richard Wollheim, Oxford: Oxford University Press.
Brannmark, Johan (2006), 'From Virtue to Decency', *Metaphilosophy* 37, 589-604.
Brobjer, Thomas H. (1995), *Nietzsche's Ethics of Character*, Uppsala: Uppsala University.
Brunt, P. A. (1998), 'Marcus Aurelius and Slavery', *Modus Operandi: Essays in Honour of Geoffrey Rickman*, BICS Suppl. 71, London: University of London, 139-50.
Campbell, John (1999), 'Can Philosophical Accounts of Altruism Accommodate Experimental Data on Helping Behavior?', *Australasian Journal of Philosophy* 77, 26-45.
Carr, David, and Steutel, Jan (eds.) (1999a), *Virtue Ethics and Moral Education*, London: Routledge.
——(1999b), 'Introduction: Virtue Ethics and the Virtue Approach to Moral Education', in Carr and Steutel (1999a: 1-18).
Chappell, T. (ed.) (2006), *Virtues and Values*, Oxford: Oxford University Press.
Churchland, Paul (2000), 'Rules, Know-How and the Future of Moral Cognition', in R. Thomason and B. Hunter (eds.), *Moral Epistemology Naturalized, Canadian Journal of Philosophy* suppl. vol. 26, 291-306.
Cicero (2001), *On Moral Ends*, trans. Raphael Woolf, introd. and notes Julia Annas, Cambridge Texts in the History of Philosophy, Cambridge: Cambridge University Press. 〔キケロー『善と悪の究極について』キケロー選集第 10 巻、永田康昭＋兼利琢也＋岩崎務訳、岩波書店、2000 年〕
Clark, Andy (2000a), 'Word and Action: Reconciling Rules and Know-How in Moral Cognition', in R. Thomason and B. Hunter (eds.), *Moral Epistemology*

Naturalized, Canadian Journal of Philosophy suppl. vol. 26, 267-89.
——(2000b), 'Making Moral Space: A Reply to Churchland', ibid. 307-12.
Copp, David, and Sobel, David (2004), 'Morality and Virtue: An Assessment of Some Recent Work in Virtue Ethics', *Ethics* 114/3, 514-54.
Crisp, R. (ed.) (1996), *How Should One Live? Essays on the Virtues*, Oxford: Oxford University Press.
——(2010), 'Virtue Ethics and Virtue Epistemology'. *Metaphilosophy* 41, 22-40.
——(forthcoming), 'Virtue Ethics: What Is It? And Why Should Anyone Believe It?'.
——and Slote, M. (eds.) (1997), *Virtue Ethics*, Oxford: Oxford University Press.
Csikszentmihalyi, M. (1991), *Flow: The Psychology of Optimal Experience*, New York: Harper.〔M・チクセントミハイ『フロー体験——喜びの現象学』今村浩明訳、世界思想社、1996 年〕
Damasio, A. (1994), *Descartes' Error: Emotion, Reason and the Human Brain*. New York: HarperCollins.〔アントニオ・R・ダマシオ『デカルトの誤り——情動、理性、人間の脳』田中三彦訳、ちくま学芸文庫、2010 年〕
Das, Ramon (2003), 'Virtue Ethics and Right Action', *Australasian Journal of Philosophy* 81, 324-39.
Deci, E., and Ryan, R. (2000), 'The "What" and "Why" of Goal Pursuits: Human Needs and the Self-Determination of Behavior', *Psychological Inquiry* 11, 141-66.
DePaul, Michael (1999), 'Character Traits, Virtues and Vices: Are There None?', *Proceedings of the World Congress of Philosophy* 1, Philosophy Documentation Center, 141-57.
——and Zagzebski, Linda (2003), *Intellectual Virtue: Perspectives from Ethics and Epistemology*, Oxford: Oxford University Press.
Doris, John M. (1998), 'Persons, Situations and Virtue Ethics', *Noûs* 32/4, 504-30.
——(2002), *Lack of Character*, Cambridge: Cambridge University Press.
Dreyfus, H. L., and Dreyfus, S. E. (1990), 'What is Morality? A Phenomenological Account of the Development of Ethical Expertise', in D. Rasmussen (ed.), *Universalism vs Communitarianism*, Cambridge, Mass.: MIT, 237-64.
Driver, Julia (2001), *Uneasy Virtue*, Cambridge: Cambridge University Press.
——(2006), 'Virtue Theory', in J. Dreier (ed.), *Contemporary Debates in Moral Theory*, Oxford: Blackwell, 113-23.
Elster, J. (2009), *Alchemies of the Mind: Rationality and the Emotions*, Cambridge: Cambridge University Press.
Epictetus (1995), *The Discourses, The Handbook*, trans. Robin Hard, introd. and

notes C. Gill, London: Everyman.〔エピクテートス『人生談義』上下巻、鹿野治助訳、岩波文庫、1958 年〕
Foot, Philippa (2001), *Natural Goodness*, Oxford: Oxford University Press.〔フィリッパ・フット『人間にとって善とは何か――徳倫理学入門』高橋久一郎監訳、河田健太郎＋立花幸司＋壁谷彰慶訳、筑摩書房、2014 年〕
——(2002), *Moral Dilemmas*, Oxford: Oxford University Press.
Gardiner, S. (ed.) (2005), *Virtue Ethics Old and New*, Ithaca, NY: Cornell University Press.
Gill, Christopher (2004), 'The Stoic Theory of Ethical Development: In What Sense is Nature a Norm?', in Jan Szaif and Matthias Lutz-Bachmann (eds.), *Was ist das für den Menschen Gute/What Is Good for a Human Being?*, Berlin: de Gruyter, 101-25.
——(forthcoming), 'The Impact of Greek Philosophy on Contemporary Ethical Philosophy'.
Greene, Joshua, and Haidt, J.(2002), 'How (and Where) Does Moral Judgement Work?', *Trends in Cognitive Sciences* 6/12, 517-23.
——Sommerville, R. B., Nystrom, L. E., Darley, J. M., and Cohen, J. D. (2001), 'An fMRI Investigation of Emotional Engagement in Moral Judgement', *Science* 293 (14 Sept.), 2105-8.
Griffiths, Paul E. (1997), *What Emotions Really Are*, Chicago: University of Chicago Press.
Haidt, Jonathan (2001), 'The Emotional Dog and its Rational Tail: A Social Intuitionist Approach to Moral Judgement', *Psychological Review* 108/4, 814-34.
——(2006), *The Happiness Hypothesis*, New York: Basic Books.〔ジョナサン・ハイト『しあわせ仮説――古代の知恵と現代科学の知恵』藤澤隆史＋藤澤玲子訳、新曜社、2011 年〕
——with Joseph, Craig (2004), 'Intuitive Ethics', *Daedalus* (autumn), 55-66.
Harman, G. (1999), 'Moral Philosophy Meets Social Psychology: Virtue Ethics and the Fundamental Attribution Error', *Proceedings of the Aristotelian Society* ns 99, 315-31.
——(2000), 'The Nonexistence of Character Traits', *Proceedings of the Aristotelian Society* ns 100/1, 223-6.
——(2001), 'Virtue Ethics Without Character Traits', in A. Byrne, R. Stalnaker, and R. Wedgwood (eds.), *Fact and Value: Essays on Ethics and Metaphysics for Judith Jarvis Thomson*, Cambridge, Mass.: MIT, 117-27.
——(2003), 'No Character or Personality, a Reply to Robert Solomon', *Business*

Ethics Quarterly 13/1, 87-94.
Haybron, Daniel (2001), 'Happiness and Pleasure', *Philosophy and Phenomenological Research* 62.
——(2002), 'Consistency of Character and the Character of Evil', in D. Haybron (ed.), *Earth's Abominations: Philosophical Studies of Evil*, Amsterdam: Rodopi, 63-78.
——(2008), *The Pursuit of Unhappiness*, Oxford: Oxford University Press.
Hochschild, Adam (2005), *Bury the Chains: Prophets and Rebels in the Fight to Free an Empire's Slaves*, Boston: Houghton Mifflin.
Hooker, Brad (1996), 'Is Moral Virtue a Benefit to the Agent?', in Crisp (1996: 141-55).
——(2002), 'The Collapse of Virtue Ethics', *Utilitas* 14/1, 22-40.
——and Little, M. (eds.) (2000), *Moral Particularism*, Oxford: Oxford University Press.
Hornby, Nick (2001), *How to be Good*, London: Viking.〔ニック・ホーンビィ『いい人になる方法』森田義信訳、新潮文庫、2003 年〕
Hume, David (2006), *Moral Philosophy*, ed. Geoffrey Sayre-McCord, Indianapolis: Hackett.〔デイヴィッド・ヒューム『道徳原理の研究』渡辺峻明訳、晢書房、1993 年。『人間本性論 第 3 巻 道徳について』伊勢俊彦＋石川徹＋中釜浩一訳、法政大学出版局、2012 年〕
Hurka, Thomas (2001), *Virtue, Vice, and Value*, Oxford: Oxford University Press.
——(2006), 'Virtuous Act, Virtuous Dispositions', *Analysis* 66/1, 69-76.
——(2010), 'Right Act, Virtuous Motive', *Metaphilosophy* 41, 58-72.
Hursthouse, Rosalind (1995), 'The Virtuous Agent's Reasons: A Response to Williams', in R. Heinaman (ed.), *Aristotle and Moral Realism*, London: University College Press, 24-33.
——(1999a), *On Virtue Ethics*, Oxford: Oxford University Press.〔R・ハーストハウス『徳倫理学について』土橋茂樹訳、知泉書館、2014 年〕
——(1999b), 'Virtue Ethics and Human Nature', *Hume Studies* 25/1-2, 67-82.
——(2000), *Ethics, Humans and Other Animals: An Introduction with Readings*, London: Routledge.
——(2002), 'Virtue Ethics vs Rule-Consequentialism: A Reply to Brad Hooker', *Utilitas* 14/1, 41-53.
——(2004), 'On the Grounding of the Virtues in Human Nature,' in J. Szaif and M. Lutz-Bachmann (eds.), *Was is das für den Menschen Gute/What is Good for a Human Being?* Berlin: de Gruyter, 263-75.
——(2006), 'Are the Virtues the Proper Starting Point for Morality?', in J. Dreier

(ed.), *Contemporary Debates in Moral Theory*, Oxford: Blackwell, 99-112.
——(2007), 'Environmental Virtue Ethics', in R. L. Walker and P. J. Ivanhoe (eds.), *Working Virtue*, Oxford: Oxford University Press, 155-71.
——(2008), 'Two Ways of Doing the Right Thing', in C. Farelly and L. Solum (eds.), *Virtue Jurisprudence*, New York: Palgrave Macmillan, 236-55.
Irwin, Terence (1988), 'Disunity in the Aristotelian Virtues', *Oxford Studies in Ancient Philosophy*, suppl., 61-78.
——(1996), 'Kant's Criticisms of Eudaemonism', in S. Engstrom and J. Whiting (eds.), *Aristotle, Kant and the Stoics*, Cambridge: Cambridge University Press, 63-101.
Jacobson, D. (2005), 'Seeing by Feeling: Virtues, Skills and Moral Perception', *Ethical Theory and Moral Practice* 8, 387-409.
Johnson, Robert (2003), 'Virtue and Right', *Ethics* 113/4, 810-34.〔ロバート・ジョンソン「徳と正しさ」『徳倫理学基本論文集』所収、加藤尚武＋児玉聡編・監訳、勁草書房、2015 年〕
Kamtekar, Rachana (2004), 'Situationism and Virtue Ethics on the Content of Our Character', *Ethics* 114, 458-91.
——(2012), 'Updating Practical Wisdom', in Manidipa Sen (ed.), *Self-Knowledge and Agency*, New Delhi, India: DK Printworld, 256-77.
Kant, Immanuel (1996), *Practical Philosophy*, trans. and ed. Mary J. Gregor, in *The Cambridge Edition of the Works of Immanuel Kant*, Cambridge: Cambridge University Press.〔イマヌエル・カント『実践理性批判・人倫の形而上学の基礎づけ』カント全集第 7 巻、坂部恵＋伊古田理＋平田俊博訳、岩波書店、2000 年〕
Kent, Bonnie (1999), 'Moral Growth and the Unity of the Virtues', in Carr and Steutel (1999a: 109-24).
Keyes, C. (2007), 'Protecting and Promoting Mental Health as Flourishing: A Complementary Strategy for Improving National Mental Health', *American Psychologist* 62, 95-108.
——and Annas, J. (2009), 'Feeling Good and Functioning Well: Distinctive Concepts in Ancient Philosophy and Contemporary Science', *Journal of Positive Psychology* 4/3, 197-201.
——and Haidt, J. (eds.) (2003), *Flourishing: Positive Psychology and the Life Well-Lived*, Washington, DC: American Psychological Association.
Kraut, Richard (1979), 'Two Conceptions of Happiness', *Philosophical Review* 88, 167-97.
——(1988), 'Comments on "Disunity in the Aristotelian Virtues" ', *Oxford Studies*

in Ancient Philosophy, suppl., 79-86.
Layard, R. (2005), *Happiness: Lessons from a New Science*, New York: Penguin.
LeBar, Mark (2004), 'Good For You', *Pacific Philosophical Quarterly* 85, 195-217.
——and Russell, Daniel (2013), 'Well-Being and Eudaimonia: A Reply to Haybron', in Julia Peters (ed.), *Aristotelian Ethics in Contemporary Perspective*, New York: Routledge, 52-68.
Lovibond, S. (2005), 'Virtue, Nature and Providence', in C. Gill (ed.), *Virtue, Norms, and Objectivity*, Oxford: Oxford University Press, 99-112.
McCullough, M. (2008), *Beyond Revenge: The Evolution of the Forgiveness Instinct*. San Francisco: Jossey-Bass.
McDowell, J. (1979), 'Virtue and Reason', *The Monist* 62, 331-50.〔ジョン・マクダウェル「徳と理性」『徳と理性——マクダウェル倫理学論文集』所収、大庭健編・監訳、勁草書房、2016 年〕
MacIntyre, Alasdair (1985), *After Virtue: A Study in Moral Theory*, 2nd edn., London: Duckworth.〔アラスデア・マッキンタイア『美徳なき時代』篠崎榮訳、みすず書房、1993 年〕
——(1999), *Dependent Rational Animals: Why Humans Need the Virtues*, New York: Open Court.〔アラスデア・マッキンタイア『依存的な理性的動物——ヒトにはなぜ徳が必要か』高島和哉訳、法政大学出版局、2018 年〕
Manning, C. E. (1989), 'Stoicism and Slavery in the Roman Empire', *Aufstieg und Niedergang Der Romischen Welt*, 2nd ser., 36/3, 1518-43.
Marcus Aurelius (1997), *Meditations*, trans. Robin Hard, introd. and notes Christopher Gill, Ware: Wordsworth Editions.〔マルクス・アウレリウス『自省録』鈴木照雄訳、講談社学術文庫、2006 年〕
Merritt, Maria (2000), 'Virtue Ethics and Situationist Personality Psychology', *Ethical Theory and Moral Practice* 3: 365-83.
——(2009), 'Aristotelean Virtue and the Interpersonal Aspect of Ethical Character', *Journal of Moral Philosophy* 6, 23-49.
Milgram, Stanley (1974), *Obedience to Authority*, New York: Harper & Row.〔スタンレー・ミルグラム『服従の心理』山形浩生訳、河出文庫、2012 年〕
Mill, J. S. (1972), *Utilitarianism, On Liberty, Essay on Bentham*, ed. M. Warnock, London: Collins/Fontana.〔J・S・ミル『自由論』塩尻公明＋木村健康訳、岩波文庫、1971 年。『功利主義論集』川名雄一郎＋山本圭一郎訳、京都大学学術出版会、2010 年〕
Miller, Christian (2003), 'Social Psychology and Virtue Ethics', *Journal of Ethics* 7, 365-92.
Murdoch, Iris (1970), *The Sovereignty of Good*, London: Routledge.〔I・マードッ

ク『善の至高性――プラトニズムの視点から』菅豊彦＋小林信行訳、九州大学出版会、1992 年〕
Myers, David G. (1992), *The Pursuit of Happiness: Who is Happy and Why*, New York: Morrow.
Nichols, Shaun (2004), *Sentimental Rules: On the Natural Foundations of Moral Judgment*, Oxford: Oxford University Press.
Nietzsche, Friedrich (1997), *Daybreak*, ed. Maudmarie Clark and Brian Leiter, Cambridge: Cambridge University Press.〔フリードリッヒ・ニーチェ『曙光』ニーチェ全集第 7 巻、茅野良男訳、ちくま学芸文庫、1993 年〕
Nucci, L., and Turiel, E. (2000), 'The Moral and the Personal: Sources of Social Conflicts', in L. Nucci, G. Saxe, and E. Turiel (eds.), *Culture, Thought and Development*, Jean Piaget Symposium Series, Mahwah, NJ: Lawrence Erlbaum, 115-37.
Nussbaum, Martha (1999), 'Virtue Ethics: A Misleading Category?', *The Journal of Ethics* 3/3, 163-201.
——(2001), *Upheavals of Thought: The Intelligence of Emotions*. Cambridge: Cambridge University Press.
Oakley, Justin (1992), *Morality and the Emotions*, London: Routledge.
——and Cocking, D. (eds.) (2001), *Virtue Ethics and Professional Roles*, Cambridge: Cambridge University Press.
Österberg, Jan (1999), 'The Virtues of Virtue Ethics', in R. Sliwinski (ed.), *Philosophical Crumbs: Essays Dedicated to Ann-Mari Henschen-Dahlquist*, Uppsala Philosophical Studies 49, 277-89.
Parker, Ian (2004), 'The Gift', *The New Yorker*, 2 August, 54-63.
Peacock, Thomas Love (1948), *Melincourt*, in David Garnett (ed.), *The Novels of Thomas Love Peacock*, 2 vols., London: Rupert Hart-Davis, i. 91-343.
Peterson, Christopher, and Seligman, Martin (eds.) (2004), *Character, Strength, and Virtues: A Handbook and Classification*, Oxford: Oxford University Press.
Plato (1997), *Complete Works*, ed. J. Cooper and D. Hutchinson, Indianapolis: Hackett.〔プラトン『プラトン全集』田中美知太郎＋藤沢令夫編、岩波書店、1974 年～ 1978 年〕
Pollard, Bill (2003), 'Can Virtuous Actions Be Both Habitual and Rational?', *Ethical Theory and Moral Practice* 6, 411-25.
Post, S. (ed.) (2007), *Altruism and Health: Perspectives from Empirical Research*. Oxford: Oxford University Press.
Ross, Lee, and Nisbett, Richard E. (1991), *The Person and the Situation: Perspectives of Social Psychology*. Philadelphia: Temple University Press.

Russell, Daniel (2009), *Practical Intelligence and the Virtues*, Oxford: Oxford University Press.
——(2012), *Happiness for Humans*, Oxford: Oxford University Press.
Ryan, R., and Deci, E. (2000), 'Self-Determination Theory and the Facilitation of Intrinsic Motivation, Social Development and Well-Being', *American Psychologist* 55/1, 68-78.
Sabini, John, and Silver, Maury (2005), 'Lack of Character? Situationism Critiqued', *Ethics* 115, 535-62.
Seligman, M. (2002), *Authentic Happiness*, New York: Free Press.〔マーティン・セリグマン『世界でひとつだけの幸せ——ポジティブ心理学が教えてくれる満ち足りた人生』小林裕子訳、アスペクト、2004年〕
Seneca (1989), *Epistulae Morales: Volume I*, trans. R.M. Gummere, Loeb Classical Library 214, Cambridge, Mass.: Harvard University Press.〔セネカ『倫理書簡集I』セネカ哲学全集第5巻、高橋宏幸訳、岩波書店、2005年〕
——(1995), *Moral and Political Essays*, trans. John Cooper and John Procope, Cambridge Texts in the History of Political Thought, Cambridge: Cambridge University Press.〔セネカ『倫理論集II』セネカ哲学全集第2巻、大西英文＋小川正廣訳、岩波書店、2006年〕
Shaw, Joseph (2001), 'Ancient Virtue Ethics and the Morality of Aspiration', in D. Baltzly, D. Blyth, and H. Tarrant (eds.) (2001), *Power and Pleasure, Virtues and Vices, Prudentia* Suppl., 339-65.
Sherman, Nancy (1989), *The Fabric of Character: Aristotle's Theory of Virtue*, Oxford: Oxford University Press.
——(1997), *Making a Necessity of Virtue: Aristotle and Kant on Virtue*, Cambridge: Cambridge University Press.
——(2005), *Stoic Warriors*, Cambridge: Cambridge University Press.
Sidgwick, Henry (1967), *The Methods of Ethics*, 7th edn., London: Macmillan.
Slote, Michael (2001), *Morals from Motives*, Oxford: Oxford University Press.
Smetana, Judith (1993), 'Understanding of Social Rules', in M. Bennett (ed.), *The Development of Social Cognition*, New York: Guilford, 111-41.
Snow, Nancy E. (2006), 'Habitual Virtuous Actions and Automaticity', *Ethical Theory and Moral Practice* 9/5, 545-61.
——(2010), *Virtue as Social Intelligence: An Empirically Grounded Theory*, New York: Routledge.
Solomon, David (1988), 'Internal Objections to Virtue Ethics', *Midwest Studies in Philosophy* XIII, 428-41.
Solomon, Robert (2003), 'Victims of Circumstances? A Defense of Virtue Ethics in

Business', *Business Ethics Quarterly* 13/1, 43-62.
Spark, Muriel (1985), *The Stories of Muriel Spark*, London: The Bodley Head.
Sreenivasan, Gopal (2002), 'Errors about Errors: Virtue Theory and Trait Attribution', *Mind* 111, 47-68.
Sumner, L. W. (1996), *Welfare, Happiness, and Ethics*, Oxford: Oxford University Press.
——(2003), 'Happiness Then and Now', in L. Jost (ed.), *Eudaimonia and Happiness, Apeiron* special issue.
Svensson, Frans (2006), 'Some Basic Issues in Neo-Aristotelian Virtue Ethics', diss., University of Uppsala.
——(2007), 'Does Non-cognitivism Rest on a Mistake?', *Utilitas* 19/2, 184-200.
Swanton, Christine (2003), *Virtue Ethics: A Pluralistic View*, Oxford: Oxford University Press.
——(2005), 'Nietzschean Virtue Ethics', in Gardiner (2005: 179-92).
——(2006), 'Virtue Ethics, Role Ethics and Right Action', in Kim-Chong Chong and Yuli Li (eds.), *Conceptions of Virtue East and West*, Singapore: Marshall Cavendish.
Tännsjö Torbjörn (1995), 'Blameless Wrongdoing', *Ethics* 106, 120-7.
——(2001), 'Virtue Ethics', in Dan Egonsson, Jonas Josefsson, Bjorn Petersson, and Toni Rönnow-Rasmussen (eds.), *Exploring Practical Philosophy: From Action to Values*, Aldershot: Ashgate, 167-85.
Tessman, Lisa (2005), *Burdened Virtues*, Oxford: Oxford University Press.
Thoits, P. A., and Hewitt, L. N. (2001), 'Volunteer Work and Well-Being', *Joumal of Personality and Social Behavior* 42, 115-31.
Thomson, J. J. (1997), 'The Right and the Good', *Journal of Philosophy* 94, 273-98.
Tiberius, Valerie (2008), *The Reflective Life*, Oxford: Oxford University Press.
——and Swartwood, Jason (2011), 'Wisdom Revisited: A Case Study in Normative Theorizing', *Philosophical Explorations* 14/3, 277-95.
Timmons, Mark (ed.) (2002a), *Kant's Metaphysics of Morals: Interpretative Essays*, Oxford: Oxford University Press.
——(2002b), *Moral Theory*, Lanham, Md.: Rowman & Littlefield.
Toner, Christopher (2006), 'The Self-Centeredness Objection to Virtue Ethics', *Philosophy* 81, 595-617.
Turiel, Elliot (1983), *The Development of Social Knowledge: Morality and Convention*, Cambridge: Cambridge University Press.
——(2002), *The Culture of Morality*, Cambridge: Cambridge University Press.
Upton, Candace (2009), *Situational Traits of Character*, Lanham, Md.: Rowman &

Littlefield.
Walker, Rebecca and Ivanhoe, Philip (eds.) (2007), *Working Virtue: Virtue Ethics and Contemporary Moral Problems*, Oxford: Oxford University Press.
Watson, Gary (1984), 'Virtues in Excess', *Philosophical Studies* 46, 57-74.
——(1990), 'The Primacy of Character', in O. Flanagan and A. Rorty (eds.), *Identity, Character and Morality*, Cambridge, Mass.: MIT, 449-83.
White, Nicholas (2006), *A Brief History of Happiness*, Oxford: Blackwell.
Williams, Bernard (1973), 'The Makropoulos Case: Reflections on the Tedium of Immortality', *Problems of the Self*, Cambridge: Cambridge University Press, 82-100.
——(1985), *Ethics and the Limits of Philosophy*, London: Collins/Fontana.〔バナード・ウィリアムズ『生き方について哲学は何が言えるか』森際康友＋下川潔訳、産業図書、1993 年〕
——(1994), 'Pagan Justice and Christian Love', in M. Nussbaum and T. Irwin (eds.), *Virtue, Love and Form: Essays in Memory of Gregory Vlastos, Apeiron* special issue, 195-203.
——(1995a), *Making Sense of Humanity*, Cambridge: Cambridge University Press.
——(1995b), 'Making Sense of Humanity', in Williams (1995a: 79-89).
——(1995c), 'Ethics, Evolution and the Representation Problem', in Williams (1995a: 100-10).
——(1995d), 'Acting as the Virtuous Person Acts', in R. Heinaman (ed.), *Aristotle and Moral Realism*, London: University College Press, 24-33.
——(1996), 'The Women of Trachis: Fictions, Pessimism, Ethics', in R. B. Louden and P. Schollmeir (eds.), *The Greeks and Us*, Chicago: Chicago University Press, 43-53.
Witvliet, Charlotte V.O., and McCullough, M. (2007), 'Forgiveness and Health: A Review and Theoretical Explanation of Emotion Pathways', in Post (2007: 259-76).
Wolf, Susan (2007), 'Moral Psychology and the Unity of the Virtues', *Ratio* 20/2, 145-67.
Zagzebski, Linda T. (2004), *Divine Motivation Theory*, Cambridge: Cambridge University Press.
——(2006), 'The Admirable Life and the Desirable Life', in Chappell (2006: 53-66).
Zyl, Liezl van (2013), 'Virtue Ethics and Right Action', in D. Russell, *Cambridge Companion to Virtue Ethics*, Cambridge: Cambridge University Press, 172-96.〔リーゼル・ファン・セイル「徳倫理学と正しい行為」『ケンブリッジ・コンパニオン 徳倫理学』所収、立花幸司監訳、春秋社、2015 年〕

著者

ジュリア・アナス　*Julia Annas*

1946年、英国生まれ。オックスフォード大学卒業。ハーバード大学で修士号およびPh.D.を取得。オックスフォード大学セント・ヒューズ・カレッジで教鞭を執ったのち、アリゾナ大学へ移り、現在、アリゾナ大学哲学教授。専門は古代哲学。邦訳のある著書に『1冊でわかる　古代哲学』（瀬口昌久訳・内山勝利解説、岩波書店、2004年）、『1冊でわかる　プラトン』（大草輝政訳・中畑正志解説、岩波書店、2008年）、『古代懐疑主義入門――判断保留の十の方式』（ジョナサン・バーンズとの共著。金山弥平訳、岩波書店、2015年）がある。

訳者

相澤康隆　*Yasutaka Aizawa*

1979年、東京都生まれ。三重大学人文学部准教授。訳書にダニエル・C・ラッセル編『ケンブリッジ・コンパニオン　徳倫理学』（共訳、春秋社、2015年）、アリストテレス『政治学・家政論』（新版アリストテレス全集第17巻、共訳、岩波書店、2018年）。論文に「アリストテレスのアクラシア論――伝統的解釈とその修正」（日本哲学会編『哲学』第60号、2009年）、「アリストテレスのフィリア論における三種類の友愛――友愛の利他性をめぐって」（哲学会編『哲学雑誌』第126巻第798号、2011年）など。

徳は知なり——幸福に生きるための倫理学

2019 年 3 月 25 日　第 1 刷発行

著者——————ジュリア・アナス
訳者——————相澤康隆
発行者—————神田　明
発行所—————株式会社 春秋社
〒 101-0021 東京都千代田区外神田 2-18-6
電話 03-3255-9611
振替 00180-6-24861
http://www.shunjusha.co.jp/
印刷・製本———萩原印刷 株式会社
装丁——————伊藤滋章

ISBN978-4-393-32372-4
定価はカバー等に表示してあります